欧洲风化史

文艺复兴时代

［德］爱德华·傅克斯 著

移 然 编译

陕西出版传媒集团

陕西人民出版社

图书在版编目（CIP）数据

欧洲风化史. 文艺复兴时代 /（德）傅克斯著；移然编译. — 西安：陕西人民出版社，2013
ISBN 978-7-224-10802-6

Ⅰ. ①欧… Ⅱ. ①傅… ②移… Ⅲ. ①性－风俗习惯史－欧洲－中世纪 Ⅳ. ①K895.022

中国版本图书馆CIP数据核字（2013）第203208号

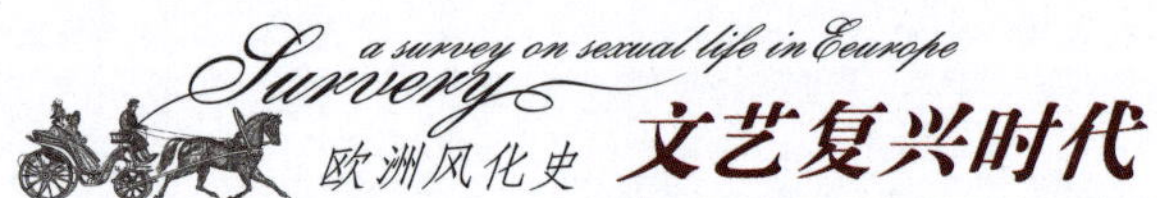

作　　者：〔德〕爱德华·傅克斯
编　　译：移　然

出 品 人：惠西平
总 策 划：宋亚萍
策划编辑：关　宁
责任编辑：王　凌　王　倩
设计制作：发现书社

出版发行：陕西出版传媒集团　陕西人民出版社
地　　址：西安市北大街147号　邮编：710003
印　　刷：陕西金和印务有限公司
开　　本：787mm × 1092mm　16开　16印张
字　　数：265千字
版　　次：2014年1月第1版　2014年1月第1次印刷
书　　号：ISBN 978-7-224-10802-6
定　　价：45.00元

前言 Foreword

每个时代都有自己最典型且特色鲜明的精神特点，它们会表现在这一时代的风化行为与观念中，也会以各种各样的规范来制约人们的性生活。作为人们生活中基本而又重要的部分，性生活以辐射状反映生活的规律。通过对风化行为和观念的了解，可以让人们感知到这一时期生活的基本机能，不管什么样的生活形式和现象，都会被人们的性生活所导引，至少也会受到它的影响。在每一个人和每一个民族的全部社会生活以及他们的私生活中，时刻都表现出性的意向和需求。这种意向和需求是永恒不变的，同时也带来无尽的问题和现象，它在人们的个人生活和社会生活之中将会永远持续下去。

因为人类个性的不同，在性生活方面的表现自然也色彩纷呈，有的会被认为是难以认识的自然之力，带有纯粹的动物野性；有些则恰恰相反，被推崇为生活奥秘妙不可言的展示，在创造性上可以达到巅峰；有些则被遗憾地做成了下流的事情，没完没了地虐待人们的精神。在三种人的每一句话之中，都可以观察出对性的放纵态度。

正是出于这个原因的考虑，人类在各个历史阶段所展现的风化状况便成为人类进程之中主要的组成部分之一，风化史之中包含着人类社会生活最重要的方面。为了满足性的需求，人类在互相求爱的过程之中创造出很多的方式，当这些不同的方式被固定下来，成为一种风俗习惯，就会形成人们对于美和快乐的概念，形成通过不同语言、哲学和法律来表达的形式，自然也会以艺术的方法在意识形态上对性生活不断拔高，而在很多实践者的观念之中，艺术就是不断由性生活而创造的。

对于那些热爱历史，并企图通过这种方式来认识过去的人，风化史具有非常重大的意义。虽然研究者可以得到的资料非常丰富，但截至目前来说，当代的历史学家却依然在忽视这个领域的研究。在研究和论证中世纪以来人们性道德观念和规范的种种变迁方面，风化史著作出现了一个空白，也很难找到有价值的信息，因为这些著作并非建立在当代科学的基础上。

虽然这本著作有三卷，但我深深地明白它的分量也依旧微不足道。要想将这个空白真正填充，还是一项非常宏大的工程，需要一批有识之士，还需要浩如烟海的著作。

一部有价值的风化史，对于高尚和卑贱也应该包含其中。在一定程度上，它甚至可以成为一本反风化史。或者可以使用一个悖论来说明这一逻辑：在风化史中，那些被否定的事情反而可以成为唯一被肯定的事。

在我的桌案上，堆积了很多材料，其中有很多具有很高的学术价值，但却不适合普通的读者，或者它的行文非常晦涩。对这部分文字，我会在另外的著作之中说明，让学者和有志于此的读者获得了解的途径。

我要重申，这部《欧洲风化史》并没有偏离原来预设的方向，我也没有偏离我的主要志向，写漫画史并没有让我抛弃自己对文化史的热爱。对于漫画史的关注和风化史的写作，其实是相辅相成的，它们互相促进，在同一个范畴之中共同存活。

a survey on sexual life in Europe

目录

第一章 风化的本质与根源

私有制可称为是人类文明一切成就的基础，不管是在精神境界之中所表现出的崇高，还是在日常生活中所表现出的卑微，都与私有制的社会形态有密切的联系。当人们的财产出现私有制，也就引出了性道德的基本表现形式，即一夫一妻制。

一夫一妻制建立的基础

从古至今，人们都认为一夫一妻制是个人对性爱的要求所产生的结果。但这其实是一个谬误。不管是一夫一妻制的原则，还是它所取得的效果，都和个人性爱没有丝毫瓜葛。如果非要在二者之间找出联系，那么个人性爱也许可以被认为是一夫一妻制的理想境界，而并非它的产物。在某个时间段或某个阶级内，也许这种理想境界会实现。产生一夫一妻制需求的是完全不同的文化因素和需要。路易斯·摩尔根在关于家庭演变的研究之中明确表示：当大量的财富集中在某个男人的手中时，他会希望将这些财富传给自己的孩子，为了撇清其他人的后代，一夫一妻制也就应运而生了。由此需求出发，女人在生育的时候必须保证这是丈夫的后代。

最早的一夫一妻制出现在希腊，而希腊人之所以公开承认一夫一妻制，有其特定的目的。但有一点必须引起我们的注意：执行一夫一妻制并不是男人和女人对社会的妥协，更不是所谓的婚姻最高形式，它只是“宣告着史前人类中绝不存在的两性对立”。关于这一点，在下文之中会有详细的阐述。

一夫一妻制这种性关系形式有其内在的逻辑，它的基础和目的不外如是：一个男人在性方面的接触对象仅限于一个女人，并且这种接触应该建立在婚姻的基础上，一个女人也应该如此。这种要求是完全合乎逻辑的，因此也被许多人接受。

法律在一夫一妻制上虽然确立了如此明确的要求，但它却似乎只对女人严格地执行，对于男人来说这种要求并无实质意义。

这真是令人诧异的双重标准，虽然在表面上它非常明显，事实上也没有隐藏什么激烈的矛盾，而是被认为“理所当然”。当一夫一妻制并不是源于个人性爱的需求，而是建立在人们达成的契约基础上，它可以成为家庭形式，但它的基础便不再是自然的需求，而是经济条件。而且从古到今，这种经济条件都体现在男人的经济利益上。这也导致一方必然会奴役另一方的结果——以男人为主的婚姻自然会对女性形成压迫。

正是由于私有制的产生，女人才被要求实行一夫制，以便得到合法的继承人。但男人却在规则之外得到了或隐蔽或公开的多妻权利。作为婚姻之中的统治者，男人让女人承受着剥削和压迫。而当男人成为唯一的立法者，他就会利用这权利为自己的利益寻找到有利的依据。几乎所有的男人都在意女人的贞洁，他们不断宣扬着不贞的罪恶，但是对于自己的欲望，他们却网开一面。这种现象的产生有其必然因素，自然也被认为是理所当然，而矛盾在不断积累的过程中也会产生出无法控制的变故，那就是被强暴的自然的报复。这种报复体现在文化发展必不可少又无法分割的两个现象中——通奸和卖淫。

意大利著名画家马萨乔的代表作品《逐出伊甸园》。上帝本来给人类的婚姻就是一夫一妻制。当初上帝创造亚当，只为亚当造了一名妻子，那就是夏娃

当一个奴隶被征服并奴役之后，他会以相同的手段来报复奴役他的人。整个世界都在以不同的语言、不同的形式、不同的法律，以国家、教会、学校等途径，向女人不断发出警示：除了你的丈夫之外，不能和任何一个男人有性接触，更不能让任何一个男人碰触到你的肉体。因此，往往女人对这一规则的报复便是违背它的教诲，和别的男人同床，让别的男人碰触自己的身体。于是男人的道德便成了父子血缘关系的唯一证据，虽然奸情一旦败露，女人会遭受到巨大的社会压力，会受到严厉甚至野蛮的惩罚，但

女人们似乎义无反顾。

对规则的报复欲望很难被熄灭，因为当婚姻是由契约来构建的时候，它已经违背了人类的自然本性。作为婚姻之外的性形式，任何的法律都无法杜绝卖淫现象，最野蛮、严厉的惩罚都无法让妓女在社会中消失哪怕一天。当社会环境恶化的时候，娼妓们会暗地里进行工作，虽然她们将自己隐藏起来，但那些兴趣盎然的家伙还是可以找到她们。而这一社会顽疾一直无法被治愈，也是因其有这样的逻辑存在。

私有制的建立着眼于商业经济，它让社会中的一切都变成商品，让一切事物都被标注上货币价值。当爱情也成为和服装一样的商品时，婚姻自然也就变成了商业买卖。卖淫现象的出现与一夫一妻制有着不可分割的联系，有一些玩世不恭的人将卖淫说成零售买卖，将婚姻讲成是批发买卖。那些拥护一夫一妻制的人极力批判卖淫，可是他们却又无法摆脱它的阴影，不断被娼妓尾随。如果一夫一妻制的目的只是为了得到合法的继承人，那么娼妓的存在就是婚姻的避雷针。

文艺复兴时期的商人

不管怎么转变角度，也不管接受这个事实多么令人作呕，通奸和卖淫这种社会现象都实实在在地存在着。与他人通奸的妻子，被戴上绿帽子的丈夫，以及迎来送往的妓女，都是这个社会“理所当然”而又亘古不变的典型存在。

阐明这样的观点，也许会招来很多人的反感。有人认为：过去一直都是这样，而将来也始终会如此，这是人的劣根性作祟，是人类的罪恶。这样的观点并不是我所臆造，而是社会之中非常盛行的论点，不管到哪儿都会有人提出这个论调。

这样不切实际的议论并无任何实际意义，我们所讨论的状况是否会永久流传，这并不是重点。无论如何，它只是一个答案所引申出来的结果。我们所面临的问题是：过去，一直都是如此吗？只有找到这个问题的答案，才能继续论证第二个问题。

当然，可以肯定的是：过去，确实一直如此！但通过仔细地观察比较，你会发现其中存在令人惊叹的差别，那些看似亘古不变的东西，其实一直都处于变化之中。这种差异并不涉及公认的风化，而是当一夫一妻制的性道德基本规则发生偏离后，大量各具特点、形色各异的现象涌现出来，在每个时代都形成典型的、特色分明的时代风貌。

各时代的特色正是体例严谨的风化史的出发点，所以我们要观察各时代性道德的典型事例，来证明我们的论点。这些事例包括夫妻之间互相的忠贞、婚前的贞洁、卖淫和社会体统的主要概念以及对这些事物的不同评价。

变异中的性道德

人们对于夫妻之间忠贞的判断，出现了各不相同的标准。在某些时代的某些阶级中，人们对于一夫一妻制提出了最基本也是最高的要求：双方必须彼此忠诚，而且要严格遵守这一戒律，让它可以彻底地得到贯彻。而在同一个时代的其他阶级之中，人们却会对性道德这一基本要求选择无视，他们对于已婚的妇女有很多丈夫或者已婚的男子有很多妻子，都视为正常现象。有时候，如果在一对夫妻之中，有一方萌生出背叛对方的想法，就已经算是罪孽。即使很隐蔽地通奸，他们在良知上也会感到不安；而且如果妻子和陌生的男子说了几句话，也会被认为是不贞洁的表现。但在其他的时代，那些女子即便是已经被灌输了贞操的概念，却还是可以去接受求爱者的热烈示好，甚至她们会鼓励那些求爱者，也不会被当作是不贞洁的。因为在她们的判断标准之中，贞操的标准只有是否发生了性行为。还有一些时代，丈夫甚至会当起自己妻子的皮条客，鼓励妻子去卖淫。他们通过这种方式来换取自己的前程，打败自己的竞争对手或者赢得一场官司，有时甚至只是为了让自己的财产得以增长。

有些时代，人们把以爱情为基础的婚姻视为自己的理想选择。但在另一些时代，人们却认为爱情不是婚姻的必要基础，他们甚至会认为爱情与婚姻之间互相排斥，不能共处于一室。他们选择妻子的标准，只是看她是否可以带来利益或者是否可以生育后代，而这一标准甚至是被公开承认的。在古希腊，人们认为婚姻一向如此，它需要被附带这种条件，而且只能是附带这种条件。正是因为这个原因，古希腊的男子所获得的女性朋友只有那些艺伎。

在某些时代和阶级，女人会被当作牲畜一样看待，像奴隶一样工作；而在另外一些时代和阶级之中，女人被看作是世上最珍贵的宝贝，她唯一需要做的就是像丈夫其他的情人一样去取悦他，让他获得各种各样的乐趣。

《古罗马东方行省女奴拍卖》

但同时，我们也会看到在一些时代之中，丈夫和妻子会携手并肩，成为忠实的伙伴。他们一起攀登着人生的峭壁，为了一个共同的崇高目的而不断奋斗。

对于女人的贞操，人们评价的标准也参差不齐。有的时代，人们非常看重童贞；而在另外的一些时代之中，童贞又被诟病，如果一个新娘在结婚的时候还是处女，她就会受到周围人的指责。在某些时代和阶级之中，如果一个女孩被人看到和男人待在一起，就会被认为做出了丢人的事情；但在另外一些时代，一个少女只要到了性成熟时期，就可以随意地在自己的房间里接待情人，让他堂而皇之地在那里过夜，这也是所谓的“试婚制”。做出这种行为的少女拥有不止一个情人，当她认为情人不能满足她的要求，就可以轻易地将其甩掉，再去寻找下一个目标。即便她找了三四个不同的情人，也不会让少女的声誉受到影响。

在浪漫主义者的眼中，这些习俗是理想化的表现。如果这一行为是建立在健康的、个人性爱基础上，那么它确实是理想的表现。但理想主义者企图从中找到纯粹精神化以及心灵交流的两性关系，就显得有些荒谬了。

作为一个独特的社会存在，娼妓在社会中所占据的地位也各有不同。有时候，娼妓只能在社会最阴暗的角落里存活，她们受到了人们的唾弃和蔑视，人们憎恶她们就好像憎恶麻风病人一样，就好像她们呼吸的空气都透着肮脏的气息。所有的所谓正派人士，都会远远躲开娼妓。但是那些渴望获得宣泄的人却会通过一些独特的途径，悄悄找到她们；但是在另外的一些时代，人们却认为娼妓的存在可以点缀美好的生活。在希腊，人们将自己对于女性的崇拜全部投注在艺伎的身上。

文艺复兴时期，这一情况依然存在。虽然当时的人们不会将艺伎当作女神一样来景仰，但具备一定等级的妓女依然可以成为男人们的朋友。如果城里有贵宾到访，当地最美丽的花魁还会裸露着自己的身体来迎接他，以便让贵宾感受到她们的热情。在君主专制时代，花魁以交际花的身份坐在宝座上，她所拥有的爱情手段让她显得极为诱人。

涉及性道德各种问题的例子，简直俯拾皆是。在一些次要的问题上，人们的态度差异更为明显，通过比较语言、时装、教育、艺术以及道德在法律之中的不同表现，就可以看出这种差异。

男人之间以及男女之间的主要话题，可以简单地归纳为以下观点。

在某些时代中，男人在公开场合谈论那些粗俗的事情并不会受到人们的谴责，主流道德认为男人的艳遇或者大胆又露骨的风流史，可以被当作是一种胜利。在波焦·布拉乔利尼（1380—1459）的著作《谐闻录》中记载了这样一个故事：当教皇马丁五世还在位的时候，他手下的主教每天都会在教皇宫殿的一个房间里聚会，他们在一起所谈论的只有风月情史。而且教皇本人也当仁不让，在风月场中他也算得上是一条好汉，历任教皇都是这种聚会中的常客。并且有时女性也会获得主流道德的允许参与这

波焦·布拉乔利尼的著作《谐闻录》插图

些谈话，她们可以直言不讳地谈论那些关于两性的话题。

在14世纪和15世纪的德意志“谢肉节”戏剧表演中，观众们会看到很多猥琐的表演，但当时却获得了男男女女的欢呼。就像上文所提及的粗俗的谈话，女人也会被允许在旁聆听，她们之中还会有人参与谈话，发表自己的意见，只要她们敢于拿自己最隐秘的事情来开玩笑或者讲故事给别人听。还有一些时代，住在宫廷里的女人还会欣赏以性为唯一主题的戏剧，美丽的高等妓女会和大力士一样的男子一起表演裸体的秘戏，而这种行为是被允许的。

有些时代，不管男女，都可以在求爱时大胆地使用露骨的语言和开放的比喻；人们甚至会在社交场合之中大量使用带有色情色彩的语言和词汇。17世纪末的德国，以西里西亚派为文学代表派别的时代，这种现象尤为突出。人们所使用的字眼所能代表的色情含义越强烈，他就越能获得众人的掌声，大家甚至还会将他从一个聚会邀请到另一个聚会中。而最受欢迎的表达方式，便是以貌似最纯洁的方式来表达那些最低俗的事情。在17世纪和第二帝国时期，一个名媛的受欢迎程度和她所使用语言的放荡程度相关，这就好比是不断考验她是否能用最色情的方式将那些低俗的语言讲出来。

但在有的阶层，就算是男人也不能在众人面前说出稍微带有色情意味的词语。那些被视为污秽的语言是妇女的禁忌，她们哪怕是听到一点点最简单的表达，都会羞得满脸通红。让这种规定表现得最为突出的正是被不断强化要求的迂腐的羞耻之心。当时的女人们就连身体和服装上某些部位的名称都不能讲出来。

人们对所谓体统之中的一些规定往往有着各自不同的理解。某些时代，女人禁止穿着便服出现在陌生人面前，不管这些衣服多么朴实也没有用，更不能让陌生人看到她们卧床休息或者梳洗打扮的时候；但有时，女人们穿着非常暴露并且具有挑逗意味的睡衣出现在宴会上，反而非常受欢迎。她们也时常躺在床上接待客人，以至于17世纪的时候，床前需要专门设置一个过道来接待朋友。更有甚者，在一些时代的浴室里，会出现男女共浴的场景。

每一个时代自身往往也存在着互相矛盾的事实。在一个阶级的眼中，那些非常普通且自然的事情，到了另一个阶级面前却是十恶不赦的。反之亦然。在各时代的重重矛盾之中，都会有一个极其突出的矛盾：女人的人体美在什么时候要被展示？她们一般不被允许穿着普通的家常衣服见客，但是却又规定她们必须穿着舞会的服装，让男人们谈论或者跳舞的时候可以领略到她们的身体美感。

在有些时代，还存在自相矛盾的态度。人们一方面认为性是神圣的，在婚床上默默表现出来的性值得推崇；而另一方面，他们又对女性提出要求，让她们通过衣服、言谈和行为来表现出下流的猥亵，每一个男人都会受到这种女人的挑逗，即便他们只是偶然相遇，她们会暗示并鼓励这些陌生的男人在大脑之中将她的衣服扒光。

在某些时候，女人甚至被鼓励裸露自己的身体，以色情的方式来引起大家的普遍关注。14世纪的文艺复兴时代以及18世纪末的法国督政府和执政府时代，女人可以裸体站在画家和画师的面前，请他们为自己描绘肖像。更令人不可思议的是，在行床第之欢的同时，她们也会邀请画家来作画。相较于另外一些时代的女人必须穿得好像圣母一样才能见人，这实在是让人惊掉下巴。

《乌尔比诺的维纳斯》 提香【意大利】

画面中的维纳斯更像是一位贵妇人出浴后躺在华贵的卧榻上，期待着情人的到来。体现了文艺复兴开放人性的本质精神，用具体真实的艺术形象反对封建的禁欲主义

艺术家通过艺术手段来反映生活，他们大胆地勾勒着现实。而女人则通过艺术家让全世界分享自己的美色，她们所使用的不过是最基本的手段而已。在现代社会，假如女演员可以穿着透明的紧身衣登上舞台，那么当她面对更为私密的摄影师时，就完全可以将紧身衣都脱掉。

人类的时装发展史中存在着很多根本性的矛盾，就像语言发展以及社交用语发展一样。在有些时代中，道德规范要求每个女人都严密地将自己裹起来，从头到脚被包住，让人简直无法分辨男女。但又有一些时代，女人却可以极力地展示自己美好的身体，在时装宣传的广告之中就可以发现其中的端倪。有的广告声称“女人根本没有脚”，而有的广告则极力宣称“撩起你的裙子”。在一些时装的款式设计中，如同美神维纳斯一样的臀部、大腿以及乳房的魅力被不断展现，就连紧身的衬裙都被舍弃，以便展示女性自然而又神圣的韵味。

15世纪威尼斯妇女上街的服装

在中世纪末以及文艺复兴鼎盛时期，男人都会穿上“裤裆兜”来展示自己的阳刚之气，他们希望这可以吸引别人首先注意到服装的这个部分。而同一时代的女人会将自己的衣服前襟打开到最低的限度，以至于整个胸部似乎都展露在外面，她们将自己的胸前装扮得好似商店的橱窗，以此来吸引顾客。有一些女人也会选择更为奇特的方式，她们只将自己的乳房裸露出来，对于她们而言，乳房和脸一样是需要暴露在外的。

在这里需要特别指出的是：这些建立在一夫一妻制基础上的性道德，所存在的根本性差异是偏离基本规律的常态现象，虽然在那个时代会被认为与风化相悖从而不被接受。随着时代发展，这种偏离不仅仅会获得默许，有的时候甚至被认为是道德的。

在17世纪下半叶的德国，婚姻被当作是养育后代的方式，这被认为是最合乎道德的。因此，当时的女人们不断地怀孕。这样的婚姻是当时的道德所推崇的模范。但是在18世纪的法国，这样的婚姻却被当作是畸形。有一些特定阶层生活的妇女甚至可以向丈夫提出要求，在结婚前几年的时间里她们会拒绝生孩子。在之前的时代主流社会所反对的、认为对风化有伤害的事情，到了之后的时代却会成为先进的表现。有一个非常典型的例子可以说明，人类社会从来没有一条法律允许妇女嫁给多个丈夫，更不用说允许妇女通奸。但同时，也没有一条法律可以保护一个勾引别人妻子的男人。而事实上，几千年来，男人们却一直都没有放弃自己的这一“权利”。我们必须认识到，公共道德的规则很少成为明文的规定，也很少有可能进入法律之中。

在有些时代，如果一个美丽的女人居然对自己的丈夫特别忠贞，别人就会怀疑她是否有什么隐疾。但另一方面，男女之间哪怕做出了稍微偏离的行为，都会遭到清教徒一样的社会民众的惩罚。最主要的是，这一切以及它所出现的偏差，都被认为是合理的。如果想用理智的态度来对待这些现象，就必须首先回答这个问题：为什么会是这样？

有迹可循的变异

一切的差异都不是偶然出现的，它们之间存在着必然的联系，也不能随意地从一个时代之中将它剔除。这些差异是人们社会生活内在本质的表现，既是它不可分割的组成，也是它不可抛却的后果。正是出于这个原因，这些看上去光怪陆离，而且互相矛盾的现象，便和谐而且有序地出现在同一个时空之中。在任何时代和任何国家，每一个占据了上风的潮流之中都会有严格的规律性。从这个角度出发，我们才可以探讨科学而又严谨的风化史最重要的前提以及唯一的基础——那些“为什么”。探讨公共道德的形成，是什么原因造就它如此的地位，是谁让它不断地改变并且不断萌发出新意，这一切都是在探讨性道德之中的固定要素。

在发现了规律之后，人类会试图去讲述清楚这一规律的内涵，也会开始检测每一个时代风化的规范理论和实践以及它们和当时的人类社会生活之间的各种关联。

通过这一项研究，每一个善于使用历史的观点来看待事物的人都会明白，那些在很多伦理学家眼中偶然而又任意形成的风化规范和观念，是多么的无聊而且荒谬不堪。这种天真的观念在不断发展，就等于承认那些作为准则的规范都是无法确定的，人们形成的风化观念都是偶然而为，存在着很大的随意性。因为这个原因，普通的百姓才需要遵守这些规范，而上流社会之中的风流人士则可以肆意地将这些规范弃如敝屣，就好像这些观念都是一个笑话一样。这种“偶然风化观”和“永恒风化观”比起来，显得更加不够严肃也不够高明。在永恒风化观坚持者的眼中，风化观是亘古不变的，但是偶然风化观所制造的谬论一眼就可以被看穿，就算是使用最为肤浅的分析方法，使用最原始的科学方式，都可以明显地证明历史上所存在的各类事实都是互相联系着的。偶然出现的偏差作为一种病态现象，在历史上确实有可能发生，但大量的现象则不可能都是偶然出现的。而我们在研究人类的风化问题时所采取的依据正是来自于人类社会生活中的大量现象。

从这幅17世纪的版画中可以看出风化的偶然性和随意性

堕落奢靡的18世纪，充满了各种色情的语言和服装，这与当时某些社会阶级腐化的生活没有联系吗？17世纪的英国，清教徒在风化方面奉行着僵硬的严格戒律，看到他们那阴郁而又单调的服装，以及从《圣经》之中摘抄的各类语言，难道和他们所生存的政治和社会环境没有关系吗？如果这一切真的没有关系，那么就等于这一切都可以被反转过来。在18世纪的人们眼中，女性乳房所带来的色情刺激不会被受到重视；17世纪英国清教徒之中可能会非常流行肉体的享受，甚至是色情的裸露风气。如此逻辑简直太过疯狂了，只有那些缺少智慧、比永恒风化论者更超时代的伦理学家才会有这样疯子一样的想法。

每一个从历史的角度来看待这些问题的人，都可以明显地看到这些问题之间的联系，无须任何赘述，都可以让他们坚信不疑。而那些至今还心存疑虑的人，我也有必要提醒他们，在接下来的篇章之中这种联系会被不断论证，有很多的论据可以让每一个人都信服。

对于这些问题，我们不妨先提出答案，再来寻找它的依据。

风化行为的产生以及和它相对应的风化观念，和法律、宗教、艺术等都一样，它们都是为了反映这一时代的经济基础发展的状况。性道德的主要基础是物质利益和私有财产，它们也绝对可以决定性道德的次要内容。因为对于整个道德的建立来说，私有制都是它的基础。因此，在整个道德范围之中，为了适应私有制的改变和发展，性道德自然也会经常发生改变。

性本能虽然不能算经济因素，但它的表现方式却会受到社会经济基础的制约。社会经济基础自然也是属于大量化现象，它可以决定性本能是否会促使男女早婚或晚婚，也可以决定男人是否会要求有固定情人还是临时妓女来作为替代品。更深入一些，它甚至可以决定男人想要得到闺中的贵妇还是街头的暗娼。经济基础对于女性的影响也非常深远，它可以决定女人在婚姻之中的地位，是主妇还是母亲，抑或是贵妇人。女人被选中是为了生儿育女，还是仅仅因为被看重美貌；她将来会被调教成为享乐型的奢侈妇人，还是家庭之中必不可少的中流砥柱。这些可算是性道德的主要范畴，但它还会衍生出很多次要的内容，譬如人们的社交语言以及人们的时装。这些次要内容一向受到主要范畴的辐射和反射，也可以说，它们是主要范畴具有精神和物质形式的伴随现象。

无论何时，物质利益都是最主要的，因为它不仅是基础，还是决定性因素。既然如此，那就让我们先来看几个能够清晰看出性道德与社会经济基础之间关系的事例。

在17世纪中叶的德国某些地区，“重婚”的现象非常普遍。这里的“重婚”是指一个男人可以依照法律娶两个妻子，并且让两个人都和自己住在一起。这在本质上便是多妻制，而让人诧异的是这种多妻制是公开进行的，并非像别的国家或时代一样背着公众舆论暗地里进行。这种婚姻关系是当事人私人之间所形成的协议，不仅不算是私人的秘密，而且可以在光天化日之下公开举行婚礼，当时的政府不仅对这一现象视若无睹，而且还制定了相关的规定，让人们做起这事来有理有据，理直气壮。在这些地区的人眼中，娶两个老婆并不算是犯罪，更不算是伤害风化的行为，甚至他们认为这是值得赞扬的，对于风化也是完全有益的。出现这样的现象实在让人觉得不可思议，在很多非这一地区的人看来这也是天方夜谭。但事实上，考据了这一现象的根源之后你就会发现它可以理解，并且是十分自然形成的现象。

在当时，旷日持久的三十年战争（1618—1648）刚刚结束，在这个充满了艰险的年代里，德国大部分地方已经贫瘠到无法想象，赤地千里，饿殍遍野。德国人口在战争之中锐减，有数百万人死于战争，或者被到处横行的匪徒杀死。等到战争结束的时候，曾经繁荣的村镇变得荒无人烟，城市也变成无人区。在这场浩劫之前，德国人口达到了1600万至1700万，而到了1648年，德国人口不超过400万。而且因为战争征兵的缘故，这400万人口之中只有少数是男人，女人有250万人，而男人只有150万人，这就是战争所带来的悲惨后果。

僧侣调戏铁匠的妻子

从古至今，最为主要的资本一向都是人，因为人才是劳动力。但当时的情况已经非常缺少这一资本，自然也就缺少了活下去的资本，导致现存的很多人都不得不面临着死亡的威胁。所以政府首先要考虑的就是创造这种最为宝贵的资本，多生孩子成为当时社会首要的经济需要，对于那些有能力生孩子的男人来说，这也成为他的道德责任。这个首要需求和当时社会的主流观念形成了反差，当局为了消除这种抵触，便发文要求每个人都要尽到这份责任，向每个男人都发出号召——为了国家多下一些功夫吧！

如果还需要什么证据的话，下面就是最好的证据。只是一条简洁的法令，是纽伦堡区议会在1650年2月19日通过的决议："国民在惨烈的三十年战争之中大量死于刀兵、疾病和饥馑，鉴于此情况，为了维护神圣罗马帝国的利益，要求人口得到恢复……因此，在从今往后的十年之中，每一个男人都必须娶两个妻子。"

在这项决议之中，非常清楚地说明了他们的目的。对于主流道德来说，这是一种修正的举措，而导致这一举措出现的经济基础也在决议中表述得清清楚楚。

那些狭隘的思想家总是习惯于从人们的道德感出发来推断人们性关系的各种不同表现和道德标准，崇高或低贱的道德感是他们的判断标准。而这些人也必然会反对我们的论点，他们也许会说出自己的理由："这是一个特殊情况，是因为三十年的战争所带来的一颗腐朽的果实，这也是道德的极端堕落所带来的结果。"而现实之中，很多人往往就是用这样的论断将这一让大家难堪的事实排除出历史科学的研究。可是我们现在要给出一个坚定的答案：这并不是例外！至少对于这类典型的历史现象来说，它是一种非常独特的补充。让我们来看看农民的道德规范，看一下大量的法律规定，这些古代的农民法律文书，我们也可以从中找到类似的例子。如果稍微有一些耐心，我们也可以轻易从中找到很多的文献，记录的情况也非常相似，譬如下面的这份文献，它来自于博胡姆地方法：

"一个身体健康的女人，如果她的丈夫无法满足她作为女人所应得的权利，那她就可以到她邻居那里去。如果就连邻居也无法帮助她，那么她的丈夫应该怜惜地将她抱起，带到一个适宜的地方，让她舒适地在那里待上五个小时，再另外找人来帮忙。如果这些人都无法帮助这个女人，那么她的丈夫还是要将她怜惜地抱起来，再放到一个合适的地方去。他应该为她准备新的服饰和足够的钱，保证她不会挨饿受冻，然后让她去集市之中。如果已经做到了这些，但还是无法让这个女人获得满足，那么就让一千个魔鬼来帮助她吧。"

这样一段话在现代人的意识之中是什么意思？它所说的便是一个女人生儿育女的权利。如果一个男人无法让他健康的妻子生下孩子，那就让别人来帮助他达到目的。丈夫在这个事件之中，想尽一切办法来尽到自己的责任，而他那么做，也被认为是必须的责任。因为只有生儿育女，才能让他们的香火得以延续，对于一个农民来说这是他们生活中最大也是最重要的任务。能够树立这样的观点和性道德，完全是由农业经济和农民的物质利益决定的。

在上文之中所提及的试婚风俗，它出现的原因也是由于同样的经济基础。在不同的地方，试婚有不同的叫法，可是“他（她）行不行”才是唯一的判断标准，也就是一个人的生育能力才是唯一被重视的。在农民的道德规则之中，这样的试婚是合理的，同时也是合法的。

对于一些人丁比较单薄的种族，这样的事情会大量存在。因为对于这样的种族来说，繁衍出自己的子孙是最重要的事。因此，在这样的种族里，“婚姻帮手”反而会获得人们的尊重。出于对这一任务的重视，人们常常将他们当作是圣徒或先知，拥有着特权。爱斯基摩人正是这么做的，他们虔诚地通过先知来获得最高的神的帮助。在南森的旅行日记之中，有很多关于北极的珍贵资料，可以证明他对于这一现象有非常透彻的了解。南森曾经写道：“格陵兰人所犯下罪孽最多的是对第七戒的违反。”

“贞操在他们的意识之中并不被尊重……在西海岸的很多人眼中，姑娘生孩子并不是什么耻辱。当我们到达伽他阿巴的时候，邻居就住着这样的两个姑娘，她们对于自己未婚而怀有身孕的事并无半点羞涩。相反的，她们脸上总是挂着洋洋得意的笑容，因为怀孕足以证明她们可以获得很多人喜爱。到了东海岸之后，格尔曼也表示，这里的人也不认为未婚少女有了身孕是一件丢人的事。

“艾盖德曾经说过，女人们觉得自己可以和学者或者先知发生性关系是一件非常了不起并且充满了幸福感的事情。他同时还补充了一句：‘对于许多丈夫来说，这也不是什么坏事。还有人会因为先知或学者和自己的妻子睡觉而付钱给他，尤其是那些还没有孩子的男人。

“爱斯基摩人的妻子拥有如此大的自由特权，相较于日耳曼人的妻子，她们得到的实在太多。这其中的原因大概是由于：日耳曼人的后代为了继承遗产和传承家世，需要严格地书写自己的族谱。但对于爱斯基摩人来说，这一切似乎并无任何意义，他们几乎没有任何的遗产给自己的后代，所以在他们的眼中孩子才是最重要的……”

卖淫在任何时代都是非常大量的社会存在，而造成它的原因也是有社会条件的，我们也可以从社会的经济基础之中去找到卖淫的动机。关于这一点，在前义之中已经详细地阐述了，在这里就不用再搜罗典籍去证实。将这种卖淫现象当作是一种社会的病态，或者将一个女人认定为天生会去卖淫，这都是那些半懂而装懂的假学究才会说出的话。

15世纪的舞蹈

不管是大事还是小事，它们的本质都是物质利益的表现。当各种现象以不同的面目出现在世人面前，我们也可以通过剥掉它的外衣，看清楚这些现象，对于这种物质利益的观察也会更加明显。接下来的这个例子，可以作为最好的证明。

在16世纪的时候，行会对于招收学徒有严格的规定和要求：学徒必须出生于自由而且清白的家庭，他必须证明自己是合法的婚姻生子。通读奈尔描写行会状况和城邦风光的文章，都可以看出关于这些内容的慷慨陈述。说明当时的人们已经有“自豪的道德意识，提高了诚实正派的工匠阶层”。这类法令的存在，证明了“崇高的并且是积极的道德情感的结果”，被吹嘘为“宗教改革导致的道德革新的高尚果实”。诸如此类，不一而足。但这些都是胡说八道。如果对于16世纪的行会结构有深层次的认识，如果在行会联合会之中寻找行会法规起草人所遵循的原则，我们就可以发现其中各不相同的原因，而这其中绝不包括“道德革新”和“道德意识”。

在这些事例之中的法律，它们对于风化所提出的规范并不是从道德出发，而是完全从物质基础出发。在16世纪的行会规定之中所规定的那些“出身自由之家”、“家世要清白”等，并不是为了本阶级的道德提高，而是为了对本阶级的特殊地位提供一些保障，防止一些无产阶级可以进到

16世纪的工匠

这些阶级之中。在16世纪初的时代，有大量的无产阶级分子来到了城市之中寻找出路，他们希望可以在城市之中学会一门手艺。而行会则通过这些方法来消除因此而带来的竞争。只是因为这个缘故，人们才突然变得讲究风化了，也因此婚姻的神圣性被间接地推向了一个新的高度，成为认定一个人是否“规矩正派”的基础标准。造成这一切的原因，归根结底都是经济因素。

在16世纪的时候，公共浴池被普遍取缔，也正是因为这个原因。在此之前，几乎没有人会认为公共浴池有伤风化。道德情感对于男女共浴，并且出现嬉笑的场面，并不是像清教徒一样严格管束。可是等到16世纪度过四分之一的时候，人们的观点忽然发生了质的改变，浴池和澡堂都被禁止了，男女共浴被认定是非常伤风化的事。

历史学家和思想家对于这种突兀的转变提出了各自不同的很多解释，但他们认为这与行会所树立的法规一样，都是因为道德意识的提高和宗教改革的革新所带来的影响，以及诸如此类的道德动机促成了这种转变。这个论调依然是一种谬论，之所以会出现这一转变的真正原因是15世纪末梅毒的猖狂流行。它还有另外一个原因，我们在下文之中将会提及。

梅毒的出现确实是一个督促人们提升道德的重要因素，当时的人们原本将浴池之中的生活看作是十分惬意的事，但因为梅毒的流行，浴池又一下子变成了罪孽的地域。这种转变可以理解，因为在适宜沐浴的季节，作为一种公共娱乐活动，人们会偏向于粗俗的享受。按照妓女的特性，她们自然会成为浴池之中常客的重要部分。在浴池的周围，总会有很多小房间与其为邻，那些欲火中烧的浴客们就会在这里发生交媾。所以在一定程度上，浴池可以被当作是生意兴隆的妓院，也必然成了新的可怕的性病传播源。

也许有人会对此提出异议：婚姻的变动、卖淫现象的猖狂程度以及对于妓女的需求等问题背后，确实可能是因为经济利益而引起的。但是像体统规则、时装、胸前开着深深口子的女装以及人们对于性感和美的概念的变化等问题，绝对不会因为经济利益而改变。对于这样的疑问，我们必须给出答案：这些看上去似乎是次要的问题，全部都是反映人们和民族社会生活的经济基础。不过因为它们表现得较为间接和隐蔽，所以很难透过外衣被人们看到其中的本质。

我们可以通过对一些现象的分析来证明这一点，同时也阐明对于我们很有价值的一系列其他重要结论。

在这些重要的结论之中，作为出发点的首要论断自然包含其中。对于以上例子的探讨，让我们不得不同意这样一个事实：对于道德要求、道德规范以及道德观，并不能简单地分为崇高和卑贱。如果这样做，就会发现历史认识的主要论旨：风化的理论和实践一向都是对社会需要的适应。这一点极为关键，具有决定性的意义，可以说是内在的规律。如果对于这一点有所理解，借助于这样的新观点，也就可以理解性道德的主要规范取决于各个时代的物质利益，而并非社会的需求。在性道德的许多次要、局部的领域之中，这条规律也依然存在。换句话说，想要对性道德的表现和辐射也有所研究，就必须从社会需要的角度入手。

如果从这个方向来作为切入点，我们首先就会遭遇到一条重要情况：社会的需要不仅随着时间的变化而退役，而且在同一时代之中也会呈现多种多样的形态。

各个时代利益的多样性，引发出性关系、道德观和道德规则的多样性。也就是说，性道德从来都不会有一致性，它只会分裂成为各个不同阶级的性道德，彼此之间往往会迥然不同，甚至出现相对立。

社会阶级的划分已然是一个事实，没有任何人会对它表示怀疑。但阶级差别明显地表现于性道德以及经济利益，并且它们具有绝对的影响力，这个说法还有待商榷。16世纪中手工业的工匠和商人对于婚姻有不同的看法，手工业者将妻子看成是一个管家婆，她应该是一个严厉、俭朴、将家务操持得井井有条，可以很好地管理厨房和地窖的家庭主妇。而对于一个富裕的商人来说，妻子应该是一个贵妇人，同时也是供他发泄性欲的女奴。这样两种截然不同的观点正是因为两个阶级不同的生存条件决定的。

工匠要有一个井然有序的家，他的妻子自然应该是严格的人。她可以获得佣人的尊重，并且处处节省。每一天，工匠的妻子要第一个起床，最后一个入睡，以便检查一切是否收拾得妥当，确定门厅已经上好锁，以免家里起火或者进了盗贼。她要一丝不苟，并且精打细算。这样的妻子是小手工业者生存和建设家庭的基础。如果节俭和有条理这两条基本的原则被忽视或破坏，这个手工业者就要面临破产的危险。这样的生存条件也反映在主妇的权利和义务上。一切都要服从于这个条件，她的举止绝对不能傲慢，她的服装也要符合规范，一切的一切都应该在此范畴之中。除此之外，她还要按照这样的要求去教育自己的子女。在一个手工业者的妻子眼中，一个女人不去做到这些是可耻的事情。她出现在公众场合的时候，必然会低眉顺眼，显得十分拘谨，因为她担心有人会错看她。她的虚荣心已经被打磨掉了，所以她不会去买那些昂贵的衣衫，她就是一个俭朴而善良的主妇，遵守规矩并且身家清白，这些也成为她所要遵从的道德规则的主要内容。

对于这样的规则，她必须服从，否则等待她的将是可怕的结局。假如一个手工业者的妻子出入舞厅，并且和自己的邻居吵架，她的女仆就会偷懒，做事也不会勤快。如果她的心里眼里只有爱情，那么在工匠外出的时候，帮工就会偷懒，就会偷偷地摸进这个女人的卧室中去。她不会是最后睡觉的那个人，因为她只想着怎么享受情人的殷勤。因为与生俱来的虚荣心，她总想着要在穿着打扮上胜过其他女人，让她表现得越来越阔绰挥霍。在这两种不同的情况之中，她或者会成为家庭生存的中流砥柱，或者将一个家庭毁灭。所以，手工业者的妻子必须遵守的道德规则无非就是手工业经济在意识形态之上的反映，这些意识形态可以成为她是一个善良主妇还是失职主妇的

16世纪中手工业者的妻子

标准。对于这个阶层的男人来说，这一规则依然成立。

对于一个富裕的商人来说，他的婚姻和所要面对的生活因为经济基础的不同而不同，道德规则也产生了变化。因为生活的富足，商人的妻子不用料理家务，这是最直接的一个结果。在这个阶级之中，没有繁重的家务劳动，妻子所需要做的只是监督那些佣人，就连孩子也可以交给别人来教育。当挥霍不会对家庭的生存构成威胁，不管任何时候都可以堂而皇之地铺张浪费，女人就会变成一件奢侈品。不管在任何地方和任何时间，女性解放的第一个结果都是如此，它首先可以反映出财富增长的趋势，可以允许丈夫将妻子作为奢侈品来抚养。而这样的妻子必须要遵守主妇的规则和完全不同的义务。她是丈夫生活的点缀，也是让他可以获得享乐的重要工具。如此一来，女人的生活目标则完全改变，道德也自然随之改变。成为丈夫的欢乐之源，对于手工业者的妻子来说，并不是最重要的，那只是次要事务。而对于商人的妻子来说，那却是首先要解决的事情。商人的妻子在不知不觉之中由奢侈品变成了享乐的工具，她必须要提供欢乐，而且还得时刻翻新花样。她将这种乐趣维持得越久远，任务也就完成得越好，她的地位也就越巩固。

《倒牛奶的女仆》 约翰内斯·维米尔〔荷兰〕

奢侈是富有程度的一个重要标志，关于这一点，在资本积累的早期比在现代表现得更为突出。女人作为一件珍贵的奢侈品，能够履行这一职责，比什么都有效。于是在女人的阶级范围之内，她的主要作用也就出现了——她要成为一个供人赏玩的花瓶。这样的情形决定一个女人的一切，包括她的观点、语言、思想、服装和社交风度。她会告诉自己：“我生来就是为了这个目的。”

当财产和富裕已经唾手可得，人就会要求生活像一个没有尽头的节日一样欢乐。所以，女人不管是在清晨还是深夜，都要让自己显得好像在过节一样美艳，她们已经成为节日在生活中的化身，永远处于节日所带来的辉煌光彩之中。为了达到这个目的，女人的生活之中不能有任何让她不悦的事情，包括生活中被视为最神圣的母性。这种心态在意识形态上所反映出的便是一个女人所在的阶级对她的看法，她们认为一个母亲给孩子喂奶是不成体统的事，她若时常怀孕，那更是不成体统。

在两性关系的表现上，也会有类似形式的一些观点凸现。对于通奸，人们会认为它不再具有社会危险性。作为享乐工具的女人从爱情之中只会看到最精致的享乐方式，她不是在自然的驱使之下如痴如醉，而是在表演，在这种危险的游戏之中她时刻铭记着游戏的规则。这个规则有很大的容忍性，但是却不容忍这件事的后果，因为它所带来的后果会让这个游戏变成无法承受的负担。当通奸不再具有社会危险性，它也就不再是严重的罪孽。以此为基础，造成通奸的那些前期行为甚至会被认为是崇高的、珍贵的美德。

15世纪衣着华丽的贵族少女

以上的内容可以说明在不同的阶级之中，随着物质基础的改变，人们的需要也在不断发生改变，两性关系和性道德也会因此而改变。无须赘言的一点是：那些特殊的阶级有自己特殊的阶级需要和利益，就像王公贵族和官员，以及农民、僧侣和无产者，他们对于传统和风化的认识也有很大的差别。同样不言而喻的是：在这些阶级所组成的集团之中，男人和女人对于男女关系的看法具有相似性。

这样的阶级道德产生差异的过程是自然而然的，当阶级意识逐渐清晰明朗，就会被这一阶级的人所认可，同时上升成为特殊的阶级意识形态，被视为神圣不可侵犯的规则。在这个过程之中，有两个因素会制约它的发展：阶级隔离的意向和阶级认同的意向。各个时代的统治阶级往往会坚决推行阶级隔离的意向。

那些在社会之中享有一定政治和生活特权的阶级，与其他阶级相比较，更希望满足自己在外部形式上与众不同的需求，而且这种差异越大越能让他们满意。他们希望普通的群众阶级将他们看成是一个高度组织起来的阶级，以便进而让他们认为这个阶级的人都是高等人。之所以这么做，是因为他们别有用心，通过这样较为高等的阶级地位可以引申出特殊的权力，最为关键的自然就是执政权。

古往今来，阶级隔离所带来的强大利益总是让道德规范不得不服从它，而这其中涉及两性关系的规范则显得更为突出。通过两性关系以及相应的风化规则来区分，一向都是阶级隔离的重要手段之一。对于那些符合自身特殊生活需要，并且其财产能保证享乐可能性的事，统治阶级都会宣布其为可允许的，并且认定它是符合风化的。但同时，对于被统治阶级，这一切又被宣布是不能允许、有悖于风化的。于是乎，特殊的阶级道德在统治阶级的手里又成为巩固统治的手段。譬如，妇女穿着敞胸的衣服出现在大庭广众之下，这在贵族的道德规范之中是被允许的，而且在某些场合之中，她们甚至被要求这么做。但是对于手工业者的妻子来说，她若这么做了，就会被认定是有伤风化，她必须遵守严格的服饰规定。

16世纪，以手工业行会为代表的小资产阶级逐渐觉醒，他们的阶级觉悟越来越高。同时，浴池成为非常普遍的社会现象，人们每天都会在浴池里见面，那些对当朝不得人心的统治持反对意见的人们都聚集在公共浴池。受到威胁的豪门望族对这一现象开始有所察觉，他们对公共浴池进行有伤风化的宣传，并做出取缔的决定。在16世纪之后，浴池和澡堂风光不再，而造成这一结果的原因除了梅毒，还有这些统治者的意志。可是，那些农民或者工业无产阶级的男人和女人们，不断地在工作环境或者逼仄的家庭之中亲热，他们男女混杂地居住在一个房间，像牲口一样在父母子女的面前进行性生活，让他们的孩子从小就目睹了这一切，成为一种被迫的不健康的性教育。对于这些情况，统治者却视若无睹。在过去的时代，统治者从没有努力通过相关的法律来取消这种状况，虽然在本阶级之内，他们对于苟合总是持有谴责的态度。不管他们理会与否，都是从统治阶级本身的利益出发，符合他们经济利益的才是他们所赞赏的社会需求。

制约阶级道德的第二个因素则是特殊的道德服务于阶级认同，这也是联

丢勒的版画《洗浴》

合本阶级的一种手段，因此其重要性也不容置疑。

为了加强本阶级成员之间的联络纽带，特殊的风化观便会被促成：对外强调不同，而对内则强调一致。换言之，也就是将那些和其他阶级之间存在差异的人，或者和其他阶级不同的人聚集在一起。人们认为自己和其他阶级不同，相对于那些地位较低的阶级，可以让他们在思想上产生认同，联合起来。在阶级性道德方面，就算是一些细枝末节的事情，都会显示出这一特性。特殊的风化规矩和礼俗概念正是通过这样的方式形成的，传统伦理在这方面一直抱持着反对的态度，考茨基曾经撰写过一篇描述道德的巨作，其中写道："在传统伦理看来，风化规矩具有调整人际关系的力量，当我们舍弃社会的角度，从个人的角度来看，就会发现风化规矩所调整的不是一个人和其他随便什么人的关系，而是处于同一社会之中的人互相之间的关系。"在这里，同一社会意即同一阶级。为了用众所周知的，经常被引用的例子来说明这种状况的结果，我们可以看看统治阶级内部对不合法关系的态度。

如果有一个青年贵族，他在养了一个情妇的同时又通过媒人寻找一个可以结婚的女人，而且将目标锁定在沙龙上出现的有钱有权有地位的女人，在本阶级的意识之中，他的这种行为并不算有伤风化。如果他的计划可以稳步推进实现，他立刻就会将自己多年来同床共枕、甘苦与共的女人一脚蹬开，人们还是会认为他是一个行为端正的人。如果他拿出一大笔钱来让那个女人获得安慰和补偿，那他简直就可以算是一个正人君子了。在另一方面，虽然这个男人有很多不合法的两性关系，和很多的妓女有瓜葛，甚至和有夫之妇也曾经发生过暧昧之事，可是对于那个接替了被抛弃情妇位置的新娘却被要求守身如玉，在他们有亲密的肌肤关系时可以用清白的身体来面对这个男人——就算是这个新娘知道这些，也会认为这是应该的。这样的阶级道德允许男人有特权将女人轻易抛弃，假如他在事后发现这个女人已经不够纯洁，并非完璧，他就可以这么做。就算那个勾引姑娘并且让她怀孕的男人是他自己，他也有抛弃她的权利。他的阶级道德让他可以拒绝和一个有私生子的女人结婚，就算那个私生子的父亲就是他本人。

以上所谈及的两性关系都具有不同时代的特点，也论及了各个时代特殊的道德规范以及要求的基础。这些道德规矩和要求决定了各个时代大相径庭同时又适用于整个时代或仅限于某些阶级和集团的主要取向。如果考虑到以上所提及的种种，归纳成可以称之为决定性规律的简练公式，那么这里所谈及的观点也可以总结成以下几点：

首先，每一个社会制度都会把社会状况宣布为风化规矩，或者将它存在的基础说成是呵护风化的，以此类推，那些巩固并保证其存在的条件也会被认为是合乎风化的；在另一方面，对于这一社会制度的生存利益有所妨碍的，甚至是威胁到它赖以存在的状况，就会被认为是有伤风化的。

其次，从整体和全局之中可以发现的规律，也同样适用于局部。因为社会由不同的阶级组成，他们有各自不同的利益，自然也会产生一些抵触。每

拉斐尔为情人绘的画像《弗娜丽娜》

一个阶级都会要求本阶级的利益受到保护，从而以此为出发点修正自己的道德规范。换言之，每一个阶级都把一切意识形态上反映了它特殊局部利益的事物认定为合乎风化的；而和这种利益相抵触的，则会被认为是有伤风化的。

这种状况可以用一句话来作为总结：风化是时代共同生存利益在意识形态上的反映，即便它会因为特殊阶级利益的不同而产生出不同的形态。

从大量的事实之中，我们可以窥见风化的本质，我们也可以发现这就是它的规律。由此可以得出这样的结论：风化规矩不是可以随意制定的，一个人的力量无法达到，就是动用整个教会的力量也无法完成。就算是像马丁·路德或者卢梭和康德这样的人物，或者教皇和劝善主教会议和国会，都无法达到这一目的。不管是个人还是组织，都只能用简练的语言形式将既成事实表达出来，再用法律形式予以认可。在路德、卢梭和康德之后，或者在某某会议的决定之后，不管任何的表述都只是研讨个人观点或者对法律表示认可，他们所能表达的只有结果而绝对不会成为原因。

对于这样一个事实的存在，我们绝对不是视而不见的。我们相信每一个个案都能反映出风化观，也相信一定的性生活表现可以独特地反映出社会环境之间的联系。这种联系并不总表现于外在，不仅如此，反而往往遮掩得非常严格，以至于只能通过迂回曲折的途径找到最终起决定作用的原因。其次必须清晰地认识到，这些受到人民和阶级的需要制约的观点，因为法律表现形式还取决于社会理解生活进程本质的深浅，因此还很少以极其纯净的形态表现出来。从这个角度来看，社会意识受到传统的强烈影响，这种影响也许是阻碍，也许是促进。而社会肌体内部推动力的强弱对社会意识的影响更大，社会是处于停滞不前还是滑坡的阶段，抑或是处于大踏步向前的在一切生活领域创造新形式的时代，这一点至关重要。

以上种种自然不能削弱两性生活理论与实践同社会需要之间的紧密联系，而只是让我们难以找到从一个领域到另一个领域联系起来的桥梁。只有在关键问题上证明了这一联系，才能从根本上证明风化只是一定的社会需要在意识形态之中的反映而已，它只是经济基础上的上层建筑，对于这一事实我们不能选择无视。

在这里还有两个问题需要详细地分析了解。

在社会之中，人们总是将一体遵守的道德规则和普通的礼俗概念分开来看待。人们喜欢把礼俗的概念看作是通过不合逻辑的途径发展而来的习惯所造成的结果，作为这种不合逻辑的产生方式，人们常常会提及的是一个矛盾的现象：如果一个女人只穿着一件衬衣出现在男人的眼前，就算她将衬衣的扣子一直扣到下巴，也是一件不合礼仪的事。可是，如果这个女人穿着一件非常暴露且曲线毕露的礼服，她不吝展示自己的身体，将衣服领口一直开到袒胸的程度，或是让湿漉漉的浴袍紧紧地包裹着自己的身体，让男人以色眯眯的眼神打量着她，反而不会被人诟病。这实在是一个非常矛盾的现象，其中所存在的却只是表面化的一些疑点，如果有人认为这种反差是因为“时尚”的造就，那就只看到了这种行为偶然所表现出的怪诞，并没有看到这其中所隐藏的风化规律，以及在风化背后人们意识之中的奥秘。

这件看上去非常矛盾的事，其实并不存在矛盾，它只是展示了同一个主要意向在不同部分之中用合乎逻辑的方式所进行的补充。在总体的道德组成之中，个别的礼俗概念分别做出了展示，这些展示的部分最后会合，成为一个完整的整体。在对于道德观的判断中，我们得以明白两个不同范围之间的相互关系以及它们各自的特殊本质。从而我们可以得出这个结

《出浴的苏珊娜》 丁托列托〔意大利〕

论：在随处可见的关于礼俗的各种概念里，都是总体的基本道德被认为是特定的基本道德的另一种展现形式，就好像语言的不同译本一样。

在对诸多的风化规范进行了深入了解之后，我们会发现它们并非符合一切阶级的利益，但仍然可以证明这些规范具有一体遵守的效力。可是，我们并不能因此就得出结论，不能因此认定超阶级利益的一体遵守的道德规范存在，更不用说那些超时空的规范和脱离生活的风化规范了。这些事实证明了一个相反的论点：特定的阶级道德并不仅仅是阶级隔离的手段，也不仅仅是将本阶级成员联系起来的手段，而是非常宝贵并乐于此道的阶级统治的手段。

在各个时代的统治阶级意识中，关于性意识形态中符合这一阶级统治利益的部分，总是会以一体遵守的意识形态的形式强加给其他被统治阶级。不管在任何时代，这种意识形态都会被那些受到压迫的阶级当作是一体遵守的意识形态来接受。这似乎让人感到非常诧异，但其实并不奇怪。我们应该时刻铭记，统治阶级并不仅仅在肉体上压迫其他阶级，在社会和政治之外，他们还希望在精神上将一切可以支持自己统治的观点都强加给其他的阶级，不管在任何的精神领域中均是如此。

对于上文之中所提到的种种现象，还有另一点值得补充：在性道德规则方面，男女之间也存在着一定差异。以上所提及的规则可以看出不同的阶级意识形态会有不同的反映，同样也可以看出在那些经济原因的基础上，必然存在着对立的性意识形态。这其中之一是男人必须遵守的，而另一方面则是女人必须遵守的。

16世纪妇女的服饰

除了上文之中被称为规律的那些事物，我们还应该根据提出的因素再推出第三个后果，也就是在本书的序言之中所提出论点的出发点。社会的经济基础一直在持续发展中，所以各种不同的新经济制度也会从各不相同的阶级集团和阶级利益出发，体现出各不相同的社会需要。因此每个时代之中都会彰显出不同的风化规则，树立起符合本时代的道德准绳。换言之，社会制度的变化会引起性道德共识的变化，永远都不会有超越时空限制并且万古长存的风化理念存在。

如果从社会经济基础和风化规范之间所存在的内在联系出发，我们可以发现：社会制度被破坏得越彻底，社会道德领域中出现的变革也就会越激烈。在15、18和19这三个世纪之中，一旦有全新的经济原则出现在人类社会，道德也就会随之发生颠覆性变化，事实正是如此。

除此之外，在每一个时代特殊需求都会引发出个别的需求。这些个别需求总是和个案一起出现或消失。既然性爱规范受到整个时代的社会制约，那么只要社会条件存在，这些个别的需求就会反复地出现。纵观史实，我们看到一定的风化制度之所以会存在较久的时间，也正是因为这个原因。

现实生活向来是这样的：在性道德发展较为缓慢的时代，风化规范巩固的程度和经济条件稳定的程度相同。在经济条件发展越来越慢的时候，风化规范就会变得越来越巩固。当道德成为风俗，就会具有一体遵守的规则的意义。道德观的独立性甚至会在社会环境发生根本改变之后依然保持。

不管是历史还是当代，都会有大量发源于完全不同的社会环境的道德残余依旧存在。但是，如今的时代中，这种残留对于社会已经不再具有创造性的作用。这些道德观只能适应时代的主要经济趋势，支持社会的现实生活利益，才能产生创造性的影响。否则，就是违反社会的现实生活利益，不能改造社会也不能决定经济，对需要别的风化规范的生产过程也无法决定，从曾经社会进步的推动力变成了现在社会进步的绊脚石。这种状况一直要持续到生活内容的变化导致的尖锐矛盾爆发，社会为了获得一个完好的发展环境，不得不将冲突推向极端，以换取最终的结局。换言之，对于这样的对抗所产生的矛盾，只有革命才能获得解决。这时候就会以极其激进的方式摈弃那些不合时宜的道德观。就算崭新的风化规范依旧不存在，日渐成熟的道德必要性也会得到生命力和合法的认可，同样的进程又会重新开始。多少年来，现实为世人展示的便是这样的场景。我们所持有的观点，并不是要反对风化理想对社会的作用，只是要对这种影响所产生的效果进行更为准确的评估。

从上文之中可以发现，革命时代在人类历史上具有非同凡响的重大意义。探讨这样的时代，可以让我们掌握一把钥匙，对于下面所要讨论的事实形成初步的了解。

结论：关于我们的未来

一旦社会的经济基础出现了动摇，一切都会随之发生动荡，新事物也会在这个过程之中酝酿萌芽。在这样的时代，稳固的道德观永远不会出现。在这样的时代，性道德领域也会呈现出自由的无政府状态。人类文明赖以建立的最不可动摇的基本规则成了可有可无的东西，甚至会有人肆意地去践踏。这种罪行的表现不仅是通奸案的涌现，而且人们会普遍地纵情于声色之中，对于社会人所应该具备的美德与本能充满蔑视。大自然为人类所设置的各种规则在他们眼中不值一提，而他们正是在对这些规则的践踏之中获得最大的乐趣。

这种现象虽然会让人不寒而栗，可是在任何统治阶级所遵循和服从的规律之中，我们都可以找到它的答案。不管什么阶级处于统治地位，在经过一段时间的发展之后，必然会带来一些不可避免的后果。对于自己的道德观，每一个统治阶级都是尽力维护的，他们不希望在这方面有任何改变。

对于自身，各个阶级只会在理论上排斥这种修正，对于变化的社会环境所带来的影响，他们比其他人更难避免，因为在进化的过程之中，最美好的果实被他们所摘得。这种局面带来的必然结果就是双重道德，虽然这么做会惹来骂名，但进展到一定程度之后，它会根据历史趋势的不同演变成虚伪或玩世不恭。19世纪英国的资产阶级是前者的典型代表，它将那些虚伪的风化形态认定为社会道德，这堪称无耻。而18世纪分崩离析的过程中，后者得到了全面阐释，就像大家所知道的一样，这种情况在法国发展到一个巅峰，至今让人闻之色变，就如同法国的旧政权在垂死挣扎的时候还在追求的淫乱。这二者都使用了相同的技巧和手法来达到腐化。在现代英国，和丑闻相关的报道都会涉及淫乱和狂欢。这一社会之中所追求的最高娱乐便是被众人共有的女人，没有一个女人专属于某个男人，她会被所有和她偶遇的男子享用。在法国的旧政权时代，德·弗朗萨克公爵和达图瓦伯爵等人组织了一个名为“快乐团伙”的狂欢会，它面对一切登徒浪子开创了一个先例，让大家都心动不已。在这个狂欢会中，每一个具有上等社会身份的男人都被要求贡献出自己的情妇供别人享用，只有做到这一点才会被认为有良好风度。

当虚伪变得普遍，当玩世不恭受到追捧，这些都是垂死挣扎的腐朽阶级所具备的共有特征。这些阶级将自己的私利自由展示，也将这一永恒的特征表现得更为充分。当其他的阶级对此并不去反抗，那么腐朽阶级就会在国家和社会之中发挥更大的效力，他们会越来越露骨地藐视具有社会美德意义的社会本能。

在任何的时代与国家中，占据社会风气上风的是虚伪还是玩世不恭，并不是像伦理学家所推断的那样取决于偶然因素。就像上文所说，它取决于一个时代历史发展的不同趋势。历史轨迹是一个出发点，在19世纪的英国，也像18世纪的法国一样出现了腐化，而这种现象的最终基础是因为财富来得太容易。统治阶级可以让自己的局部利益肆意地兴风作浪，社会美德在这个过程之中不断萎缩，统治阶级会一门心思地追逐更加有新意的淫乐方式，玩世不恭的生活方式自然会大行其道。

丢勒版画《死亡之舞》

在这些时代和阶级之中，风化的沦丧还远不止于此。统治阶级总是会找到对应体来作为自己的补充，就是那些被他们压迫的阶级，包括社会底层之中的堕落人群。后者不会有任何意识来阻止自己的堕落，因为这种意识或许还未形成，或许已经被贫苦生活和低贱的社会地位毁灭了。

流氓无产者不断做出一些事情，证明自己确实是一个道德败坏的人群，说明那所谓的“纯良风化”以及“乡村一般的淳朴”到底是怎么回事。

有一个与“乡村一般的淳朴”有关的例子，所说的是德意志中部某城市的一桩伪证官司。在各个报纸媒体上对这一事件的报道说：

“L，来自于Z地。去年夏天在收割的季节，受雇于R地的某农民。在这位农民家中，L和女佣M发生了性关系，导致M怀孕。女佣M以婴儿的抚养问题控告了另一个雇工F。而雇工F又对L提出指控，指出L是让女佣M受孕的另一个责任者。在开庭审判的时候，L对于自己的责任发誓否认。可是M却说L和K都是时常和她玩耍到半夜的人。在女佣M的房间里，还有另外两张床，住着另外两个女佣和她们的情人。这个22岁的女佣M除了和L与K有染之外，还跟F有密切关系。这个女佣已经生过几个私生子了，辩护律师询问道：在乡村的青年男女是否会这样胡乱地发生关系？女证人做出了肯定的回答，她声称：有这样的风俗。L起先挑唆女佣M控告F，可是雇工K又证明L和M之间的关系是他亲眼目睹。”

乡间爱情

报纸关于这场官司的报道就是这样，从其中可以发现社会大厦的上下两层是相反的。他们之间的一致，居然都是酷爱同样的事——他们都爱倾覆，唯一的不同就是手法的精致与粗俗而已。

这是一起如实记录的案件，如果有人认为它属于特例，那就是眼睛被蒙蔽得不可救药了。在上面的案例之中，有一个女证人说出了真相：“有这样的风俗。”这便是最具有说服力的证据。这种风俗的形成，是因为农村道德的社会环境发展的结果，这与18世纪的那个快乐团伙具有异曲同工之妙。因为那个团伙，也同样是法国社会历史发展趋势之下的必然产物。

从外部的形式来看，这两个现象如此相似，而我们根据上文之中的论述却可以得到两个相反的结论。在法国旧政权时代，群体之中发生的淫乱说明了腐朽阶级处于垂死挣扎时的堕落；而乡村之中无产者作为流氓所表现出的腐化，则是因为低级的觉悟，那仅仅是在还没有形成阶级意识形态的阶级之中才会发生的现象。

在这里之所以不断强调阶级意识，是因为它才是问题的本质所在。我们在上文中频繁使用这个词，而在这里要讨论的最后一个问题，便是这个因素在社会发展过程中所起的作用。

在上文之中，我们已经指出特定的阶级道德是实现阶级团结的最好手段之一。这就好似一枚徽章，鲜明地将某个人归类到一个阶级中去；它又好似一面旗帜，让本阶级的成员可以有方向地团结起来，形成一个整体。但是阶级道德的形成并不是与阶级诞生同步的，只有发展到一定阶段的阶级，具备了自己意识的阶级，对于自己的利益和特殊的需求有清醒认识的阶级才会具有阶级道德。简而言之，只有阶级意识觉醒的阶级才能有此道德。从逻辑的角度来看，只有此时，反映出时代总利益的所谓一体遵守的风化规范才会分化出特定的阶级道德。阶级意识的觉醒可以等同为阶级斗争的诞生，当社会内部所形成的一个新阶级开始有了自觉，它就会有意识地反对一切落后的阶级，让自己的利益得以提出并被实现。在进行这一动作的过程之中，它还会努力地剥夺正处于统治地位的阶级所具备的特权，直到自己成为统治阶级。纵观历史，随着阶级意识的觉醒，一场惨

丢勒版画《爱》

烈的阶级斗争必然紧随其后。

由于以上所提及的种种状况，这个因素在历史进程之中所产生的影响要更大一些。在历史上，阶级意识的觉醒还是人类进步最重要的因素之一。如果这个阶级恰好是一个上升的阶级，那它所提高的就不仅是本阶级的道德，连同其他阶级甚至统治阶级的道德都会被提升。

首先，觉醒阶级成员的道德感会被大幅度提升。因为上升阶级反抗统治阶级不道义的统治，他们首先会在道德领域之中表现出对这种统治的反抗，这不仅是指性道德领域，而是整个道德领域。统治阶级所遭受到的批判和抨击也会首先在这个领域之中爆发；另一方面，上升阶级会在自己的任何要求之中寻找到道德上的支持。由此看来，在道德领域之中，上升阶级与统治阶级首先实现对立。这种尖锐的对立会逐渐演变成为有意识的行动，将这种对立变得更加剧烈。在风化问题和风化行为上，新阶级的成员总是表现出鲜明的差异，当他们对主流道德观表示反对的时候，有时会表现出示威性。特定的道德是一个主要的项目，上升阶级看出敌对阶级正在沦丧的风化，便会用道德理由来支撑自己的要求，将自己定位成道德的代表。正由于此，上升阶级会对本阶级的成员提出正派、清白的要求。

这一切会有一个必然的结果，与过去的统治势力进行斗争的上升阶级，是从社会内部产生的新阶级，它能代表较为先进的风化形态。决定这一事实的还有另一个因素：历史的逻辑。上升阶级总是抱有较为崇高的政治理想，当他们处于这一条件之中，也会有较高的道德水准。而这一条件之下的人类也更愿意将自己的能量投注于精神领域，这种更为慷慨的投入使思想和情感集中于

17世纪荷兰画家杨·维梅尔的作品《士兵和一名笑的女孩》

人类的崇高理想，而道德也会获得不断的净化，变得越来越高尚。

如果有人需要找到历史中的证据，那么参看现代资产阶级的解放时代就可获得，并且没有比这更合适的例子了。不管我们是比较17世纪的英国还是18世纪的法国，抑或是19世纪德国的历史，都能清晰地发现：已经发展至自觉阶段，开始和垂死挣扎的封建主义进行斗争的资产阶级，表现出的风化形态较为高级。这并不是指他们在性领域之中所持有的禁欲主义，也不是指他们对爱情关系自由形式的否定。资产阶级处于自身的解放阶段时，他们所宣扬的必定是较为感性的婚姻和家庭观念。这多少也与他们较为高级的风化形态有关系，但是亘古不变的风化规矩是不存在的，所以这一事实也不是任何时代均可挪用的。同样的一个现象，它既可以代表上升阶级的特色，也可以成为没落阶级的特色。

这里还有一个例子可供参考：模拟怀孕。这种行为在16世纪被认为是时代创造力量的表现，可是到了法兰西第二帝国时期，这种事却是彻头彻尾腐化的社会秩序所带来的结果。自由的性关系也是如此，在一个阶级之中自由的性关系可能是风化沦丧的结果，而在另一个阶级之中却恰恰相反，它反而可以表现出道德的发展高度。

较高级的风化形态之所以表现在上升阶级的身上，一方面是为了教育的目的，可以让本阶级成员获得道德教育；另一方面也是时代的社会需要在上升阶级身上的鲜明表现。对于我们而言，风化行为的根本是社会经济基础所产生的结果，因此在社会等级阶梯之中代表最高一级别的阶级，也会在两性生活之中表现出最为高级的道德形态。相较于其他阶级，上升阶级更具有道德感，也更具有智慧，并不是因为他们是用上好的材料打造，而是因为历史的趋势站在他们一边，而且他们所处的位置是历史趋势最新的一阶段。

从这两个原因看来，综上所述：上升阶级的特定道德是推动社会道德进步的促进因素。

上文之中已经提及了一个必须首要进行探讨和解决的问题：文明社会之中的人类在两性关系方面是否一贯都是“如此”？换言之，性关系的实质是否像普遍认为的那样始终未变，抑或是其中有根本性的区别或者一直处于不断地变化之中。在我们看来，序言之中所涉及的范围，我们已经尽可能详细地解答了这个问题。

因此，让我们接下来讨论第二个问题。在未来的社会之中，两性关系是否会有根本性的重大改变？这个问题的答案也许会和第一个问题一样长篇大论，也许只需要第一个问题的一半篇幅即可解答。因为在第一个问题的答案之中，已经包含了对第二个问题的解答。在过去，两性关系并不存在亘古不变的状况，从这个法则出发，在现代社会之中它也不会停住脚步，因为较高级的新形式不可能出现故步自封的状态。

社会存在是由生产机制的发展水平和人类满足自身需求的程度来决定的，时代的两性生活也由此被决定。既然如此，经济发展的脚步就会继续，风化和时代一体遵守的风化规矩也会不断革新，它们都处于不断的进化过程中，这一点毋庸置疑。

有一点还需要补充：进化不仅是持续不断的，而且呈现出循序渐进的特点。我们现在已经可以清楚地想象经济继续发展的基本轮廓。因此，假如我们对未来风化规范的基本轮廓和它革新的基本走向做一个推断，就绝不是充当轻率可笑的预言家角色。

进化让当代的道德比以往更高级，也会让未来的道德比现在更高级。从自然科学的必要性出发，未来必定会实现过去和现在的意向。

我们的论断在中世纪的余孽眼中是那么反动，但我们还是要强调：较为高级的道德只能是当代，而不是中世纪。因为，事实便是如此。对于一个时代的风化水平做出评断，不能从“风化纯良”或者“风化沦丧”这种简单的概念入手，因为这种概念总是相对出现。我们所持有的依据是时代的主要意志的走向和比重。悲观主义者眼中，当今的社会世风日下，他们可以轻易地举出例证，经常遭到众人批判的法兰西第二帝国时期在官能方

17世纪荷兰画家杨·维梅尔的作品《音乐会》

面的享受和纵欲的行为绝对不比现在更精致。可是悲观主义者却依然不能证明自己就是正确的，因为当代的道德一直都是高于从前。我们要反复强调具有决定意义的是运动的走向和对抗力量的强弱。前者从来都没有像现在一样努力奋发，为更高级的风化形态做出争取。对社会义务的破坏和瓦解从来没有像现在一样遭到社会美德的坚决反抗。

广大的民众由于教育而表现出的政治道德程度，要比以往任何时候都高。他们对于历史的理解比以往的任何时刻都深刻。对于生活，他们也提出了比以往任何时刻更有力的要求。这就是对未来最可靠的保证。

在未来的社会，一夫一妻制将会成为男人和女人共同的现实。

这个真理随着社会结构的调整正在逐步变成现实，对于一个崭新的社会结构，个人性爱作为男女两性之间的联系，不再是用来掩盖肮脏心机的表面，而是成为生活唯一正常需要的法则。每一个可以理解历史意义的人，都可以从此推论出逻辑所能做出的最崇高的结论。

人类现在所处的阶段，并不是历史的终结，它恰恰是历史的开端，是一段真正称得上光荣的历史的起点！

我的研究规划

作为整个生活进程之中的内在法则，我们可以对那些事实进行阐明，对于决定两性生活著作的布局结构和研究条件做出自然的判断，也可以决定我们对各时代两性关系和风化规范进行研究的条件。那些事实说明有哪些领域应该合并论述，用哪种方式和途径来合并，以及材料应该如何分配。

社会生活的进程由生产进程所达到的水平决定，两性关系领域之中的风化规范也由此决定。风化规范发展的水平总是和经济发展的水平相同，这是一个不变的规律。在法国封建时代，风化规范的实质类似德国封建时代所树立的相关规则，德国商业时代的风化规范从本质上又与荷兰商业时代的风化规范一致。凡此种种，不一而足。

现代英国资产阶级的风化规范，从本质上看来与德国、法国、意大利、斯堪的纳维亚和俄国的资产阶级尤为相似，反而和英国小市民阶级和无产阶级两性生活的规范之间存在着根本性的差异。与此同时，英国的小市民与无产阶级在两性生活方面所遵从的规范，又和其他国家的相同阶级保持相似性。在法国，农民的性道德和资产阶级之间存在巨大反差，而法国农民和德国农民的性道德之间差异却很小，因为他们所代表的是相同的生产机制水平。

让风化规范之间出现如此差异，并不仅仅是气候、语言和地理界线所造成，而完全取决于人们的生活经济条件。这一点已经无须赘言，因此，处于相同经济发展水平的国家可以放在同一个层面进行讨论，将它们归入相同的研究范围，即封建时代的法国和德国，英国和法国、荷兰、德国的资产阶级，都可以归为同一个研究类别。在德国、法国和英国等国家阶级之间，并没有硬性且固定的界限划分。将处于相同发展阶段的国家放在一

资产阶级的生活非常惬意

起进行对比，还有另外一方面的益处，这样做可以更好地强调经济和意识形态之间的联系。我们应该时刻铭记，只有将本质的东西在不同国家的表现做出对比，才能让它们更加鲜明地呈现在世人的面前。只有对照和比较，才能让本质的东西凸显出来。

当然，还有另外一个原因亦不容忽视，在某个时代一个国家的风化规范是诸多独立因素共同作用的结果。这些因素包括这个国家传统的发展速度、经济进展是否顺利等。这些独立的因素在各个国家呈现出不一样的表现，因此，只有慎重考量，才能看到它们在结果方面所存在的差异。换言之，时代的基本法则在任何国家都是非常精纯的。资产阶级的英国从君主专制的法国吸取了一些影响，资产阶级的法国从封建德国或者在封建方面表现更为突出的俄国吸取了影响。但是，就算将所有的这些因素都纳入考量范围，我们依然可以推论出这类因素所能起到的影响并不是主要的，它们在细节之上得到各自的展示，而在主要的方面依旧显示出相差无几。

新兴起来的资产阶级

正是由于这一原因，将处于相同发展阶段的不同国家进行比较这个总的指导原则，并不是一个死板的框架。反而因为这种方法，我们才能清晰明了地看到多姿多彩的发展线条。如果我们想模拟过去的情景，让曾经的历史展现在眼前，首要的条件就是要将历史进程之中的主要线条清晰地描绘出来。唯有如此，才能用细节构成完整的画面。主要的线条框架才是本质，而那些不同的细节和色调虽然繁复，但却只是其次。细节只能作为专门研究的对象。

从以上原因出发，对于欧洲世界的风化文明采取同时展开的历史研究方法，是一个正确的方向，因此我们理应采取这样的方式。需要补充的是：在本书之中所做的研究，只限于使用德语、英语和法语的国家，对于那些有亚洲因素影响的国家排除在外，例如塞尔维亚、保加利亚和土耳其以及匈牙利等纯农业国家。

从一个相同的角度对不同的国家展开研究，这个视角成为出发点的同时，也成为区分的原则。我们既可以以货币经济的产生作为切入口，去研究近代；也可以探讨欧洲文化史上这一经济原则迄今为止所经历的不同阶段。

本书的体系和大纲，正是通过这样的线索而形成的。从中世纪自然经济分崩离析，到商业资本的崛起，这属于行会和城市资本统治的时代。在此之后，封建旧势力开始展开与新经济因素对抗的时代，新经济因素让王公贵族可以依靠一个阶级让另外的阶级对其臣服，从而达到凌驾于其他阶级之上的目的，这便是君主专制时代。在最后，我们还要对现代资本主义的发展以及封建主义作为经济单位的彻底消亡做出探讨，资产阶级在一些国家建立起政治和经济的统治，而在另一些国家之中，贵族依旧掌控了政治上的统治地位，他们只是和资产阶级打了一个平手而已。这些便是欧洲

《众神的飨宴》 乔凡尼·贝利尼〔意大利〕

如果不是画家特地说明其所画的是“神”的飨宴，人们很容易把它当成“凡人的聚会”，这幅画体现了在文艺复兴——这个“由神到人”变革的时代，人们对“快乐”、“自在”的向往

国家从货币经济诞生开始，经济发展的三个主要时代，以及与此相关的外部政治表现。

一般认为文艺复兴是从15世纪中叶开始，在此之前统统归入中世纪。而文艺复兴的结束点，一般认为是16世纪末。

如果文艺复兴是指介于哥特时代和巴洛克时代之间的一个阶段，那么上述的划分方式便是正确的。但若对文艺复兴赋予更多的历史含义，将其看作是崭新的文化因素的展现，而不是仅仅局限于一个国家，所有实现这一原则的国家都可以纳入其中——事实上，这种看法有存在的可能，因为文艺复兴早已被认为是文化史的观念——那么它的诞生日就要再朝前推动，结束的日子也要延伸。我们要秉持的原则便是，要将一切都归根结底地纳入同类概念范畴之中。

文艺复兴在文化史方面是人类进步和腾飞的标志；它也标志着上文所说的货币经济的诞生；标志着对曾经自然经济的胜利以及早期在欧洲国家所获得的成就。在政治方面，文艺复兴意味着资产阶级的诞生，并伴随着它不断成长。换言之，它意味着市民阶级从诞生到崭露头角的进程。这个时代，各个国家各有发展，势头强弱不均，在文化史上统称为“文艺复兴时代”。

从年代和地理的角度来对这一过程加以描述，可以发现这个进程首先始于意大利的中部和北部，早在14世纪初就已经有了明显的表现。罗马教廷及其城市公社所构成的帝国之中，首次出现了导致新经济力量获胜的条件。德国在100年之后也发生了同样的转折，首先在德国南部和莱茵河沿岸的城市之中出现，因为这里是连接意大利和北方民族及港湾的纽带。西班牙、法国和荷兰也与德国在同一时期开始了这一进程，英国紧随其后。之所以在这一过程之中英国未能领先，并非人们常认为的它的岛国属性，而是因为英国资本主义进化的出发点和欧洲大陆完全不同。欧洲大陆的资本主义是从商业资本发展而来，英国却是从土地资本主义演化而来。在当时的英国，土地是最重要的商品羊毛的直接生产要素。正由于这一原因，英国资产阶级社会的发展道路与欧洲大陆呈现出极大的差异化。

西班牙和法国是将这一阶段结束最为迅速的国家，在它们之中，由于种种因素最早奠定了有利于产生君主专制制度的条件。德国进展到这个阶段是16世纪末，而荷兰到17世纪末才发展到这一步，是最晚的一个国家。从本质上来说，英国从来没有过君主专制制度，1649年革命中获得胜利的

羊毛女工。在14—17世纪的英国，土地和羊毛是最重要的商品

资产阶级在稍后做出妥协让步，英国社会发展道路也与大陆迥然不同。

“文艺复兴”这个名词多出现在文化史之中，包括世界戏剧史的第二幕，因为商业资本高奏凯歌，在艺术领域对这一进程有所反映。不过我们可以发现，在这一出时代的戏剧之中，还有第一幕，而且还有序跋。所有这些，艺术史都会有专用的名词来进行描绘，文化史则包罗全局，不管是开始、发展还是结局，在文化史中都只是一个圆周运动，永远都不会有顶点和终点出现。

在欧洲文化的范畴之中，现代货币经济第一个阶段也以圆周运动的形态呈现，这便是本书第一卷所要呈献给读者的内容。

第二章 文艺复兴时代理想：人体之美

理念是辩证的，它不是形而上的，在生活中也不是外来的，因此它总是被生活发展的特点所制约。在历史上，种种观点会蜂拥而出，而它们不过是企图将人类社会存在的生活形式所具备的发展走向定型而已。这个简单的科学公式，可以作为本章序言的基本思想。不过对于这个公式的历史价值，最值得关注的却是制约生活走向的究竟是什么因素。其中决定性的因素是人的物质利益，生活发展的走向是在物质利益的引导之下形成和确定的。

文艺复兴之本质

人类对物质利益的追求总是处于不断进化的过程之中，因为生产机制永不停步的改变，使得物质利益的进化为各民族和各阶级创造出了全新的需求，或者对从前占据主导地位的需求进行取代、消灭和缩减。从这一基本观点出发，我们可以得出一个不够深入但却对理念和观点的发展影响至深的结论。这个结论就是：现存的生产机制发生彻底、根本性的改变，必然会引起精神生活的更新，有时候甚至可以说是精神生活的再生（Renaissance），而Renaissance这个词也正是“文艺复兴”的词汇原意。

这一转变会导致我们的观点和观念都发生全新彻底的转变，它发生于全新的经济原则在历史中兴起的阶段，也就是和现存生产方式相对立、需要彻底改革社会组织的新生产方式进入历史的时刻。由于对社会组织进行彻底改革的迫切需求，新经济因素的崛起成为历史的革命性因素。正是这个因素，让社会发生颠覆性的改变，它消除的不仅仅是某些在缓慢发展过程之中形成的矛盾。

对社会进行根本性改造，首先是由于新的经济原则出现，不同利益和不同观点的新阶级开始逐渐形成。其次，这个新因素能够让旧阶级走向瓦解，或者用适当的方式改造他们。而这两个结果都是进化的必然结果，在这一过程中，人类社会存在的整个面貌都会改换出全新的气象。

这样的转折就如同一条文化分割线，它标志着一个时代的结束，也标志着一个新时代的来临。新的原则在实现的过程中越是彻底，它的革命越是深入，这条分割线就会越醒目，不管它的革命带来的破坏是局部的还是全面的。在旧有的时代，曾经的社会存在以及相应的思想内容和新时代之间的差异越明显，今昔对比就如同黑夜和白昼的对比一样清晰，酷暑和寒冬一样分明。

在新的历史创造者手中，时代会显露出焕然一新的面貌。更重要的是，革命的时代往往是历史所能提供给观众的最辉煌的舞台，人们最为自豪的感受和最美好的希冀，都会在这里获得集中。在这种时代的失败会更具悲剧性，它所获得的凄惨结局，甚至会过了百年都让人惨不忍睹。这一切都受到了内部必要性的制约，看上去显而易见。

创造性在这样的时代总是占据着主导的地位，而这种占据充满必然性。这样的时代因此显得尤其伟大，而伟大则是唯一的、最高级的美！

每一次有新的历史原则出现，人类都要改变自己的希望，或许是新的，或许是别的。在每一个领域中，这个规律都存在。当人们生活的天地扩大，个人或者小集团，乃至整个社会的基础都会出现不同。因此，至少过去的存在会被中断，过去的阶级会被解体，他们的世界得到扩展。当新的前景和希望出现之后，精神便会张开翅膀，翱翔于无限的苍穹之中。精神在和整个时代作斗争，发现时代的问题，同时预见到几年之后会获得的成果。

拉斐尔的巨型壁画《雅典学派》把古希腊以来的50多个著名的哲学家和思想家聚于一堂，包括柏拉图、亚里士多德等，以此歌颂人类对智慧和真理的追求，赞美人类的创造力

当这幅帷幕终于揭开，人类的未来会显得无比美好，有连绵不绝的梦想出现在理性的面前。在这样的时代，人们仿佛同时参与到传播的行列之中，让整个世界都沉浸在创造带来的快乐中。不管是一个阶级还是一个民族，甚至在整个欧洲，都洋溢着春天般的气息，人们充满信心，期盼未来，带着一种对伟大前景的预感。

发展的河流开始破冰解冻，在一切领域之中都会带来更快的流动速度，波浪会被大胆地掀起。明哲审慎曾经被认为是最好的美德，现在却成了人人唾弃的罪恶。迅速决定、大胆行动、勇敢进取，人们用近乎疯狂的鲁莽开始改变，也赢得了最热烈的崇拜。炽热的激情变得汹涌，爱与恨都达到了巅峰，关心和维护现有制度的那些人看到自己赖以生存的基础开始动摇，看到自己最神圣的权力岌岌可危，一个个都变成了野蛮人，只想要阻止新事物的发展，就算是全人类都灭亡也在所不惜。代表着新时代基本经济思想的新阶级也并不比他们弱，上升阶级从来不感情用事，从来不虚伪。将自己的权力列入议事日程，他们的态度从来都是最坚决的。对于他们真正或者假想的敌人，他们会毫不留情地讥讽揶揄，无所不用其极。

《维纳斯的诞生》　波提切利【意大利】
此画表现爱与美的女神维纳斯从爱琴海中浮水而出，风神、花神迎送于左右的情景

这些倾向之间的对立和冲突，是残酷的阶级斗争的基本形式，整个过程虽然惊心动魄，让人毛骨悚然，但阶级斗争还是称得上辉煌壮美，因为事关全局，关乎全世界的命运，所以它也是伟大的。

在这样的时代之中，传统的偏见不复存在。因为人们觉得旧事物可以被超越。一切和旧事物相关的东西都被认为是虚假的，那些带有传统印记、因为时间累积烙上神圣印记的东西都被人怀疑、嘲笑。一切现存的关系和设施都遭受到无情的批判，在进化的压力之下，过去那些为了千秋万代建造的擎天柱，那些原本引以为傲的事物，那些权威，都开始动摇，并且丧失往日所拥有的信任、尊敬和爱戴。

这个规章首先适用于两性生活之中，因为这个领域对于传统道德所带来的压迫总是最先感受到。

这样的时代大胆地进行破坏和毁灭，而创造也是同样的勇敢和辉煌。创造力的提高堪称神速，勃兰兑斯在他论述莎士比亚的著作之中，曾经这样评价莎士比亚的创造力：

“这个时代之中，说英语的有几亿人，但是诗人却屈指可数。在那个时代之中，全英国有300位抒情诗人和剧作家，创作力前所未有地旺盛，读者和观众并不会超越现在的丹麦，因为当时的英国有500万人，而400万人不识字。但是，在当时的英国人，却往往会具有写诗的才华，就像现代的德国妇女弹钢琴一样普遍。”

这是一个何等美好的时代，到处都有新的里程碑，为壮美的社会大厦打造良好的基础。腐朽最严重的地方，人们不去修补，宁愿推倒重建。这是每一个人和整个阶级、民族的特点，也是整个时代的风貌。这样的时代对事和对人都提出了最高的要求，每一个人都追求一往无前，他们没有极限。

正是由于这个原因，成熟才变得被人重视，不仅表现在肉体上，在精神领域也极为推崇。在那种时代，毛头小子和黄花闺女都不会受到欢迎，而那些年富力强、有创造力的男子，以及鲜花一样盛开并且善解人意的女人，才会受到大家的追捧。他们认为男人应该像太阳神阿波罗一样，神勇无敌，力大无穷；而女人应该像爱神维纳斯一样，是爱和美的化身。

这种时代会鼓励人们大胆追求自己的所爱，这与其他的时代大不相同。意志和行动同在，这种时代的人们具有天才一样的梦想，能够想象最为崇高深刻的目标，并且将它们付诸实践。每个人完美的创作，就像新思想和新形象一样丰富。在每一个角落，创造力都洋溢着长盛不衰的气象。这种时代所创造的一切，都具有永恒的价值。

我们这么讲，当然不是说这个时代所创造的一切都是最好的。因为高度取决于时代用于完成任务的手段，还取决于前一个时代的成熟程度以及它所得到的高度。可使用的手段越完善、丰富，人们的勇气和干劲也就越足，时代的创造也就越多。如果过去的遗产非常粗糙，那么时代的创造便只能是妄想，所表现出的唯有大胆的气魄而已。因此，衡量的标准是相对的。但是我们仍然可以说：在这种时代，一切都处于发展的高峰。

崭新的经济原则出现在时代的舞台上，它的本质就是让这样的革命时代更加辉煌。普通人首先关心自己的安宁，看到这些变革，便会吓得浑身打战。可是那些看到人类进步思想的人，他们向往这时代的奇迹，对于生活在这样时代的人都非常羡慕。因为他们见到了，也到达了生活的顶峰，这是人类所能达到的最高层级的幸福。

每一个自觉奋斗的人，都期待着这样的时代尽早到来，因为人类可以再一次创造出惊人的奇迹。作为一种全新的发现，甚至比世界曾有过的辉

16世纪的佛罗伦萨是文艺复兴的发祥地，留下了但丁、乔托、米开朗琪罗、达·芬奇、拉斐尔等艺术巨匠的不朽之作

煌更辉煌。未来的人类解决问题的手段，不管是在绝对意义还是相对意义上，都会更完善、更丰富。

到那个时候，将有必要的前提进行最宏伟的创造，因为新的时代将自觉而且慎重地实现伟大目标。在这个阶级的行列中，不仅会出现伟大的人文主义者，而且成千上万地出现。到那个时候，生活将是欢乐的，而且是无限的欢乐。

而文艺复兴，就是这样的时代。

美的理想从何而来

在上文之中所提及的一切，都曾经出现在欧洲文化的框架里。在14、15世纪，历史舞台出现了新的经济因素，商品生产的发展以及由此决定的货币经济，让中世纪得以结束（货币经济第一次出现在历史舞台是在古代）。新的经济因素开创了一个新的时代，让世界贸易出现了一往无前的进取精神，这也为现代资本主义的发展奠定了第一块基石。

中世纪的农业

文艺复兴的革命意义已然毋庸置疑，它堪称是近代最伟大的革命，规模庞大，时间漫长，没有其他革命堪比。它之所以具有如此深刻的意义，因为它席卷整个欧洲的文明，直到它所代表的新原则出现在生活的各个领域，获得最终胜利。它开创了古代世界倾覆之后人类最伟大的时代。

人类近代史的起点便是文艺复兴。

在这个阶段之中，民族和民族语言开始出现，这是人类文明最大的财富。

在此时代之前，国家是由很多互相敌视的利益集团组合在一起形成，它的架构非常松散。中世纪的社会基本单元便是范围极小的村庄，并且常常是几个相邻的村子联合在一起，便可以算是一个世界了。谁若不是这个小小社区之中的成员，他就会被当作外人，被剥夺任何的权利。而只要是另外村庄的东西，都会被当作是外国事物，属于另外一个世界。村庄和外部世界的联系也非常原始，并且时常对外部世界抱持着敌视的态度，对于外部世界的利益，它也会表现得漠不关心。因为他们无法理解另一个世界的利益。

中世纪精神结构的基本特点是狭隘，甚至语言都无法将各个地区联络起来。各个地区都有自己的方言，他们像维护自己的村庄边界一样保护它。

之所以会出现这种情况，与中世纪的经济基础有很大关系。中世纪是自然经济，生产物品只是为满足自身。每一个人的生活和社会活动的圈子都限制在生产者以及他的家庭、社区之中，再大也不过是到他纳贡从属的封建领主那里。他的一切需求都可以在这样的圈子里获得解决。封建领主以收取贡品作为条件，保护他们抵御敌人入侵。若干个小小的集团互相隔离，领土呈现封闭式管理，导致了这种社会体制的建立。在这样的情况之下，他们的思想也拒绝将各个集团联合起来，不会产生互相来往的愿望。当时的社会没有公路，因为修建公路需要多人协同，而并没有这样的社会需求去促使人们做这些。从另一个层面来说，利益集团的狭隘也会让对抗变得旷日持久，就算只是最小的利益对抗。

这样的田园风光，并不是浪漫主义者所想象的田园诗。它之所以能够长久存在，还有一个原因便是它从自身所创造的存活条件。但是它毕竟不能永远存在，在对立因素发展到一定程度的时候，它就面临灭亡。而这个最终促使自然经济崩溃的对立因素，是合乎自然的劳动分工发展趋势。它对于形式的要求越来越趋于简单，形成了独立的手工业，又促使贸易诞生。因为这一进化，手工业成为和原有力量平级的新力量，并且具备了战胜原有力量的使命。劳动分工的趋势当然是个自然现象，在各个地区都是

1518年欧洲农业生产和生活的场景

自然而然地发生。不管任何时间和地点，人们都希望将劳动过程简化，让它变得更加合理，必然的结果就是对劳动的分工。

不管到任何地方，劳动分工的最早形式都是把生产劳动和非生产劳动区分开来。这就可以让集团之中的某些成员担负起保卫的责任，而其他成员可以安全、安心地从事生产工作。人类在几千年来逐渐成为劳动工具的主人，对于劳动工具掌握得越彻底越熟练，生产劳动各个领域之中的分工越精细，劳动的效率也就会越高。

于是，独立的手工业形式开始逐渐出现了。

个人和行会的需求被手工业产品超越之后，必须将多余的产品和其他集团进行交换，这会导致市场的形成。市场是自然的交通枢纽，与之相随的是对匪徒和盗贼的防范。在一个地方积累过多的财富必然会让附近的居民以及其他的人垂涎，如果这个地方位于海岸河畔，那就会引来海盗。

于是，这又促使农村成为城市。

在最初，拿来交换的只是多余的产品，人们以货易货。这是在中世纪

文艺复兴时期，商业很活跃，市场也繁荣起来

末的准备时期，随着劳动生产率的提高，手工业开始不断发展，专门为了交换而从事的生产出现了，人们生产的目的开始变成贸易。

这个事实便是近代和中世纪分割的重要标志，在此之后，历史舞台上出现了全世界最革命的因素——货币。

作为交换之中必要的手段，货币是商品生产所需要的，可以说是商品生产制造了它。在自然经济时代，人们的生产只是为了满足自身或者村庄的需求，无须使用货币。向封建领主进行纳贡的时候，也主要以实物为主，这种纳贡的行为所表示的含义也仅是：农民替封建主劳动，而他们则为农民提供保护。

货币的出现促使中世纪的封建生产方式崩溃，最终销声匿迹。

当商品开始频繁交换，货币的力量也就越来越大。“每个人都需要钱，它也是大家都用得着的商品。钱可以购买一切，只要是封建生产方式，包括服务、住房、食物，还有很多虽然不在家庭中生产，但他们不能缺少的东西，只能用钱来购买。追求金钱和财富，生产和买卖商品的阶级开始越来越强大。对于那些行会工匠，法律限制他们只能雇用一定数目的帮工，他们不可能发财，只能落后于那些商人。商人们一心想要发财，不知道满足，他们的资本开始无限增大，收入也越来越多，光是这一点就足以让他们开心不已了。”（摘自考茨基：《托马斯·摩尔》）

但是，下面这一条才是最重要的。

在上文之中，我们曾经界定了一些重要的东西，在这一阶段，它们已然变成了现实。随着贸易这种新生事物的崛起，货币开始成为贸易的表现和革命化手段，新的生产方式出现在历史的舞台。这种新方式不仅让原有的社会基础个别部分被破坏，而且能够让整个旧社会的基础都消亡，一个全新的社会基础出现了，人们的社会存在拥有了一个新的根。

与此同时，人们的一切思想情感也都获得了全新的内容，一切观点和理念也随之发生了根本性的变化。

商品生产让商人成为一个全新的阶级，即现代资产阶级。这种早期的形式让原有的阶级生活彻底改变，通过这一途径，全新的意识形态和力量也进入到历史之中，只需要一个明显的例子便可以证明这一切。

为了满足个人需求而进行的生产，被限制在一个狭窄的圈子里。在中世纪，刺激个人发挥力量的因素都微不足道，因此人们并没有表现出高昂的创造性和生产动力。商品生产时代促进了个人贸易的发展，到此时情况则得到了改观，它为人们提供了更为广阔的施展空间，每一个人都被极强的力量刺激，整个社会都开始奋发起来。一次又一次的爆发频繁出现，一切都在朝着广阔的未来奔跑，全新的人类诞生了。

这个运动最先是从意大利开始的，意大利的南部首先出现了它的萌芽。在中世纪，东方和欧洲最早的贸易来往也始于那里。意大利人首先受到了希腊人和萨拉秦人（古代阿拉伯游牧民族）的攻击，随后希腊人和萨拉秦又将自己的丝绸和香料强行出售给意大利人，这些事情所有人都已经耳熟能详。而正是在这个时候，海上贸易开始出现了，君士坦丁堡有了真正的买卖人。从意大利南部开始，意大利北部和西班牙、法国、日耳曼等地紧随其后。不管到哪儿，商品的生产都是因为需求而促生。不管到哪儿，贸易终将扩大自己的范围，成为世界贸易，欧洲人正通过它一步一步从中世纪走出来。

在15世纪和16世纪的时候，这场革命性的变革开始发展到顶峰。如果说14、15世纪只是在为它预热，让整个世界都感受到改变即将到来的春风，那么16世纪则是这些地区取得最伟大成功的时间，许多经典在这一阶段出现，文学和艺术创作之中的辉煌成就足以证明这一点。

在这里，还有一个非常典型的发现，那就是商人们所表现出来的进取精神以及他们所创造的累累硕果。在日益发展的资本主义对金银和销售市场表现出急切需求的时候，在英勇无畏的探险家带领下，一个地理大发现出现了。新大陆和新海路被发现，并且促进了经济的迅速发展。人类文明的界限超越了欧洲的自然界线，资本不仅让天主教徒富有，而且还让一切可以掏出钱来的人都得到了该有的恩惠。

在此时的欧洲，资本主义举起它强有力的大手，民族国家和民族语言被催生了。这一点似乎与资本的世界主义特点是相背离的。商业资本希望可以建立起独立的国家，因为它的利益和地方主义的封建贵族以及整个封建社会都对立着。只有支持者的强大才能为商业资本带来更大的利润，因此，商人以及他们所代表的阶层都拥护王公政权，虽然拥护程度不同，但他们都是和地方主义的封建贵族进行斗争的基本形式。

哥伦布发现新大陆。 文艺复兴所表现出来的人文主义精神是一种为创造现世的幸福而奋斗的进取精神，而地理大发现就是在这种精神的鼓舞下完成的

商业资本的利益出现一致性，是为了在贸易之中取得更大的胜利。与此同时，正在巩固的君主专制政权和捍卫局部利益的小贵族之间，也发生了惨烈的斗争。这场战斗以君主专制政体的胜利作为结束，代表着落后经济原则的封建贵族全面败退。这是历史逻辑，在欧洲各个国家之中，君主专制政体全部获胜。这也预示着统一的民族国家在不断地出现和成长，让那些封建时代的中世纪生产方式国家退出舞台，它们虽然曾经普遍存在，但凝聚力已经衰退，变得虚弱无力，无法再支撑下去了。由此可见，这个时期出现的民族国家完全仰仗于商业资本经济利益而得来。

民族国家诞生了，民族语言自然也会得到发展。在封建主义时代，正如上文之中所提及，各地区的经济条件存在巨大差异，语言也各不相同。地方方言是地区独特的经济结构的产物，它反映出这一地区独有的社会存在。但是随着民族的统一，方言也需要被统一起来，让这个新肌体的共同利益得到体现。一个国家开始形成的力量，一般都集中在较大的城市之中，因此大城市也就必然会成为民族语言的发源地。

15、16世纪所发生的变革，带来了民族国家和民族语言的诞生，堪称这个时代最重要的成就。

这就是文艺复兴时代的整体面貌和基本发展趋势。

谁若要真正地理解它，不仅要理解文艺复兴的本质，还要理解它深刻的、显而易见的矛盾。要做到这一点，便不能满足于这些粗浅的认识，而是应该在细节之中做更深入的探讨。对于这个时代风化的研究，细节可以提供重要的线索。

正如我们所了解的一样，一个崭新的时代是否可以解决自己所面临的问题，取决于它所拥有的手段。换言之，时代在不断发展的运动之中能够得到的结果，在本质上取决于历史留给它的遗产，取决于它对于历史洞察的程度。

随着新利益的出现，会有很多具体形式的新理念诞生，即便如此，那些新的理念也总是披着旧有的外衣。在当时，新时代在前进的道路上能够找到解决其迫切任务的手段非常落后，是由于当时的封建时代手段本身便是非常原始的。

仅此一条，便可决定这个时代需要克服的阻力有多大。它能够将自己所面临的问题顺利解决，不管曾经取得过多少辉煌的成就，它的成绩仍然不能算是彻底。假如，这个不完整的成就依然可以给人以辉煌、霸气的印象，那只能说明新经济原则所解放和启动的力量是多么巨大。

即便是文学艺术领域之中，遗留给后世的依然是那些未解决的任务。时代并不能圆满地让它获得发展，最终抵达终点站，而如果太过落后，现实就会让它废止。

在生活的其他领域之中，这一规律依然存在，到处都是那些等待着人们去攀登的山峰。如此充满豪情的景象在古代社会被颠覆之后从未有过，在文艺复兴时代之后，也很难再见到。不管什么国家，也不管什么人，谁都未曾真正到达顶峰。中世纪的那些生产方式在很多地方依然存在，这些地区为它们提供了非常有利的存在条件。这一事实对于发展产生了巨大的影响，以至于不能让它以直线的方式持续下去，常常会出现非常大幅度的曲折，甚至有时会遇到无法解决的矛盾。

前文曾说过，在很多国家，地理封闭造成了隔离地区的封建生产方式会维持数百年都不变。因此，总体看来文艺复兴时代中有两种生产方式，它们以令人诧异的方式混合在一起。一方面，是从兴盛开始朝着衰败而去的封建生产方式；另一方面，则是具备更多发展机会的新兴资本主义生产方式。它们混合存在，反映在人们的思维方式、感受以及行为之中，因其所具备的各种差异，便会表现出上述的数量繁复并且无法调和的矛盾。

在我们所探讨的专题之中，这样的混合造成了一个状况：首先，在思维和意志领域之中存在着革命的要求，尤其是在道德领域之中形成了大胆的共识，破旧立新的力度非常猛烈，带给人们很现代的印象。其次，原有的道德观在封建关系的土壤之中依旧根深蒂固，它的参与还在继续发展。从16世纪中叶起，这个必然现象便在各个领域之中凸显，因为不管任何地方，在这方面都不存在不断发展的条件。

所有革命的时代，都有着这样的悲剧性。

真正的革命精神便是对自我的超越，跨越现实的界限。因此它不得不面对发育并不充分，并且落后于现实，在现实之中碰壁的局面。这样的局面，往往会带来思想上的混乱，利用大部分群众对于当前进程实质的模糊，“曾经的好时光”便会成为吹嘘的切入点。比较完善、符合历史逻辑的新事物会被判定为反自然，而那些并不完善的却被视为美德存在。

要想让一种发展趋势显露出自己的奥秘所在，必须要等到它成长到一定的成熟程度。15世纪，随着世界贸易发展，资本主义出现在历史舞台。一直到19世纪经历了飞跃的发展之后，人们才认识到它的本质和规律。

正由于此，只有在当代，才能够透过15、16世纪那混乱不堪的现象，发现那个伟大的革命时代中合乎逻辑、重大的特点，人们才能够将新和旧准确地区分开来。

在此关于文艺复兴的论述，也同样适用于本书的其他章节，因为同样是那些因素在同等程度上决定了那个时代，包括那个时代对美的理解，对新的婚姻形式以及个人性爱发展的理解，对于妇女解放的觉醒和仪表时装的规则以及关于卖淫的不同观点等等。

对人体美的崇拜

人是衡量一切的尺度。人是一种生理现象，同时也是肉体概念，在性道德观念之中人是自然的前提，因为人是性道德实现的工具。出于这个原因，我们必须说明文艺复兴时代关于人体的观点和理想，因为文艺复兴时代在欧洲文明史上所开创的是一个崭新的人类时代。

在创造性的时代，肉欲和色欲总是无所不在。“创造性”和“肉欲”几乎可以算是同义词，色欲和肉欲可以看成是创造性在生理方面的直观表现。因此，每一个革命的时代同时也会是色欲横流的时代。在文艺复兴时代，虽然有很多交叉或相反的倾向，但它却是一个千真万确的肉欲时代。

一切表现出创造力的事物，都会获得时代的关注。因此，也可以说从本质上来看，时代所关注的仅仅是创造力而已。

提香 《神圣和世俗的爱》

因此，肉欲成为和自然契合的唯一现象，也是理性和逻辑唯一允许的认知范畴。在文艺复兴时代，人们无法想象除了肉欲之外的其他任何事物，它堪称是这个时代唯一的理性。这种状况的出现当然并非自觉行为，也不是人们捍卫并实施的纲领。然而，不管任何时代触及了什么，也不管它创造了什么，肉欲都会作为不可缺少而且特色鲜明的伴奏曲出现。生活进程的本质是创造的能力，这条路决定了革命时代的一切事物都被烙上了永久价值的印记。只要是有真实生活气息的，都会不朽地永远存在。而创造物诞生的时代，所蕴涵的肉欲能量越是强大，它不朽的程度也就会越高。

显而易见，文艺复兴时代的一切精神反映也包含着肉欲。事实也正是这样，本章要说明这一普遍的肉欲倾向如何反映于人体美的观点之中。

每一个时代和社会，都会将自己的本质凝聚在观念和意识形态乃至所有的精神发展之中。在意识形态上，它将自己表现于哲学、科学、法制、文学、艺术、行为准则以及对人体美的观念中，它宣布美的法则，从而设计出时代和社会的理想典型。时代的一切意识形态都取决于时代的本质，意识形态无非是时代特定生活规则和生活利益主要意向的另一种表现。因此，人类在一个时代之中所取得的成就越大，这个成就所挖掘出的潜力越丰富，那么这个时代的意识形态也就越辉煌。从这个角度来看，文艺复兴时代所创造的一切意识形态都是伟大的，这种伟大直观地表现在人的艺术形象，而一般的人体观念则直观地反映着这种艺术形象。

人的肉体在文艺复兴时代中被重新发现了。在禁欲主义者的眼中，不管是任何地域，只要归属于天主教会的势力范围，肉体都只是不灭的灵魂短暂的寄住躯壳。在中世纪人们的世界观中，对灵魂进行超越尘世的宣告是生活的最高概念，也是唯一的目的。因此，妨碍这个目的实现的肉体就会成为简单又让人不屑一顾的附属品。

“即将失去的东西，无须期盼。将心思放在那些永恒的东西上吧，向往天国吧！在人间，只有那些鄙弃人间的人，才会获得幸福！”

这是12世纪最有才华的禁欲主义诗人伯纳德·科列洛沃斯的诗句。在中世纪人们的眼中，肉体不过是用来喂食虫蚁的食品。当时的意识形态如此排斥肉体，对它持否定的态度，尽量不让它妨碍那些超越尘世的内容。在他们看来，肉体便是灵魂的幻影。

然而，并不能因此便认为中世纪将肉欲因素完全地排除了。不管是任何时代，肉体都会战胜精神。无论是封建社会和其他社会都是如此。在不同的国家，封建社会都会划分出不同的阶级，统治阶级会将自己的意识形态强加给群众，而自己未必会遵守本阶级意识形态的各种共识。因此，就算禁欲主义宗教学说再严格，也不会妨碍封建贵族在骑士爱情之中形成一套独有的、完全重视肉欲享受的观念。

骑士的爱情

浪漫的女性崇拜虽然乖戾颠倒，但是却特别现实。在骑士爱情之中，灵魂从未被提及，只有柔媚的肉体才是他们所追求的。虽然这一肉欲崇拜包含着个人性爱的萌芽，沉溺于这崇拜的封建贵族却只能成为日趋没落的阶级。因此，在这样的阶层之中，肉欲只能表现为精致奢靡的享受，不会有任何创造性的东西诞生。这样的肉欲是退化的，是一种游戏，也是一种倒错。在中世纪基督教世界观的影响之下，骑士阶级神秘主义的爱情理想倒演变成了简单的淫欲。骑士阶级所创造的肉体美理想有待商榷，他们只是从精致享受的角度对肉体进行渲染强调。

在文艺复兴时代，一切都出现截然相反的景象。在各处建立起民族框架和群众文化之后，文艺复兴以新型阶级为代表，提出了健康的观念和精致生活对抗。从此，文艺复兴成为真正现实主义的新气象，它让一切从天空回归到地面，剥掉了神秘的外衣，为首的表现便是人的改变。

世界贸易是文艺复兴时代的基础，也是地理大发现的起始原因，它将人类从之前的世界中拯救出来，让人可以掌控自己。作为买卖双方，每一个人都是这个时代的财富。人来到中心位置，并且人是作为有生理概念的人，而不是曾经认为的不朽灵魂的躯壳。以前用来给虫蚁们喂食的客体，今天变成了主体。

新的亚当和夏娃诞生了，并非是人变了，而是对人的观念出现了变化。现实之中，从未出现中世纪圣像的超凡脱俗的幻影，也不存在超越凡人的超级英雄家族。换言之，随着人的社会存在出现变化，人们对于亚当和夏娃所代表的肉欲观念也出现了相应的变化。人不再是那超越凡尘的灵魂的工具，人是人世之中存活的工具，自然也要成为创造人世间欢乐的理想工具。

这便是“人”的第二次发现。

每一个时代对于美的理想都取决于时代的基本趋向。道德理念很少有永恒的，同样的道理，美的概念也很少有绝对化的。人们对于美的认知各不相同，这些概念各自有着时代标准，就像道德一样。因为美和道德都是不同时代文化中不可缺少、不可分割的组成部分。现代科学已经为我们提供了标准，可拿来比较不同的美的概念，帮助我们确认方向。这个标准便是“健康”的概念，意即强调人们所认识的美是否自然。自然便是适宜，而适宜与否则取决于民族性。在此需要明确的是，本文之中所论及的主要是地中海种族，因此，对于美的基础是否“适宜”这个概念，在所有地中海种族之中也应当保持一致性。

什么才是美？什么才是自然的？这个问题的答案，我们认为是从根本上努力揭示男女之间的不同，明晰地说明男人和女人之间各不相同的生理特点，从男人的体貌之中明确去除女性，从女人的体貌之中明确去除男性。简单地说，完美的美便是揭示男人和女人的性征。

我们可以发现，这样的肉体美观念完全是肉欲的。在美的领域之中所说的“适当”从来都只限于性感之美。文艺复兴时代最终宣布：人的理想典型是性感的人。也就是说，要比其他任何人都能激发起异性之爱，而且是纯粹的动物性的爱，本质上而言便是激发强烈的性欲，才可称得上是美。这个结论不仅可以在整体之中应用，局部也同样适用，对于男女人体的局部之美也可以据此判评。

就这个意义而言，在文艺复兴时代，适宜的美获得了最终的胜利，而且在这个革命的时代这是极度辉煌的胜利。自从古代世界被倾覆之后，这种美再一次可以庆祝它所取得的成功。在创造性的时代，倡导的不止是健康，并且是彻底纯粹的健康。男人拥有发达的身体，便说明他具有旺盛的性机能，而且精力充沛。这样的男人才是完美的，是人们眼中的美男子。女人的身体必须要具备为人母所需要的一切条件，才可以称之为美人。首先便是作为生命源泉的乳房。在文艺复兴发展的过程之中，乳房受到的关注越来越多。在中世纪，窄胯、苗条的女人会受到追捧，而文艺复兴时代则相反，女人要宽胯、肥臀并且具有粗腰，才算是美丽。

《人的体貌》这本书出版于16世纪的法国，作者是伯特。他在书中将

男人的体貌如此描绘：

“男人具有天生魁梧的体格，有宽宽的脸膛，微弯的眉毛，大大的眼睛，方正的下颚，粗壮的脖子，结实的肩膀，宽胸瘦腹，骨骼粗大而且突出的胯部。他的大腿和胳膊青筋虬结，小腿强壮有力，腿肚隆起。腿要匀称，手要匀称而多筋。要有宽宽的肩膀，虎背熊腰。步伐沉稳，嗓音洪亮。此外，男人的性格要宽宏大度，无所畏惧，公平正直，心地单纯且爱护名誉。”

在阿利奥斯托的长诗《热恋的罗兰》中，描绘了理想中的美女：

“她有牛奶一样的喉部，雪白的脖子秀美而圆浑。她的胸部宽而且丰盈，双乳起伏，一如微风吹动的海浪。在浅色的衣衫里有旖旎的风光，那是阿尔格斯的眼睛也无法看到的。但人人明白，她内外都一样美艳。修长的胳膊，白得像象牙雕刻的手，十指纤纤，手掌不管怎么翻转都不见一丝青筋一根骨头。在婀娜而且仪态万千的身体下，是一双圆浑的秀足。她美若天仙，纵然隔着厚密的面纱，依旧光彩照人。”

在任何一个革命时代，由于对创造的渴望，总是要跨过正常的界限，所以创造正常的形象已经不能满足，重要的特征总是被夸大。文艺复兴时

意大利佛罗伦萨画派的波提切利的作品《春》是最早以宏伟的气势赞颂女性的美与优雅的画，画中所有人物的脸孔都深具古典美，体态轻盈。尤其是维纳斯，过去的形象甚少穿着这么飘逸透明

代对于理想的人也有夸大的成分，认为他们是巨人。对于男人，最被看重的除了宽阔的胸膛之外，还要求他有英雄赫拉克勒斯一样的体格，他的脸要刚毅，最好长着鹰钩鼻。然而，不可思议的是，这样的人竟然可以人工培育出来。勃兰兑斯在论述莎士比亚的著作时，曾经这样描述文艺复兴时代的英国人：

“在当时的英国，世家子弟是人类最高贵的品种之一，他们就像是阿波罗雕像和披着人皮的种马的中间物。他们自认为是艺术家，同时也是一样出色的实干家。”

在女性方面，当时的英国人推崇丰腴、娇媚而且优雅的女人。如前所述，女人应该同时具有朱诺和爱神维纳斯的特点。如果一个女人具有丰盈的双乳，那么在大家的眼中她便是值得赞赏的。正由于这个原因，少女们都爱炫耀自己高耸的乳峰。根据布朗当的描绘，这样的女人必须高头大马，丰乳肥臀，有着维纳斯一样结实的臀部，在丰腴之外还要有“能够扼死巨人”的手脚。鲁本斯创作了《美慧三女神》，她们长生不老，而且正是具备这些特征的女人。品鉴这样的女人是最美妙的事情，将这样的女人据为己有则是男人们最大的享受。布朗当曾经这样谈论一个身材高大的女人发生的绯闻：

“人们总是欣赏丰满的女人，这样的女人不仅美，而且富态，就像她们其他的特点一样，总是可以赢得人们的赏识。换句话说，骑着一匹高

鲁本斯的《美慧三女神》

大的骏马总是让人无比兴奋，总比矮小的驽马带给骑士的快感要多。”

这是时代的基本发展趋势，但凡是生活之中发展新因素的国家，都是如此。但凡形成了新的人类形象的国家，所关注的重点都是人体本身，注重的都是人体的性感之美。这是美的理想在各个国家共同的第一个特点，同时也是最显著的特点。此外，在完成任务的手段等方面，各个国家也存在着共同的特点。这样的手段便是古代希腊罗马对丁美的理想。

但我们要注意的是，就算具有同样的趋向和出发点，也不会造成一切观念和理想在各个国家之中千篇一律的相似性。虽然趋向相同，但美的理想却可能存在差异。甚至由于各个国家的历史条件不同，美的理想会按照各种因素出现变化，每个国家出于局部利益的考虑，对共同种族关于美的观念会有所修正，就像它对于道德规矩的态度一样。不仅在不同的国家是如此，在每一个阶级之中也是这样。每个阶级都拥有属于自己的阿波罗之美，也各有各的维纳斯之美。这个过程完全合乎逻辑，是每一个阶级意识形态不可分割的部分。由于美的观念也是特殊的阶级利益的反映，这个过程至今被解释成是对美的观念的完善程度有差别所致。然而，众所周知对这一现象做出这样的判断，实在是荒谬。

文艺复兴时代，每个国家都有各不相同的历史条件，美的理想在各个国家虽然实质相同，但在细节方面却必然会有重大的区别。意大利与法国、德国、荷兰之间所存在的发展差异，必定会导致这一区别。

从意大利、西班牙和法国的整个发展过程来看，由于它们都是贵族国家，所以在美的观念上也必然会表现出贵族的理想。这几个国家的阿波罗和维纳斯必然是贵族式的，人的理想类型便是神的形象。在意大利，大自然也参与其中，形成了这种理想的最高形式。其中还有部分原因是由于这些地方有丰富的古代艺术遗产资源，古代遗留下来的传统也从未消失，从而自然拥有解决这个课题最为成熟的手段。

另一方面来看，在法国和西班牙，君主专制主义已经渗透到全部社会肌体之中，女性美理想的发展必定把妇女当作是最精致的享乐工具。而在德国，情况则有所不同。德国的本质是一个小资产阶级国家，它的社会面貌主要由当时正在兴旺发达的手工业发展而产生。在德国人眼中的美无疑会具有平民性。而荷兰的市民阶级有很强大的基础，所以这里的理想美典型不仅健康而且充满活力。在16世纪的弗兰德地区，经济非常发达，因此鲁本斯的超人形象体现了他们所追求的最高的美。

达·芬奇的传世名作《蒙娜丽莎》那若隐若现，如同梦幻般飘忽不定，难以捉摸的微笑充满了神秘感

由此可见，虽然不同的国家在美的理论基本点上具有明显的相似性，但也有明显的差异。整个人类都满怀着革命的豪情，所以那个时代任何一种美的理想都具有英雄的痕迹。那是一个永恒的烙印，只要是伟大革命时代造就的，都具有永恒的性质。

当一个时代对某种东西热情宣扬，也就造就了时代崇拜的对象。文艺复兴时代所宣扬的是肉体的人，自始至终都表现出对于这种肉体的人的崇拜。肉体之人成了文艺复兴时代最崇高也最虔诚的生活象征。

每一种崇拜在出现之后都会迅速地从总体走向个体，走向更为细节的描绘。越来越多的细节之美被人们发现，每个人的心中都有一个理想的形式。在文艺复兴时代，人体每一个细节的美都被确立了规范，足以说明当时对于人的发现以及人们对于肉体的崇拜。

在这种规范之中，女性美虽不是最高的歌颂对象，却也占据着首要的位置。在女性美方面，时代积累了很多详细而深入的描述。这是因为创造趋向是男性主动精神所产生的结果，男人对于创造女性美的理想明显强于女人创造男性美的理想。除此之外，从根本上来看，男人的本质具有侵略性，而女人的本质则较为消极被动。女人固然也希望赢取男人的爱，甚至比男人更为专注。但是她不会像男人一样那么明显地表露出来。对于自己在女性人体美方面的要求，男人总是表达得十分清楚而确切，“如果一个女人要成为出名的美人，那她必须娇媚动人”，必须要有明文罗列的优点。这些局部对于美的标准，也许是关于颜色，也许是关于形状，不一而足。为了让人们对女性美理想有具体而清晰的概念，某些国家和地区的女人常常会被当作范例。如科隆女子因为美丽的手而闻名天下，勃拉班特女子的背则格外让人销魂，法国女子最大的特色便是美丽的、微微隆起的小腹，维也纳女子最傲人的是她们丰满的乳房，施瓦本女子的臀部简直堪比维纳斯。在文艺复兴时代，人们对什么都格外有兴趣，对这些东西的形容也非常贴切生动。因为那些处于上升阶段的阶级绝对不会羞答答地表现出虚伪的一面，他们的描写有时候不止于此，而是要比这些更为深入。一个女人如果想要成为著名的美女，必须要具备所有这些美的特质，而不仅仅是符合那么一两条要求。艾巴骑士在他的《回忆录》中曾经说："全部达标的女人，才是真正的美人。"

这些关于美的规范就像诗歌一样在各个国家之中传播着，它们以许多不同的形式又流传至今，有一些甚至还配有插图。在此，我们有一个例子，在一首妇孺皆知的婚礼歌曲之中，列举出了"美丽的姑娘所具有的三十六种美的特质"：

"三个白，三个黑，三个红，三个长，三个短，三个粗，三个大，三个小，三个窄。总而言之一句话，女人个子要高大，身材必须要丰满。脑袋要像布拉格女人，胸部要像莱茵女人，臀部要像维纳斯女人，腹部要像法国女人，背部要像勃拉班特女人，手部要像科隆女人。"

鲁本斯的肖像画《苏珊娜·富尔芒像》（又名《草帽》），画中人物的胸部丰满白皙，肌肤吹弹可破

这样详细的句子还可以从艾巴骑士的《回忆录》中看到，克拉拉·海慈列林的诗歌中也有类似的记述。汉斯·萨克森也写过这样的主题，而且他还像他所撰写的其他诗歌一样，为其配备了插图。有的称赞弗兰德女人的背，有的称赞她们的手，有的称赞她们的胯部和大腿，有的称赞她们的乳房。克拉拉·海慈列林曾经在诗中赞美了施瓦本女人美丽的乳房，而波兰女子让人难忘的妙处则是她们像维纳斯一样的

臀部。这样的诗歌是根据人们对于美的向往而描写，不仅在德语中存在，拉丁文、法语、西班牙语和意大利语中这样的作品也比比皆是。现在流传下来的还有许多类似的散文作品，其中包括贝贝尔的滑稽小说。

这种作品可看作是一种对于女性的崇拜，他们不仅热情地赞美自己的心上人，也颂扬着全体的女性。在15世纪法兰克福书稿中，有人发现了一首小夜曲，那是一位恋爱中的人写给自己意中人的：

“她是白昼，没人能唱出她的美。她玫瑰似的嘴唇，天鹅般的脖子，金发明眸，象牙般洁白的牙齿，小小浑圆的酥胸，长长秀美的大腿，纤细白嫩的手指，秀气非凡的脚……”

与此类似的还有克列芒·马洛所写的一首关于“大学生和少女”的短诗。

在纽伦堡谢肉节中，戏剧演出会有很多针对女性人体美的颂歌。这里有谢肉节戏剧《精彩的游戏》中的几段台词可以为证。其中的情节是人们互相比赛，看谁对女人的赞美最精彩。

“年轻人，你们听我说，我在脂粉堆里春风得意，我的生活才是她们所向往，因为我会毕恭毕敬，唯命是从。为了她，我愿意抛弃人世间的一切荣华，只要能够一亲芳泽常伴左右，才算是一个真正的英雄。”

“你看那少女优雅妩媚，她堪称是人间的瑰宝。她的脸庞上洋溢着快乐的笑，她的双颊透露着爱情的色彩，她的嘴唇鲜红得好似樱桃。我爱的就是这样的姑娘，每当夜晚来临的时候，爱情折磨得我饥渴难耐，她就会降临在我的梦中。”

“她的眼，就像太阳照射着窗户；她的脸，有着一切鲜艳美好的色彩；她的额头，白净得如同象牙雕刻——这般女子谁能拒绝，若能与她同行，就算别人嫉恨我足足一年，也在所不惜。”

“假如我可以遇见一个女人，她的身材和她的心性一样高挑，她的背部挺得笔直，她的头颅高高仰起，她的发髻就好像王冠一样。她的声音柔媚甜腻，她的肩膀雪白耀眼，所有的小伙子都会围绕在她的身边——如果，我能够遇见这样的一个女人，哪怕让我付出两锭银子才能与她同眠，哪怕教皇亲自下令将我驱赶出教会，也不能阻挡我对她的爱慕。”

“风度优雅的美人让我沉醉，姣好的脸蛋让我痴迷，小嘴总是笑意盈盈，牙齿总是洁白闪亮，腮边有一对酒窝，下巴还有柔美的线条……”

“我要寻找这样的一个女子，她明眸善睐，她身材匀称，她的头和脖子完美无缺，她的手脚大小合适，她有窄窄的胯部……她还对我百依百顺，那么，我就要从早到晚侍奉她。”

在这些文字之间，显然没有对心灵美提出任何的赞美。在美的规范中，就算偶然出现了“Zchit”（种）和“Sitte”（习俗）这样的词汇，也是完全地用于对性行为的描述。对于心智则绝口不提，人们似乎从来不去考虑精神的高尚，只有美好的肉体才能让男人的爱被激发出来，女人也只有自己的肉体才能吸引到男人，让他们为她心动，让他们激赏、倾慕。在这一方面，纽伦堡谢肉节戏剧中的这些台词表现得非常彻底，而且露骨。

他们花费最多力气赞美的，就是女人的胸部。一对白皙得好似象牙雕刻的乳房，像维纳斯山丘或者两颗糖球一样从胸衣之中露出的乳房，像“两颗冉冉升起的太阳”一样的乳房，也像“两个馒头”一样的乳房，凡此种种。到处都有人对女人的乳房唱起赞歌，只要是和女人有关的赞歌，也必然会将最多的篇幅留给乳房。汉斯·萨克森曾经这样赞美他眼中的美人：

“她的脖子肤白胜雪，脖子的下面两只乳房布满了细细的青筋，就好像是专为她准备的装饰花纹。”

为美丽的乳房唱赞歌的人中，最起劲的非克列芒·马洛莫属了。他对于乳房的一切美妙之处都有歌颂之词，不管是它的性感，还是它在男人心目中所激发的愿望。

在阅读这些赞歌的时候，我们可以明显地感觉到促使它们出现的社会环境非常精致，它们并非是天真的欢歌，而是法国君主专制主义宫廷之中所散发出的堕落气氛。

在艺术领域之中绘画作品对于乳房之美的赞颂，和诗歌相比丝毫不显落后。以绘画的形式对美丽的乳房和胸部进行描绘，在文艺复兴时代取得了登峰造极的成就，超越了从前所有的相关作品。乳房的理想化形象是那个时代之中永远不会枯竭的艺术主题之一。在那个时代，女人的胸部和乳

《拔示巴收到大卫的来信》 威廉·德罗斯特〔荷兰〕 绘于1654年

伦勃朗的《拔示巴在洗浴》

房是美的奇迹，艺术家们天天都要描摹它，希望将这种美流传下去。这些赞歌一般集中于乳房健康的自然美，也就是建立在适当原则上的美，就是那种创造出来让人通过吮吸来获得生命力的乳房。

对于乳房之美的崇拜如此之盛，可以说能与之匹敌的唯有对女人私处之美的热情赞美。古代“白蔷薇”可称得上是最典型的例子。这个故事在德国、法国、西班牙和意大利等国家都流传有不同的版本，而且屡次出现不同的变化。一直到19世纪，狄德罗改写了最著名的版本《不安分的宝贝》。在造型艺术方面，对于私处之美的崇拜也对其起到了推波助澜的功效，只需要几个简单的例子便窥见一斑，在贝哈姆和阿尔德格雷费尔的许多版画之中，它不断出现；在彼得·芙蕾娜的招贴画中，也有它的身影；在唐娜特洛的《弗洛拉》中，你也可以发现它的存在。

在文艺复兴时代，男性美的观念纯粹从性感的角度出发。人们对于男人提出的要求是兼具阿波罗和赫拉克勒斯的美，对于英雄赫拉克勒斯之美尤为看重。相对而言，一个美男子所要具备的条件要比女人宽松很多，因为女人必须要符合三十六个要求才可以称得上美，而男人在必要的时候甚至可以全部忽略不计。但只有一点是被人们所看重的，一个男人如果具备了这个条件，就可以对他爱慕的那些女人提出最为苛刻的要求，并且能够超越阶级所带来的差别，一个仆人甚至可以得到来自公爵夫人的爱，一个富有的新娘甚至会觉得这就是她的丈夫最大的财宝——那就是在做爱方面要具有天赋一般的功夫。这并非说男性在其他方面的美全部综合起来都难以抵得上这么一条，但一个男人如果没有天赋异禀，就算具备了男性美的所有条件，都不能算是一个美男子。如果他在床上可以表现卓越，那么就算他不具备其他的条件，也会被认定是一个美男子。

也许有人会对这个论点提出质疑，古往今来的人们对于男性美都是这样的看法。在一定程度上来看，确实如此。但是各个时代在这方面也存在重大的区别，文艺复兴时代将这一条作为对男人的最高要求，将女人的个人愿望升级到了普遍规律，而且将它表现得最是显而易见。在下文之中我们还会发现，文艺复兴时代甚至将这一条明确地表现在时装之中。

将这一点明确地提出，不管从任何角度来看都不能是一句简单的俏皮话。就算我们说文艺复兴时代的人不会放过任何机会来表现这些内容，所以这也算是符合他们粗俗玩笑的口味，而这样的说法依然显得不够准确。正确的表述应该是——这就是那个时代的主题，也是那个时代的中心点，人们从这一点出发，又回归到这一点之中。不管是在德国的贝贝尔和里德纳，还是在意大利的波乔和考那查诺，抑或是法国的布朗当和拉伯雷，以这个主题为题目的作品简直不计其数。我们甚至可以列举出上千位作者，但由于这个主题的描写都过于露骨，因此不适合在此举例，就连仅仅列举它们的篇目名称都不行。

在滑稽小说界，这样的情况依旧在蔓延。意大利人考那查诺根据意大利谚语写作了短篇小说《他不是他》，这篇小说就可以作为例证，虽然这部作品是我们从前面所提交的诸多文本之中随便抽取的一个。在这类题材的处理过程中，有一个手法很常见，如果可以的话，不妨将它叫作反向表现，也就是用讽刺的语气描写一个女人发现她的未婚夫、丈夫或者恋人不具备那个方面的本领之后内心的失望和愤怒。一个姑娘会在最后的关头断然拒绝一个富裕的追求者，一个年轻的女子在结婚的次日就发现自己上当了，或者一个出轨的妻子将丈夫的无能作为自己不贞洁的理由，这样的讽刺通常采用的形式就是在虚幻的法庭上，妻子辩论着自己是否有权利对丈夫提出要求。在诙谐故事《一个对丈夫不满的女人的无声怨恨》以及迪洛尔谢肉节戏剧《离婚》中，便出现了这样的情节。

毫不夸张地说，这个特点可以完全证明文艺复兴时代的理想是纯肉欲的，这就是最典型最重要的证据之一，也是它的本质所在。我们应该铭记，造成这样的观念是由于时代的创造，不仅顺理成章，而且势在必然，它和时代之间存在着有机的联系。要想将这个观点从时代的框架之中去除，是不可能的，我们可以进一步推断：很多文艺复兴时代的历史研究者对诸如此类的现象选择无视，或者将它们看作是人性堕落、色欲横流的现象，而持有这样的论点就足以证明他们并没有理解这个时代的本质。

从时代的本质中，我们看到他们将成熟看得非常重要。年富力强的男人和女人是时代的理想，体力和性能力正处于巅峰状态的男人，那些形体已经充分发育、可以全身心投入到人类肉欲生活并且保证让男人得到最大乐趣的女人。处于豆蔻年华的少女，含苞待放的小姑娘，都不是他们想要的，因为果实看上去要比花朵更沉重，女人的最佳年龄是35到40岁。

"哦，菲琳娜！我爱你眼角充满笑意的鱼尾纹，虽然它不是青春的滋润，却是经验的象征。每当我用手臂贪婪地搂住你的腰身，你女儿的酥胸就会被抛在脑后。我爱那成熟的秋天，拥有它的时候谁还能记得春天。来吧，让我将你搂在怀中，趁着冬天的雪还未覆盖美丽的花园。"

这种由古代诗人所创作的作品因为适应相同的社会生活方式需要而重新受到了人们的追捧。

成熟的母亲，豆蔻年华的女儿，在二者之间会选择前者，认为她更加成熟、妩媚并且富有魅力。这样的选择曾经明确地在各类作品之中表现，那曾经哺育过生命的乳房才是最让男人心神迷醉的。正由于此，画家才

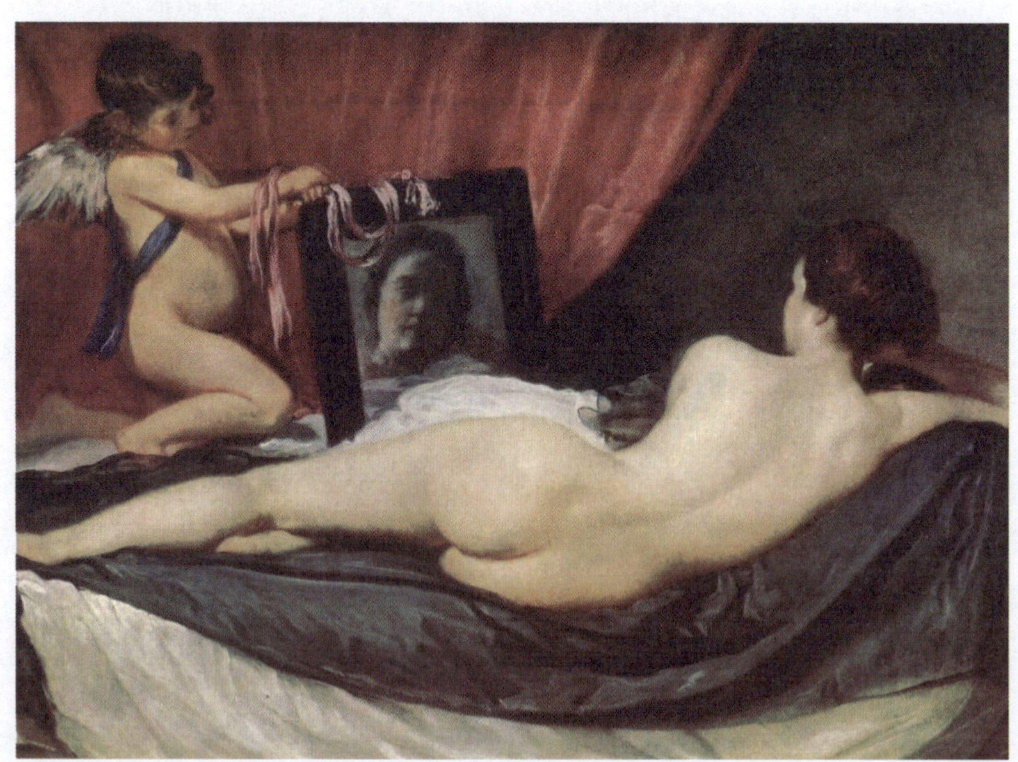

委拉斯贵支 《维纳斯和丘比特》

会那么热衷于描绘哺乳的圣母，在15和16世纪所修建的喷泉和水井，才会以乳房喷水的女人为形象。乳房通过喷向四面八方的水，来表现哺育的力量。在这里，只需要了解一下纽伦堡著名的“美德井”便足以证明。

一个处于成熟期的美人，可以对自己的丈夫提出任何的要求。从这个基本点出发，我们就可以理解那个时代有别于其他的时代，将孕妇认为是最美的。不仅在转换意义如此，而且作为母性的形象孕妇被当作美的代表。在这方面的代表作便是著名画家拉斐尔的油画《孕妇》，而画家们在画裸女的时候往往会将她们画成怀孕的样子，也可以作为证据。在范戴克的作品和其他画家的女性肖像中，这个现象非常普遍。

拉斐尔的油画《孕妇》

艺术史研究者曾经为此做出过辩解，认为模特儿当时正在怀孕的初期，而画家并没有发现。但是这一类的作品数目庞大，他们认为原因在于当时的画家对于女人怀孕的特征普遍没有认识。施特拉茨曾经直接反驳说：画家们并没有察觉她们本身就是孕妇。对于这样的解释，我们认为是非常浅薄的。

画家将一个女人画成孕妇是无意之间的行为，就像日本人临摹米罗岛的维纳斯，无意之中让她沾染上了日本腔。正因为这个原因，大量描绘孕妇的现象是时代普遍观念的整合组成部分。在那个时代，作画的艺术家很显然认为那个样子是美的，否则他们早就丢掉画笔了，画家根本不会让她出现在画布上，不管他是否明白她到底丑在什么地方。在我们看来，伟大的画家之所以常让孕妇入画，更合理的解释是时代无意识的推崇，时代创造了思想的典型表现，并且处处强调这个方面的创造。怀着爱情果实的女人，就是这样的时代最佳的象征，因为成熟的最高理想是已经有了果实的成熟。

顺着这样的思想，文艺复兴时代的人们将衰老看作是人类最大的灾难。德国最早的长篇小说《Ruodlieb》成书于中世纪末，书中对于这个意识有所反映，曾经这样描写一个老太婆：

“一个女人，风华正茂的时候便似月宫仙女，一到老了便丧失雄心壮志。最丑的就要算老太婆了，她们活像一个猢狲。原本白净的额头，如今沟壑纵横；眼睛深深凹陷，而且混沌不清。总是悬挂着鼻涕，擦也擦不干净。原本丰满的脸颊，如今松松垮垮；牙齿也变得稀稀落落，下巴更是向前突出。原本带着有些笑意的嘴巴，现在就像是深渊。曾经富有弹性的乳房，如今像榨干水的海绵。曾经那一头长发闪着金光，可以编成粗粗的大辫子垂在身后，现在却乱蓬蓬好像一团烂草。她低着头，向前拱着肩膀，像一只没精打采的鹰，走来走去就像是它嗅到了尸体的臭味。”

克拉克·海慈列林的诗歌之中，除了其他的诗词之外还有这样的一句：

“她的乳房，就像是两只干瘪的水袋。”

对于那些已经没有能力去侍奉爱神的老头儿，他们也是一样残酷，同样用挖苦和揶揄来对待。在很多谢肉节戏剧之中，这个题目总被津津乐道。在笑话和故事中也层出不穷。《伐木工人的谢肉节游戏》里有一些台词可以证明：

“原告：法官大人，我只是一个伐木工人，我有一个漂亮极了的女朋友，这个人将她抢走了。在他们跳舞的时候，我逮到了他们。大人，请您做出公正的判决。

“被告：法官大人，请您听我一言。我是一个这么年轻又帅气的小伙子，你只需要看看我的模样，就知道我做爱的本事非常高强。这个女人常常对我表达爱意，她请求获得我的爱情，我又怎么能断然拒绝。

“女人：法官大人，你看我如此年轻，身体又如此美丽。我要和这个老头儿分手，所以才中意这个年轻的小伙子。他精力充沛无比，做爱强过老头儿百倍，所以我只要他……

“法官：你们都听我说，我必须叱责你们所有人。这种小事居然闹上公堂，我的判决只有一个：你们两个为这个女人打上一架。”

在《爱情和婚姻》的章节之中，我们还会论及这个题目，所以此处仅为举例。

在男人和女人的身上，他们看到的只有性，因此不管男女都对老年人持鄙视的态度，他们渴望返老还童，尤其是那些青春短暂的女人。在争夺男人的斗争之中，女人总是处于非常不利的地位，除了美丽的肉体，她们拿不出其他的手段来竞争。对于一个女人来说，她的肉体之美就是最有力的武器，是本钱，也是资本，所以她才会热切地希望青春永远不会流失。在15和16世纪，青春泉的主题非常流行，在很大程度上也是因为这一苦恼所引发。

这个主题在艺术上也有诸多的作品，其中最成功也是最著名的，便是腓特烈皇帝大柏林博物馆中收藏的卢卡斯·克拉纳赫的同名油画《青春泉》。画中有一群老妪来到神奇的青春泉畔向仙人祈求青春，她们有的乘车，有的骑马，有的坐着小轿，有的坐着独轮车，甚至有的是让老头儿背着。这些人都是快要死去的人，可是却还想着再次获得青春，再次体验生活，再次去感受爱情的欢乐。而青春泉果然没有辜负她们的期望，在画面左侧，展示了老妪们老态龙钟、乳房干瘪的可怜模样之后，画面的右侧又展示出女人们青春焕发、体态丰满、乳房富有弹性的样子，她们又可以激发男人的欲望了。新的生活开始了，她们载歌载舞，享受着调情和求爱的

卢卡斯·克拉纳赫 《青春泉》

快乐。

在拙作《漫画中的女人》里，我采用了贝哈姆的一幅精美版画，画中也展现了青春泉神奇的返老还童的力量。卢卡斯·克拉纳赫在油画之中反映的从青春泉中吸取新生命力的主要是女人，而贝哈姆和其他画家在同类作品之中表现的不仅有女人，还有男人。在民间，有一种流行的说法称：布朗当作品之中的一个名媛曾经声称，一个女人要想永葆青春，最好的办法就是接受健壮男子的爱抚，每天至少一次。在男人对返老还童的期望之中，民间又提供了其他的方法。有一个偏方提及：让十个少女侍奉沐浴，在洗澡水里加入各种香料，就可以让“老头儿变成年轻人”。如果在沐浴之后再和姑娘上床睡觉，第二天清晨他就会发现自己的变化。在另一个偏方中说：在洗浴之后，男人必须要睡在两个姑娘之间，只有这样他才能重新爆发青春的力量。在这些偏方之中所表现的，无非是人们对于青春的新生力量的向往。与此同时，“科学”也迫不及待地向那些希望返老还童的人们推荐了很多方法，骗子、吉卜赛人、老太婆等人，将那些秘方通过半明半暗的方式在大街和集市上出售给轻信的人，在谢肉节的戏剧之中，这样的情节时常都会出现。

如何看待裸体

文艺复兴时代的基本趋向是肉欲，关于这一点还有一个有力的证据，那便是这个时代的人们对于裸体的态度。

众所周知，当时许多国家看待裸体的态度还是很单纯的。甚至在16世纪的时候，人们都还是习惯于裸睡，男女老少皆是如此，而且往往丈夫、妻子、孩子和仆人都是睡在一个房间里，连隔板都不会竖一个。在农民、下层百姓之间，这样的风俗普遍存在。而上层市民和贵族之间，也同样如此，有时候甚至对客人都不避讳。如果有人来家里做客，就会和一家人睡在一个房间。妻子第一次见到这个客人，也会当着他的面裸睡。这个风俗由来已久，从1587年的一份文献之中我们就可看到。在这份文件之中，对于这一陋习持反对态度，由此可见当时情形确实如此。此外，风俗的淳朴在另外的方面也有所表现，当澡堂子的老板用摇铃的方式来宣布营业时间开始，男人和女人，包括那些妙龄少女们，便会赤身裸体穿过马路，只遮着自己的私处便进入澡堂。关于这个问题，在另一章中会详细论述，此处不再赘言。

在这里，我们所要探讨的并非风俗淳朴，而是因为每个人目力所及之处都是裸体的展览，人们得意洋洋地炫耀着自己的身体。在文艺复兴时代，人体之美并不是在幽暗之处才能盛放的，更不是藏在房间里的秘密。

被炫耀的首先是女性的美。她们炫耀自己的办法和形式花样繁多，最高尚的手段自然是艺术。人们会掏钱请来画家，给自己的妻子或者情人作裸体画，在画中的女人或者全裸，或者袒胸露背。这样的名画之中，代表作有提香的《维纳斯·德尔·德利布娜》，它所描绘的是乌尔班公爵夫人的身体。在提香的另外两幅作品中，描绘的是查理二世在弹奏乐器，而他的情人则赤身露体地躺在床上欣赏。亨利二世的情人蒂安娜·普瓦蒂埃因为裸体画像而闻名于世。亨利二世曾经多次邀请画家到家里来为她作画，此外还依照她的身体制作了大理石像和银像，所有这些无一例外都是裸体的形象。亨利四世的情人加布里埃拉·黛丝德也有很多裸体的画像流传下来。我们没有必要证明这些画所展示的都是色情的美，而蒂安娜·普瓦蒂埃的画像确实是以描绘她丰满的乳房为主。另外，拉斐尔为芙娜琳娜作画，提香为自己的女儿利维亚作画，他们也都是这样的画法。鲁本斯赞美玛丽·美第奇的油画，在罗浮宫中放满了一个展室。此外，教皇的妹妹茱莉亚·法莱泽也是一个大美人，她请人为自己制作雕像，准备日后放在圣彼得大教堂地下她的墓

提香的《维纳斯、丘比特与琴师》，据说画中的原型是查理二世和他的情人

法国文艺复兴画家让·富凯画作《圣母子》

室里。

为了描绘某个女人的乳房之美而专门做的肖像作品，简直不可胜数。在上文之中曾经提及，美丽的乳房在文艺复兴时代受到了最高的崇拜。数不胜数的具有这种美的特质的女人大方地解开自己的胸衣，抛开所有的掩饰，让大家一饱眼福。在一定意义上，我们可以说那些丈夫和情人请画家描绘的，并不是他们的心上人，而是他们心上人的乳房。在文艺复兴时代，有很多女性肖像画代表作，其中美丽而且裸露的乳房不仅在这些画中占据了主要的画面，而且也是这些画主要的题材与内容。

在表现人体，特别是胸乳之美的画作之中，最为精致的形式就是圣母像。尤其是在历史上最被人称道的便是查理七世的情妇阿格内莎·索列尔的画像。画家让·富凯在作画的时候将她描绘成一个抱着圣婴的圣母，被当时的文人雅士认为是“美中之美”的圣母裸露着胸，光彩照人。这个题材确实充满了诱惑，以圣母玛利亚的形象表现出神圣而又崇高的象征，同时又可以为人间服务，用这种冶艳的风格将人世间的美表现出来。女人是圣女和魔鬼的综合体，她既是诱人的，也是来拯救人的。女人的虚荣心在这个时候得到了极大的满足，观赏者不仅在圣母画像前虔诚地祈祷，也欣赏着眼前那美丽的胴体。当时拥有美丽胸乳的女性纷纷效仿阿格内莎，也正是出于这个原因，文艺复兴时代的圣母玛利亚画像在世人的眼中所勾起的是并不超凡脱俗的杂念。在创作的时候，画家和模特的心中所想的都不是天上的神圣，而是人世间最为凡俗的事情。这其中还包括那些掌握极大权势的教会高级僧侣为自己的情妇所建造的教堂，以及将教徒当作圣女来膜拜的雕像。西吉兹孟铎·马拉泰斯塔曾经于1445年至1450年期间在米尼建造了一座壮丽的教堂，用以纪念圣芳济各，在这座教堂里他为自己美丽的情妇伊索达竖起了一座塑像。

让肉体展示出美丽，而且并不仅仅是以理想化和夸张的方式，也不是依靠让描绘对象超越现实世界的艺术手段。女人们会在大街之上展示自己的身体，享受着被千万人簇拥，被千万双眼睛观赏的乐趣。这种对裸体的展览，我们在第一章之中就有提及，政府会让一丝不挂的美女来到城门迎接贵宾到访。在历史上，这样的欢迎场面数不胜数，路易十一在1461年进入巴黎的时候，勇敢者查理在1468年进入里尔的时候，查理五世在1520年进入安特卫普的时候，这样的情形均有发生。

有一段关于记载路易十一进入巴黎情形的文字，记录了攀索喷泉边上，有一群疯狂的人在打架，而近处则有三个裸体的美女，她们将自己装扮成海妖，露出自己绝佳的身材和丰满的乳房，引起大家目不转睛地观看。

对于自己的好奇心，丢勒曾经公开表露过，他写信给朋友梅兰赫顿，说他曾经自己贴近那些裸女，毫不顾忌地近距离观察。也许有人认为丢勒之所以敢这么做，是因为他是一个画家。而事实上，当时的群众也会这么做，因为他们都是一些性欲旺盛的小伙子以及阅历丰富、深得其中滋味的老头儿。这些观众都是为了一饱眼福，三位美若天仙的少女来到这里，本身就是为了用自己的裸体为仪式增彩，而这个节目也正是欢迎仪式的中心。在这些仪式之中，主角都是裸体的美女，她们会在銮驾前行走，或者表演歌舞、哑剧，以此表达城市由于贵宾到来而蓬荜生辉的荣幸之感。

1461年，路易十一进入巴黎的时候，三位裸体少女轮流上前，她们在国王驾前朗诵诗歌。里尔市在欢迎勃艮第公爵、勇敢者查理的时候，也有

古罗马的浴池

三位裸体美女出现，她们在众人面前表演了帕里斯的裁判。根据文献记载："在整个过程之中，这个节目最受人欢迎，民众也最感兴趣。"在这样的时刻，每一个观众都是裁判之神帕里斯，他们对比着天后赫拉和美神阿佛洛狄忒的高下。

这种欢迎节目就连女性君主也非常喜爱，在关于伊丽莎白女王的记载中，有这样的一则："如果花园之中没有宁芙、海中神女、海上精灵特力通、司花女神特罗纳和树林之神的迎接，那么她就永远都不会进入这样的花园。"对于这些男女神祇来说，穿什么衣服并不重要。有时候美女们只是披着薄纱，让场面更加香艳。在古代，这样的遮掩物也有一个名字，叫作"玻璃衣裳"。

对于人体的崇拜造成的壮观场面，要数这类演出为甚。在第一章之中，我们曾提及有一些角色必须请城中最美丽的妓女来扮演，但是普洛斯在自己的著作《论妇女》之中曾经强调：除了妓女会利用这种机会来炫耀自己的美丽，就"连名门望族的女子也以在銮驾前裸露为荣"。如果这一记载属实的话，这种大胆的演出更可以说明文艺复兴时代对人体美的崇拜。

拥有丰满乳房的美女在画家们面前轻解罗裳，通过画家的画笔，让自己的美可以展示给观众。这种事就好像她在丈夫或者情人面前裸体一样，在其他各个时代也都会发生。但是如果她在户外一丝不挂，那么所有的参与演出的人都需要大胆的思想，不管是演员、组织者还是观众。就算是演员并不是良家妇女，而是非本地的美貌妓女，我们也无法估量这些人大胆的思想。不管是名门淑女还是妓女在演出，有一点是明确的——文艺复兴时代的社会重拾古代希腊罗马的思想形式，最广泛地继承了罗马希腊的世界观，因为那个时代所反映的内容此时是相似的，经济条件也是相同的。

这些特殊的现象都是时代不可分割的组成，与古代希腊罗马相似的经济条件的影响之下，肉欲越来越旗帜高涨 。这个时候的人们不仅可以客观地看待裸体，还能在这方面迅速发展，并得出大胆的结论。他们所能做的就是将一切美的外衣去掉，这样才能更好地表达他们的评价。在宗教神秘剧中，男性也往往会以裸体来演出，在古代希腊、罗马亦是如此。这又是一个有力的证据。

在这两个例子里，除了自然力，我们还看到了堕落的影子。既然文艺复兴时代将人体看作是美的最高形式，那它必然会将裸体当作是美的最佳景象。因为这样的情况充满了贵族们的做派，宫廷之中的节庆表演、贵族们的人体崇拜都属于此类。由于这个原因，在小资产阶级的德国，这样的崇拜形式很少见，而在那些君主专制主义已经占据政治主流的国家，这样的崇拜仍非常盛行，例如西班牙、意大利、法国和归属于西班牙统治的弗兰德地区。将女人的裸体展览出来，完全符合君主专制主义的意识形态，他们将女人当作是最宝贵的财富，认为她们能够像奢侈品一样获得人们的激赏。

在这里，私人生活之中的一个特点也有必要关注，也是一个堪称典范的证据，这足以说明文艺复兴时代的人体崇拜和上文之中所涉及的理念。这种现象就是男人和朋友们聊天的时候，喜欢吹嘘自己的妻子或者情人那隐秘的人体美，有时候他们甚至会给朋友一个机会，让他们亲自去鉴赏领略。这也是当时的人们最爱谈论的话题之一，慕纳在他的著作《傻瓜园》中曾经说道：“有很多的傻瓜，逢人便会夸奖自己的老婆。他们会说：我老婆实在太漂亮，你见到肯定目瞪口呆。”

布朗当先生也曾经写道：“我认识过几位先生，他们喜欢对朋友炫耀自己的妻子，十分详细地讲述她们的美。”

有一个人赞美自己的妻子有象牙一样洁白的肌肤，皮肤白里透红，就像娇艳的桃花。双手柔软细腻，就像绸缎。而另一个人则夸赞妻子丰满的身材，乳房富有弹性，就好像“两只大苹果”，并且有“非常美丽的乳头”。或者像“两只形状优美的球，上面点缀着红彤彤的浆果，坚硬得如同大理石”。这些人的言语之中甚至不会放过最隐秘的细节。

妻子或者情妇的精神品质，在这些人眼中不足挂齿。只要肉体是美丽的，便会被从头到脚详细地描述一番。有时候口说无凭，还会眼见为实，让朋友们有机会看到妻子出浴或者梳妆，更愿意将朋友领到卧室中去看望妻子。那些正在卧室里休息的妻子，绝对不会想到有人正在偷窥，自己赤条条被人看了个够。这些丈夫更令人惊叹的是，他们会主动掀开妻子的被子，让好奇的朋友一览春光，将妻子的肉体美献给观众，好获得别人的羡慕，同时也证明自己所言不假。

在布朗当的作品里，有这样的一个例子："我还有一个朋友的故事。有一次，当他穿衣服的时候，恰好有朋友到访，于是他就抓住机会将妻子展示给朋友。他的妻子正躺在床上，因为天气炎热而一丝不挂。这位朋友将帷幕撩起来，让清晨的阳光照在她的身上，朋友看了个够之后，两个人才一起进宫去见国王。"

费奥利安蒂诺著作中的《尼克罗莎》中有这样的一段文字："她裸露着身体躺在床上，她的丈夫和布昂德蒙举着蜡烛来到房间，布昂德蒙一把抓起床单的一角，将她的脸盖住，然后将手慢慢探向她叉开的双腿。"

在这个故事里所提及的事情，和布朗当所说的故事有一些差别，这是当时非常流行的一种惩罚方式。那些被欺骗或者被甩掉的情人，为了报复他辛苦追求一场的女人，会千方百计地占有她，然后向他的朋友甚至是在公开场合之中展览她的身体。在薄伽丘等人的作品之中，这样的例子依然可以找到。

丝特拉帕洛拉所撰写的《欢乐夜》中，有一个故事也可以作为佐证。三个已经出嫁的姐妹嘲笑一个小伙子，她们先暗示自己对小伙子有好感，

波提切利为薄伽丘《十日谈》所绘插图

关键时刻却又要了他。这个小伙子下定决心要去报复，于是他举办了舞会，并占有了她们。他扬言要杀死她们，恐吓她们脱光衣服，裸体在自己的丈夫面前亮相，而那三位丈夫自然也不会知道这些就是他们的妻子。

这种写作手法充满了幽默和嘲讽，对那些过于相信自己妻子清白的丈夫进行嘲弄。情人将丈夫领到床前，在那里他刚和他的妻子云雨，而丈夫则欣赏着妻子的美，因为他从来没有注意过她的美丽身体，于是妻子便找到一个愿意欣赏自己美色的情人，用来报复自己的丈夫。列尼诺教士的《奇遇和风流轶事》之中有一个章节，标题是《马特森先生没有认出他的宝贝》，其中将这种情节写得非常有趣。

马特森先生有一个美丽且淫荡的妻子，她有一个胆大无比的贵族情人。这件事被传到了诸侯的宫廷之中，他们就想拿此事开玩笑。马特森接到命令，要求他去这位贵族的家里捉拿一名藏匿的叛贼。经过慎重考虑之后，马特森接受命令，可是当他去查看卧室的时候，那个偷汉子的女人恰好就在床上。这个贵族知道已经被戴上绿帽子的马特森非常愚蠢，便想出一个点子来，他让马特森随便查看自己床上的一切，只是不允许看脸。那个女人表示同意，因为她知道自己绝对不会有任何的危险。

马特森先生在床上发现这个人并不是浑身长毛的博美拉尼亚士官，而由于对美丽胴体的爱慕，他相信这是一个博美拉尼亚贵族女子。他说："这一定是一个宫廷命妇，我们的小家碧玉绝对不会有这样美。"

这个题材还有一些粗俗的诙谐故事，《火冒三丈》便是其中之一。在这个故事里，作为伯爵的丈夫并没有认出自己的妻子，因为妻子用胭脂和颜料将自己淡褐色的毛发染成了黑色。

这些文献都极具代表性，也说明当时的社会普遍对肉体甚至肉欲非常关注，而肉欲也正是那个时代思想的主要内容。

在此，我们有必要说明的是：这种炫耀并非男人的专利，女人也喜欢夸耀自己丈夫或者情人的体貌特征。当然，女人不会像男人那么露骨，但我们手头的一些文献可以证明她们的直率也堪称空前。在这种环境之下，自然而然地，男人也会主动展示自己的美。男性之美在于他阳刚的气质，因此他会首先拿出能够表现阳刚之气的素质来炫耀。男人们喜欢在田径运动上显露身手，也喜欢将女人抱起来旋转，夸耀自己的弹跳力和耐力，并不吝惜力气。而他并不满足于这些间接的方式，还会通过时装来显示出时代最看重的东西。

文艺复兴时代时装的本质

每一个时代关于美的理想都会在时装上有所反映，通过适当的方式决定时装的基调。时装就是将时代的人体美理想应用到日常生活中的实践行为。

在拙作《漫画中的女人》中，我曾经说过：时装是一个情色问题，因为时装设计的目的就是为了强调人体的色情效应。在女装之中，这个目的更加明显，女装可以成为非常明显的例证，不管它是用来遮掩身体还是暴露身体。然而，在肉欲的时代，这个目的在男装之中也会有所凸显。作为时装的基本特点，这当然是为一定的目的而作，也正是拙作所提及的为了互相求爱的目的而服务。对于女人来说，时装就是最可靠的制造色情效应的手段。

1495年意大利的妇女服饰

在各个时代，时装的这个共性都在发挥着作用，但每个时代社会存在之间的差异制造出了各自特殊的形式。文艺复兴时代是创造的时代，也是健康并且展示强烈的肉欲时代。所以，对肉欲进行明确强调，必然是文艺复兴时代时装的主要趋向，之后才会是向人们展示人体之美。各个国家文艺复兴时代的大多数时装都具有这样的基本特点。

对一个健康的正常人来说，鲜明而恰当的美总具有激发肉欲的效应。男装会强调发达的肌肉、宽阔的肩膀和厚实的胸膛，以这种形式强调力量。而女装则会尽力渲染乳房、胯部和腿等特征。

在男装方面，首先是这么做的：男人穿着紧

身的衣服，让自己的每一块肌肉都显露出来。外衣被缩短，成了一件短衫，长度只在腰带以下一掌左右。“克莱因茨堡当时的时装就是如此，连臀部都无法遮住。”在克莱因茨堡地方志中便有这样的记载。衣服尽量被做得瘦窄，就好像人体的第二层皮肤。在14世纪的最后几十年中，这种情况发展到顶点，又延续了整个15世纪。这种发展到极端的款式，让行动非常不便，于是又产生了一些变化，这种变化为时代提出了新的课题。

文艺复兴时期的男装

为了方便日常行动，服装不得不在裤腿和袖子开几个口子，并且在开口处做一些装饰。丝质的衬衫被设计出褶皱，从上衣的开口处鼓出来。裤子的开口则用其他颜色的褶子作为装饰，最早的褶子时装款式大概在15世纪末出现，说明了上述趋势可以继续发展，并且为另一种趋势的出现提供了可能。而另一种趋势就是炫耀，用服装的华丽程度来摆阔。褶子作为服装款式的出现具有决定性的意义。

奢华和挥霍的特征在一切创造性的时代之中都会被追捧。在今天的社会，这个欲望被获得满足，经济的发展为没有节制的奢华提供了条件，大量的财富被聚集之后，发财变得更加容易。作为一种普遍现象，奢华总是表现在服装方面，因为服装可以更好地表达摆阔的目的。在男装方面，奢华带来的后果就是设计出难看而著名的灯笼裤，以及被疯狂滥用的呢绒。在16世纪上半叶，一个人的衣服要用40多米呢绒，堪称盛极一时。勃兰登堡宫廷教士安德里亚斯·姆斯库鲁斯在他的著作《试论穿裤子的魔鬼》中，对这种服装进行了精彩的描述。

在女装方面的设计方式同样显得奇怪又滑稽，但却为摆阔的目的创造了很好的条件。最初，女装也是紧身的衣裳，能够突显女人身体上具有色

文艺复兴时期的女装

情刺激效应的部位的美——胸部和胯部的丰腴，以及腿部的美丽线条都获得了展示。逐渐的，服装注意力开始集中在胸部和胯部的色情效果，也就是以恰当的性概念为基础的美的特征。这个过程在几百年的发展中重复了很多次，有时候的形式很健康，有时候则未必，会带着很多矫饰。在文艺复兴时代，出现这样的趋向无疑是健康的，就算时代找到的解决办法和我们关于美和卫生保健的观点有距离，也不足为奇。

当时的女人希望自己有粗壮的腰身，于是便出现了所谓的枕式裙。这种裙子是将又宽又重足足有25磅（约11.3千克）的垫枕绑在腰上，以此让体形显得十分粗壮。穿着枕式裙的女人看上去很胖，就像凯撒斯堡的海勒教士所说——像一个面包师傅。这样的女人也会带给人一种印象，似乎她们都是孕妇。这一点也符合时代趋向，符合时代对于成熟的崇拜。因为女人都穿着无跟鞋，上身会微微向后仰，腹部也就会不由自主地突出，看起来就真像怀孕了一样。

胸褡是用来突出胸部和乳房的设计，如果效果还不够丰满，甚至还可以塞进棉花。在文艺复兴时代，与古希腊和罗马一样，假乳房已经出现了。女人千方百计希望自己可以成熟丰满，有一对高挺的乳房，她们首先要做的就是将乳房向上抬起。“穿紧身褡的习俗已经存在了数百年，它的主要使命不是遮掩乳房，恰恰相反，而是让乳房更突出。衣服的上缘越来越低，乳房越来越明显地在衣服下挺起。”（施特拉茨：《女装》）

仅仅这些还远远不够，女人们努力让大家认识自己的形体之美，认为自己便是美的理想最具体的表现。为了让所有人都深信，时代的趋势开始朝着袒露胸怀的方向发展，让自己胸部露出来，成为时代的历史大势所趋。而且，这种形式的发展过程中，居然畅通无阻。

文艺复兴时代不仅肉欲横流，上升阶级获得胜利之后，更加显得没有虚伪的羞耻心，也不知道恐惧是什么东西。他们大胆而又无所畏惧地将自己的意图以最彻底的方式贯彻。这种直率的做法在社会之中也形成一些特点，让文艺复兴时代的时装在我们今天现代人的眼中显得有些惊世骇俗。不管是男装，还是女装，均是如此。男人通过他的服装告诉女人：“我这样的体格，就是为了做爱而生。”而女人则通过自己的服装给出答案：“我完全配得上你的力量！”在文艺复兴时代，求爱和回答都如此大胆而露骨。

那就让我们先从女装开始谈起。

上文曾说过，女装的色情效应是通过大胆地暴露自己的胸部和乳房来达到的。在文艺复兴时代，人们认为：“女人的裸体，强过绫罗绸缎。”但人总不能时刻裸体，所以他们想尽办法将历来被认为是女人最美的部位，以及总是利用时装来暴露的部位展示出来——这个部位就是胸部。袒胸并不是犯罪，反而是一种普遍的对美的崇拜，它是时代在性冲动方面的表现。文艺复兴时代和其他时代不同，女人不仅在舞会上袒胸，还会在家里、街市，甚至是教堂之中袒胸。

在这个方面，只有阶级划分才能对此做出区分。统治阶级将女人看作是奢侈品，她们要将袒胸发展到极致。西班牙和法国的宫廷之中，贵妇和名媛将衣服全都敞露着，几乎到腰部。她们不仅是胸部暴露，整个上半身几乎都裸露着。宫廷诗人克列芒·马洛在一首诗中这样写道：

“我看见芭芭拉穿着节日的盛装，只遮住自己肚子的下面。我觉得她好似一枚精雕细琢的钻石，时刻闪耀着光芒。冉娜则与她相反，将自己裹得严严实实，我看她穿着简朴，不由得暗自揣测：你太不坦率，灰色的布衣裹住了你的身躯，就像那永恒的火焰被灰烬覆盖。”

为了吸引别人注意自己胸乳之美，更为了让人们注意到自己乳房的弹性和丰满，女人还会用钻石套环和小罩子装饰自己的乳头，用装饰着十字架和珠宝的金链子将乳房链接起来。卡德林·美蒂奇曾经为宫廷命妇们设计过一款时装，用了一种奇特的方式来吸引人们将注意力投注在她们的乳房之上：在衣服上半部分，左右各有一个大口子，好让乳房整个儿显露在外，不加任何的掩饰。有时候，在衣服的外面还会复制两个假乳房，这样露出胸的时装在很多地方都非常盛行。在威尼斯等地，习俗要求贵妇们行走在街道上的时候必须戴着面具和面纱，而往往在这样的地方，时装只是遮住了女人的脸，却让胸部露出更多。

在当时的一些文献之中会有记载：“富人家的女孩穿的衣服前后都开

口，胸和背都裸露在外面。”而15世纪的林堡地方纪事中也有类似的记录：“女人们穿的衣服，胸前开着很低的口子，胸乳有一半都会被人看去。”

除此之外，女人还会用胸褡将乳房向上托起，只要稍微有点动作，乳房就会拱出衣衫。那些拥有天生丰满乳房的女人自然不会让男人们失望，她会让大家一饱眼福。当时的人们看来，这样的时装非常符合逻辑，每一个发展趋向都在追求发展到极致，让服装本身的潜力都发挥出来。

慕纳就曾经描写过这样的女人：“女人们完全丢弃了羞耻，真是伤风败俗。她们认为裸体就是美，她们让背部全都显露在外，还巧妙地展览她们用紧身胸褡托起的乳房。她们将胸前敞开，以免不会让它憋死在衣服里——她们正是用这一手来勾引那些傻瓜。‘去你的！怎么了！’当男人碰到女人的胸部时，她们总是这么说：‘你这个坏蛋！我以人格担保，我从未见过你这么放肆大胆的人！’她抵抗男人的侵犯时，就好像一头驴。而有时候驴背上的麻包滑落下来，她又会悄悄地将手伸到胸前，让整个乳房都拱出衣衫。”

女人们在这方面的矛盾表现，在很多地方都有谚语描述。人们评论佛罗伦萨的女人时会说：“她们酷爱展示自己的丰乳。”胡斯在专著《论神父和僧侣的卑鄙》第四十八章中曾经说：“女人在自己衣服的脖颈处开一个大口子，胸乳的一半都裸露在外面，每个人都可以看到她胸前光滑的皮肤，在教堂和广场上都是如此，在家里则更加放肆。她的胸乳没有裸露的部分，也被人为地大肆渲染，它高高隆起，就像在胸前长了两只角。”

亨利三世时期的服装

在许多时代，将胸部大面积地袒露出来，是只有少女才有的权利。这并不难理解，少女可以通过胸乳对男人施加色情效应，这是让男人注意自己的主要手段。而已婚妇女不能展露自己的乳晕，寡妇则不能露出脖子以下部分，因为她已经没有吸引男人注意的必要了。在某些城市，寡妇必须要将自己包裹起来，她们无权获得快乐的生活。不过这样的要求只在服丧的一年之中有效，等到服丧期满后，任何时代任何地方的寡妇将重新展示自己的美，甚至可以和少女们一争高下，因为她们需要重新寻找男人的爱和关注。在习俗礼法之上这样的区别便是上文提及观点最有力的证明：所谓的时装，在本质上是一个色情问题，它首先是为了相互求爱的目的而服务的。

纪实作家、写故事和笑话的作者，以及当时的画家，都可以提供很多关于当时的女人过度袒胸的资料。即便是道学家和宣教士也可以提供一些相关证明。历史学家大多会将这些条理看作是统治者对于民众的关怀，认为他们有慈父一般的胸怀，这么做的原因是想要制止损害民众福利的奢华。这一条当然也可以看作是颁布这些法律的原因，但是另外两个因素也是非常重要的。

时装不仅关乎色情问题，也是阶级隔离的重要手段。在较早的时代，时装曾经是最重要的阶级隔离手段。所以，作为阶级区分的特征，服装所表现出来的不同特点总是被法律严格规定，也就会制定出相关的服装条例。

促成服装条例的主要原因便是这两个因素，它们又顺理成章地引发了两个事实：其一，时装在不同的城市里存在着很多细小的差别；其二，这是一个截然相反的特点，也会有一个不容置疑的事实——这些法令在某些地方会变成一纸空文。

将袒胸的程度和服装的高贵程度相提并论，一方面是因为人们认为袒胸是女人最高层级的美丽，统治者将这种袒露的权利据为己有。对于平民妇女来说，她们没有权利展示她们同样“高贵”的胸乳。在贵族的辖区中，市民要奉行这些禁令；而在富商掌权的区域里，手工业工匠的妻子也没有权利袒胸。

1576年，法国国王亨利三世颁布了新的法令，足以证明时装也是阶级隔离的手段。在贵族之中非常流行的袒胸，却不被允许出现在非贵族出身的人身上。“圣明的君主”限制了这种服装，是不希望那些人的妻子冒充名媛贵妇。

从确凿的史料之中，我们发现统治者对于服装的惩罚和管辖要是没有取得预期的效果，还会有另外一个备用的方案。这样的情况屡见不鲜，对妓女却往往会法外开恩，甚至提出要求，让她们必须穿着被禁令的服装。统治者大概是想要通过这种方式来羞辱奢华的享受，让妇女因为担心被误认成妓女而不再尝试被禁的服饰。这个措施在1353年颁布的齐陶市法令条例中有详细记载：

“法庭推事负责监督：不允许已婚和未婚的女子披戴风帽，妓女除外。当局准许妓女甚至规定妓女必须戴着风帽。”

这两项措施有时候是同时出现，达到既羞辱时装，又可以威胁和处罚的目的。17世纪，威尼斯高级会议颁布了一项法令中提及：

“只有妓女才被准许赤裸身体出现在街市和教堂，每一个作为丈夫的男人都要禁止自己的妻子裸体，否则就要缴纳数百杜卡特的罚金，不管他的出身贵贱。”

不过，正是因为这种法令在不断重复颁布，反而让我们发现统治者对某种时装的打击并没有取得预期的效果。

从以上内容可以看出，要在大庭广众之下展示自己的美，这种欲望来自于人类的内在本质。当时的女人们就算在道德上冒险，也不吝惜展示自己的美，因为她们自豪于这美丽。从16世纪三四十年代开始的几十年时间中，主要在德国市民中间，大面积袒胸的奢华服装就开始有所收敛，而不是像很多历史学家所说的是这类法令的功效以及宗教改革的影响所致。归根结底，这种影响的来源是经济发生了严重萧条，大众在这方面开始有了自我的限制。

在妇女时装上出现的袒胸，男性时装也毫不逊色。文艺复兴时代的男装大胆程度，让任何时代都望尘莫及。在他们的服装上出现了一个裤兜，德国人称之为Latz，法国人称之为Braguette，正是这个裤兜让文艺复兴时代的男装在现代人的眼中显得有些惊世骇俗。

不管是男人还是女人，都在公开展示他们所处的时代中被认为最珍贵的部分。这也符合文艺复兴时代崇尚的肉欲性质。男女之间互相用粗野的手段刺激对方，也不足为奇。两性之间互相的刺激是不容置疑的事实，而文献资料之中所展示的服装这一特点也能够证明这是人类生理的第二次发现。这两个特点也仅仅是文艺复兴时代全貌的一部分而已，不过它们却可以揭示时代的精髓，是这个时代的主线。

第三章 婚姻和爱情

我们已经明了一切本质上是革命的时代，都是一个肉欲横流的时代。在文艺复兴时代，尤其是鼎盛时期，也必然是一个肉欲旺盛的时代。对这样的时代稍加分析，就可以证实这个论点的正确性。

爱情基本属性

马克斯·阿德勒曾经说过：“世界并非一次创造完成，也不是一种神秘力量的超人行为，它不断创新于新思维方法诞生之际。新思维方法是以崭新的形式让思维主体认知社会的内容。”

假如这样的过程从未在历史上停止过，那么在这个进化的范畴中，革命的时代便给予了尤其特殊的、对这个进程速度更为重要的意义。革命时代和其他时代不同，正是自觉地作为世界建设者的行动，而其他时代的这一行为则是隐蔽进行。这一点非常明显。

当旧的社会形式在经济发展过程之中被粉碎，人们也面临着亟待解决的最高任务——必须要创造一个新的形式，让它适应已经变化的新需求，这个时候就出现了革命时代。在这个革命的时代，人类第一次获得了解放。在这样的时代，人类自觉地创造出一个新的世界，这种发自内心的行动可以更迅速地达到目标，因为人们总是在寻求最便捷的道路，避开那些懈怠的弯路。所以，在革命时代加速的不仅仅是创造世界的速度，它所具备的意义也同样非同小可。

在革命时代，人们在不同的领域之中都会爆发出巨大的力量和创造能力，在肉欲和性爱的领域之中亦是如此。更为准确的说法是：革命时代的人总是可以通过积极进取，让自己的整个生命都投入到生产之中，以取得更好的后果。生命力增强的时候，必然会导致整个感性活动都增强，包括肉欲的增强。

因此，在整个革命时代，性的感觉达到了极为敏锐的程度也就不足为奇。这种对于性感觉的敏锐是朝着一个健康的方向发展的。

如果更为细致地去考察文艺复兴时代各个国家的性生活状态，就可以找到充足的论据。这个时代如此完美，留给我们的每一行文字之中都洋溢着健康的性欲，这些都是被形式化的创造性性欲。这个时代，是一切革命时代之中最为伟大的时代，是色欲横流最为普遍的伟大历史范例。

文艺复兴时期典型的上流社会家庭

在文艺复兴时代，性爱简直就像是火山爆发一样猛烈，就像是自然力终于挣脱了羁绊，它在奔腾着，也在咆哮着，肆无忌惮地让世间一切都听命于它，这也会导致它有时候流露出粗野和残酷的一面。可以肯定的是：男人首先想到的是授精，而女人首先想到的则是受精。

在文艺复兴时代，爱情就像追求人体美理想一样，具有一种英雄般的气概。这是合乎逻辑的，时代精神的各种表现具有有机的联系，它们互相补充。在文艺复兴时代，美的理想被认为要建筑在适当的性基础上才算是达到了高尚的境界。在两性看来，激烈的性生活是正常的，而且应该受到尊重。一个男人除了生理素质方面的要求外，还应该对此具备永无停止的渴望，只有这样的男人才符合时代的要求。一个女人对于男人的爱要保持渴求的态度，并且要将这种态度延续到成熟期的最后，只有这样的女人才会被认为是完美的。

两性的激情就像是火山爆发一样激烈，男人的生殖能力可以保持到暮年，而女人的生育能力也丝毫不让步。这才是时代最高的美德，儿女满堂是一件非常荣耀的事。没有儿女的人家会被看作是铸下了罪孽必须接受惩罚，虽然这样的事情非常少见。

这就是文艺复兴时代性生活的主线，从中不难发现，它在生活中处处都有十分明显的表现。这样的特征是如此显而易见，是由于两个特殊的原因造成，历史绝对不能忽视这两个原因的存在。

第一个原因便是这个趋向没有受到来自任何方面的阻碍。判断一个时代可以取得什么样的后果，很大程度上要依据它从过去继承来的现成的先决条件。在文艺复兴时代，纯肉欲的趋向之所以可以获得自由的发展空间，是由于在这个时代之前的中世纪就已经有了非常原始的两性关系，很多人之间完全是性的联系。

这一点在婚姻方面也非常适用，作为契约性质的婚姻要想将个人的情爱精神化，是非常艰难的。在贵族阶级中，婚姻又是一种政治的手段，可以扩大自身的影响和权势。因此，在婚姻的领域之中具备决定意义的并不是个人的愿望，而是家庭的利益。在中世纪的城市行会，工匠也面临着这个问题，他们选择妻子的范围本身便已经非常狭窄，还要从行会利益和自身家庭利益考虑，将这两者紧密联系起来。当城市之中出现了富商这个新的社会阶层，物质利益开始超越个人的好恶，因为在他们的心目中，婚姻只是积累财富的最简单方式，也是不断攫取利润最为快捷的途径。

只有那些没有财产的下层民众才不会用契约的角度来看待婚姻，在他们的婚姻之中，个人的情爱因素占据着重要的位置。而其他的一切阶级都是从金钱、阶级和等级利益的角度来考虑婚姻，只是将它作为繁育合法继承人的手段而已。在这些阶级之中的夫妇，很少在情爱中表达自己主观的感受，而主要是他们客观的义务。“非婚姻的原因，而是婚姻的成分。”这些便是中世纪所遗留的先决条件，从中我们可以发现有利于色欲发展的很多条件。到了文艺复兴时代，肉欲趋向在此基础上没有受到任何限制，反而由于服务于同一目的的其他因素的刺激，发展得更为波澜壮阔。

路易十四与玛丽·特蕾兹结婚

这个刺激因素就是从中世纪便开始萌发的个人情爱。在新生活的内容中，个人情爱是第一个结果，这也是一个极为重要和高尚的解放过程，只是为了提高两性的地位，它的作用并不是削弱爱情的动物性，更不是要消灭它，而是要将这种动物性进行加强。虽然这个说法看似有点奇怪，但却是一个不争的事实。个人情爱作用的方向标志着道德的进步，但外部结果终归是动物性的加强。我们可以发现，这个事实也同样符合逻辑。在男女之间所发生的情爱，是生命的最高表现形式，也具有不变的数学性质，但它要建立在相互的好感和激情之上。这是个人情爱的基本要求和纲领，各个国家的文学创作都可以成为佐证，因为个人情爱的踪迹在中世纪早期就已经出现了。

僧侣维伦格尔·冯·特格伦则编撰过一本书信集，其中有一封情真意切的情书，它来自于一个具有良好教养的贵妇人，这是她写给自己的恋人的信。在这封堪称典范的情书中，我们看不出这个贵妇人的身份，也不知道收信的男子是何方神圣，但从字里行间之中却可以感受到一个伟大女性发自内心的呼喊，以及她最纯洁和最高尚的激情。

在信的开头，她热切地呼唤自己的恋人："我最最亲爱的人儿啊！"而在接下来的内容之中，她与恋人进行了心灵的交流，内容洋溢着高度的尊重和坚定如磐石一般的信任。"从千百人中，我选中了你，将你接纳到我的内心之中。"在连篇累牍的倾诉之后，她用发自肺腑的诗句结束了这封信，而这些诗句则成为后世一切真诚相爱的人们用来盟誓和表白的典范：

"你是我的，我是你的，你要深信不疑。我将你锁进自己的心中，又丢弃了钥匙，现在你再也逃不出我的心室。"

不过，我们若是仅仅以此作为论据，并不能证明性爱的高级形式已经成为人们生活之中的一部分，那只是在理念上的一个现象。换言之，所有这些都只是性爱的一些原则而已。在有产者和统治阶级之中，契约型的婚姻依然普遍存在着，不仅没有消失，也没有被动摇过。就算到了今天的社会，契约型的婚姻在这些阶级中依旧被保留，而形式上只是显得比较斯文高雅一些而已。

大多数的婚姻都取决于阶级、金钱和门第是否相当的考虑，个人的情感并不能在婚姻选择上获胜，只能从原则上决定夫妇双方是否要在肉体上向对方保持忠贞。

在所有的国家中，个人的情爱感受第一次取得胜利，并不是以夫妇的情爱形式出现，而是表现在骑士们对于贵妇的崇拜与爱慕。这样的崇拜秉持的最高原则明白地说明了真正的爱情和婚姻之间毫无关系。换言之，具有更高级别的爱情形式是从通奸开始的，尤其是整个阶级都出现了系统的、两厢情愿的通奸的时候。这样的阶级中，没有一个男人不是成年累月地在觊觎别的女人的爱情，除了自己的妻子以外。没有一个女人不允许其他男人在大庭广众之下向自己大献殷勤，这便导致了最后整个骑士阶级完全成了一个“私通的社会”。

据传说，在亚瑟王和其他国王的“爱情宫廷”之中，不断有关于爱情权利和义务问题的讨论。通过多方查证之后，我们知道这并不属实，宫廷之中从未出现类似的行为，那只是诗歌和艺术之中的幻想而已。但这些并不会对以上的论点形成威胁，与此相反，关于“爱情宫廷”的传说还是在继续流传着，并且在多年来都被认为是事实，这恰恰也可以成为我们的证据。在一些作品之中所提及的“爱情宫廷”的描写，基本都是一些介绍所谓讨论的文字，我们看到的是奄奄一息的中世纪对于处于酝酿成熟的个人性爱的纯理论的探讨。在宫廷爱情议论的传奇故事里，骑士阶级的行为是顺理成章的，对于个人性爱权利的讨论也正是从骑士阶级中产生的。

在群众之中对个人性爱的自然权利进行广泛宣传，有两个基本的前提。首先是经济条件已经可以让妇女从家务的奴役之中解脱出来，其次是婚姻的契约性有了明显表现，以至于夫妇之间的情爱完全成了义务性行为。在骑士阶级之中，这两个基本前提首先出现。在这一阶级的内部，婚姻几乎全部都是契约型。人们在不懂世事的情况之下就已经订下了婚盟，这完全是为了家庭的利益而考虑。骑士阶级富裕的家庭条件让妇女们摆

调情的骑士

脱了家务，她们的视野扩大了，个性也获得了强烈的发展。这些原因的积累，让骑士阶级在15和16世纪产生了一些“巾帼不让须眉”的女性，她们在学术和教育等方面都可以和男子一较长短。

除了这些圈子之外，在其他所有的阶级之中，爱情的生理方面的发展也在不断加强，这是因为另一个原因造成的。

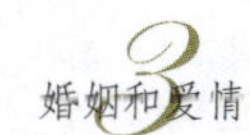

个人性爱的发展轨迹

当个人性爱与契约婚姻绞缠在一起的时候，它并非独自达到目的，正如前文所述，个人性爱的表现不尽是被压抑的天性的抗议，我们所看到的也不仅仅是一个革新的过程，因为在同样的程度上，它也是没落阶级堕落的过程。“每个女人会有主人”，这个原则作为广泛的现象在中世纪取得了胜利，因为新经济因素已经进入生活之中。如果一定要形成前文所述的风化状况，社会基础开始动摇，风化观也就不可能变得稳固。风雷在激荡，一切都处于酝酿之中，正在朝着成熟的果实进发。

有丰富的文献资料可以清晰地说明文艺复兴时代的爱情和婚姻的肉欲性质。其中包括反映在独特的谚语和俗语之中的观念，也有行为之中的风化、习俗，以及一般观念和法律观念。尤其是在以两性关系为主旋律的文学和艺术作品中，我们更可以看到这一现象。

这方面最为典型的，是和结婚有关系的习俗以及对婚姻表示认可的习俗。结婚的时候，神父会向婚床表示祝福，如果出嫁的女人出身于王公家族，则可能由主教或者大主教来主持这一仪式。这一习俗流传下来，还有当着所有宾客的面请夫妻双方躺在婚床上的做法。

当神父向婚床表示祝福的时候，床当然不是人们在劳累之后休息的地方，而是将它看作是“爱情的作坊”。神父请上帝赐福给婚床，让男女可以在这张床上传宗接代，诞生出继承人。当婚床成为“爱情的作坊”时，

15世纪德国版画《主教给婚床祝福》

它在婚姻所依据的法律规范之中便会占据重要的位置，新人当着证人的面躺在婚床上的习俗也可以成为证据。在很多国家，只要新郎和新娘“盖同一条被子”，就可以被认为是结婚了。而古老的德国谚语也说：“上了床，你就有了权利。”

德国是这一风俗的起源地，而且还有丰富的表现形式。虽然都是一本正经地请来神父向婚床祝福，但郑重其事的样子和浓重的宗教色彩也带给这个仪式一些诙谐之处。在王宫之中，这个风俗也同样广为人知。贵族婚姻往往是契约型的，就像是一个独特的政治条约。依靠这样的婚姻，新娘可以带着一部分领土和统治权转移到另一个国家，新娘和新郎在婚前虽然素未谋面，但个人的好感对两人而言并不是一个十分重要的因素。当他们当众躺在床上的时候，这项买卖就算是成交了。更有甚者，新郎甚至可以缺席婚礼，让授权办理交易的使臣来代替他的位置。虽然只是一个替身新郎，但无损于这件事的意义，从法律上来讲他们已经结为夫妇了。

在百姓之中的一些风俗并不为人们所熟知，时至今日已经有一部分失传了。这些风俗一般都比较粗俗，但却又很幽默。上普法尔茨的风俗就是一个非常有特色的例子：“一辆牛车将新娘的嫁妆送来新人的家里，车刚刚停稳，新郎就要立刻把车顶的双人床卸下来，搬进洞房。他要当着众人的面将新娘抱起来放在床上，然后躺在她的身旁，亲吻她。”

如果这类婚姻最主要的目的是为了生儿育女，那么这类风俗之中的性行为就会被当作是“每日的必备口粮”。人们是为了性才结婚，所以“健康的男人和女人都离不开它”。这一观点非常鲜明地出现在各地乡村风俗和文献之中，譬如路德的《夫妇手册》等。在路德的这本书之中，他公开而且露骨地宣称性行为是成年人必需的享乐方式，并且对于“嫁给一个性无能的男人的妇女”展开了讨论。此外，在这些风俗之中还包括一些其他的行为，宾客在婚礼的时候会唱起色情的婚歌，或者讲一些色情的笑话和俏皮话，或许还会掀开新婚夫妇的被子，将他们从床上拉起来。

文艺复兴时代的特色就是健康。以健康为基础的性爱第一要求便是：成熟的男女有权利使用自己的性能力。这个观点在文艺复兴时代获得了普遍的认同，在很多谚语之中也常有表现，语言既粗野又天真。在男人方面，他们会说：“如果小伙子想要长大，想要变壮，那就不要吃素。”而奉劝女人的时候，他们会说：“如果姑娘们觉得饿，那就不要总是等待，快点嫁人吧，嫁给一个年轻的小伙子。”

这个权利是男女双方共有的，因此也表述得非常露骨直接，他们不会放过任何一个机会来描述男女青年性成熟时候的生理特征。

爱情肉欲观

文艺复兴时代的人们对待生活总是持有非常自然洒脱的态度，这个原因让男女青年在很早的时候便会履行自己的性功能，在他们的一些对话之中我们便可发现这样的蛛丝马迹。薄伽丘曾经通过一个贵妇人的口说过：“自然的法则高于一切，大自然创造的万物都有其用途，我们有珍贵的器官并不是用来废弃的，而是为了让我们使用它。”

在这个时代的女人眼中，大家应该听从薄伽丘的劝解，而最具说服力的理由便是：假如你不这么做，就会得癔症，要知道这个病已经毁掉了不少漂亮的女人。“防治癔症最好的办法就是找个身强力壮的男人，和他结婚。”

由于文艺复兴时代的男人和女人都有这样的情绪，那么他们的相思病就会显得更加具体。男人不会希望找到一个平等的女友，也不会期盼着与她手挽手奔向崇高的生活目标。而女人也很少要求伴侣解放和教育她的心灵，双方都只是为了履行生理行为才相爱，这个愿望如此具体，这也便是他们爱的全部内容。

姑娘们希望母亲给她找的小伙子“能将甜蜜的爱情游戏用心传授给她”，我们可以在民歌之中找到很充足的典型证据，这些歌曲都粗俗且有趣。在上层阶级的情诗之中，我们也可以找到很多证据，可以直接反映出上层阶级的相思中心也是性行为。只要翻阅一下文艺复兴时代歌颂肉欲的伟大的“歌中之歌”——罗密欧与朱丽叶的对白台词，体会一下第三幕中朱丽叶对罗密欧的思念，将那段描写再复读一遍，就可以证明我们所言非虚。

“……让阴沉的夜幕快快降临，展开你隐秘的帷幕吧，成为恋爱的黑夜！快遮住行人的眼睛，让罗密欧悄悄地投入我的怀抱，不要被人家看到，以免惹来议论！恋人们在美貌的光环之中缱绻，虽然恋爱是盲目的，也正好可以用黑夜来相称。快来吧，温柔的夜晚，你这个朴素的黑衣妇人，教我如何在一场注定胜利的赌博之中失败，将我们纯洁的童贞作为赌注。用你黑夜一样的面巾遮住我脸上羞怯的红潮，等我深藏内心之中的爱情慢慢变得胆大，不再因为行为上流露的真情而惭愧！快来吧，黑夜！快来吧，罗密欧！快来吧，你这黑夜之中的白昼！”

罗密欧和朱丽叶之吻

正如前文所说，当一个男人思念女人的时候，他也会表现出和朱丽叶一样的具体性质。在这一点上，有些民歌和其他艺术形式都有明确反映。有一部和市井文学不同的文学作品可作为这方面的补充，那便是约翰·赛孔杜斯所撰写的辞藻华丽的书信。歌德曾经热情地赞美赛孔杜斯，说他是“吻之大诗人”。而这位诗人所表现出来的相思之情也仅限于情欲，他最大的愿望是得到不计其数的热吻。

“让我告诉你，我最爱什么样的吻，亲爱的，不是我不能选择，当你湿润的双唇吻着我，我要感谢你的唇。你的双唇滚烫，让我不得不喜爱。你的眼睛闪烁着慵懒的光，还是熄灭的火花，你的眼睛便是我痛苦的源泉，吻着你的眼是多么甜蜜！你的脸颊，你的脖子，你的肩膀，你雪白的酥胸，在那里留下红色的吻，你是多么醉人……

“不管你的吻是长是短，是慵懒，是温柔，还是热情，我全都喜欢。我只祈求一件事情，请你永远不要像我吻你一样吻我，永远要换着花样，让我们来做着一场充满变化的游戏。”

文艺复兴时代的少女对于爱情的期盼充满了煎熬，内德哈特·冯·雷严塔尔曾经写过一首描写农村爱情的诗歌，内容是母女两个人对女儿恋爱权利的探讨。女儿已经16岁了，她认为自己的身体已经成熟，可以谈情说爱了。但母亲却有不同的看法，女儿便反驳她：“你12岁的时候已经不是处女了。”母亲只好投降：“好吧，随便你愿意找几个情人吧。”对于这种口气，女儿表示很不满，她希望自己不被干扰地寻找爱情。直到此时，作者才说明了母亲以女儿太小而不允许她谈情说爱的真正原因。

“虽然我很想这样，但还是希望你不要把男人从我身边夺走。真是见鬼了，你已经有丈夫了，为什么还要找男人呢？”女儿戳穿了母亲的把戏，母亲只好点头答应：“好吧，女儿，不过不要吭声，我不管你谈情说爱是多还是少，哪怕你的怀里抱着一个孩子来找我。但是你若看见我做爱，也不许到处去乱说。”

青年男女的约会之吻

女人之间的妒忌心理在母亲和女儿之间的表现也不可避免，而母女之争中女儿往往是爱情的获胜者，这种题材在文艺复兴时代的文学作品中也颇为常见。纽伦堡谢肉节戏剧《寡妇和她女儿的谢肉节》也是这方面的一个有力例证，在这出戏里，对于嫉妒心理做出了细致的描绘，而且用词非常粗俗。按照当时通常的做法，问题可以交给法庭审理，而法庭在听取了双方的发言之后，也会做出这样的裁决："母亲和女儿谁有权先嫁人？母亲说她该优先，因为她是一个年轻又淫荡的寡妇，没有男人无法生活，她已经和男人过惯了。但女儿则声称长工和自己亲热的时候让她欲火难熬。"十位法官都发表了自己的意见，而寓意归结到最根本的问题，则是女儿和母亲都具有同等的权利，因为"夜晚的饥渴，不管是妇女还是姑娘，都吃不消"。

年轻小伙子也在同样证明自己谈情说爱的权利，青年男女之间还会以"夜晚的饥渴"为借口，不愿意做僧侣和修女。

在此需要强调的是，在文艺复兴时代，虽然人们认为性关系和性成熟期应该同步，但这个健康的观念依旧没有被贯彻下去。并不是所有的男女都会获得早婚的机会，阶级的利益也常常会阻碍这个健康的原则实施下去。在贵族和市民之中，早婚是非常常见的现象，在不实行长子继承制的地方，农民也会早婚，以至于教士们常常以此为由来抨击早婚行为。慕纳曾经发出过这样的呼喊："现在结婚太早了，男女双方的年纪加起来都不到30岁！"

在有一些乡村，姑娘到了14岁就会被认为足应出嫁。而另一方面，有的整个阶级都会被禁止结婚，至少会认为结婚是很难的事，那便是帮工们的婚姻。对很多人来说，进入工匠的行业就是放弃了结婚的权利。有些地方不允许帮工结婚，也有一些地方限制已婚者成为工匠，这也是间接地禁止他们结婚，处于单方面阶级利益的考虑，当权者千方百计地想要阻止帮工获得婚姻。而这些法令一般很少生效，文艺复兴时代的学徒都可以结婚，并且非常普遍。在行会章程里，对于"结婚的学徒"有一条专门的规定，1582年，符腾堡泥水匠和石匠的行会规约中提及："学徒工在作为学徒期间结婚的话，就要学满两年，才能完成学业。"

在文艺复兴时代，人们常常很早就会结婚。而这个时代的人们又比任何时代的人都乐意再婚。对于小手工业生产者而言，这个现象的出现与有序经营带来的影响有关，时代的肉欲基调也在其中起了很大的作用。

这种情况非常典型，在文艺复兴时代，年老的鳏夫可以和一个年轻的姑娘结婚，而老寡妇也可以嫁给年轻小伙子。这种现象层出不穷，远超其他时代，因为它符合这个时代的肉欲趋向，同时又和健康的本能存在矛盾。年龄不相当的婚姻常常会招致文学和图画的嘲笑，可以看到当时的人们也是明白其中的矛盾的，例如如果一个小伙子和一个老太婆结婚了，人们就会预言他将在婚床上得“伤风”。如果一个老头儿和一个姑娘结婚了，人们又会说这个年轻的妻子就是“一匹马，老头儿骑着它，可以更快地到西天”。除此之外，人们还喜欢预言老头儿在洞房之夜就会被戴绿帽子。用百姓的话来说，这种婚姻就是“力气太小”。对于“红颜白发”式婚姻的嘲笑，从1840年问世的奥古斯·特腾格尔诙谐故事之中也可以找到例证。

老妪俊男

纯肉欲的爱情观自然会让人们尽量追求胜利的享受，永远都不知满足也是文艺复兴时代性生活的特点之一。

女性的天性之中有消极被动的成分，但她们在性方面的追求却“不让须眉”，如果你敢于相信当时的诗人和作家的描写，会发现她们甚至比男人的要求还要高。不妨回忆一下薄伽丘关于修女阿贝里克的那个故事，为了描写她饥渴的状态，作家会说：女人除了爱情，脑子里没有其他东西，不管你和她讨论什么，哪怕是最纯洁的话题，都可以让她们往那方面想。拉伯雷按照自己的习惯，用怪诞的方式表达了自己的看法。

“那是罗马建城240周年的时候，一个高贵的罗马人来到蔡历山，他遇到了一个维罗妮卡的罗马贵妇。这个贵妇又聋又哑，但是这个男人却并不知情，一个劲儿地问她山上有哪些元老。当他问话的时候，出于意大利人的活泼天性，他还配合了很多手势。贵妇听不见男人的话，只是以为他是想和她去做她心里想的事儿，因为年轻人通常都是这样要求女人的。在爱情中，手势远比语言更有效更动人，她用手势邀请这个人来到自己的房中，还用手势表示自己很愿意和他做一场爱情的游戏。”

从布朗当的描述来看，拉伯雷的讽刺落后于生活现实。假如相信当时人们的说法，那么寡妇在爱情上的需求会更旺盛。法律规定的服丧期限是一年，但鲜有人会遵守它，以至于在中世纪的时候出现了这样的惩罚方式：一个女人在自己的丈夫死去之后30天内再婚，就要受罚；而一个寡妇

薄伽丘《十日谈》插图。它以对现实幸福的大胆追求，给禁欲主义神学以迎头痛击，受到当时人们的喜欢

守寡达到一年，就要奖励。当时还有这样的一个看法，认为谁若娶寡妇进门，必然会被戴绿帽子。西班牙有一句谚语："寡妇只会守一天寡。"法国也有一句谚语说："寡妇戴孝，只在外衣。"大多数的寡妇只是将丧服穿在外面，而里面依旧穿得花枝招展，用以吸引男人的注意。还有说法称：寡妇对于爱情的要求翻倍地成长，因为第一个丈夫给她带来了损失，她们要在第二个丈夫身上得到满足。因此，那些出嫁过两三次的寡妇是最危险的女人，布朗当的作品之中有一章专门谈寡妇的爱情，他所列举的证据多半是证明寡妇的贪得无厌。在德国和意大利，也有很多作家以此为题材撰写作品。

在文艺复兴时代，女人喜欢吹嘘自己的需求是如何旺盛。譬如，拿法拉的马加里塔便给自己起了一个外号——"全国最具有女性魅力的女人"。她所撰写的《海普塔梅陇》便反映出她获得这个称号是当之无愧的，这些女人的脑中全部是颠鸾倒凤的画面，简直就要成为肉欲的化身。

有很多母亲甚至因为女儿比自己年轻漂亮，就妒忌她，认为她赢得男人欢心的机会比自己多。而作家们也会告诉我们，有些母亲费尽周折想要给女儿找一个在爱情斗争之中卓尔不凡的丈夫。

意大利作家考那查诺在这方面的题材之中有最细致的描绘。有一位母亲为自己美丽的女儿挑选了一个男青年，虽然他非常穷苦，但是身体精壮、力大无穷。这个少女很满意母亲的挑选，而作者也在努力证明这位母亲的做法是对的，因为这位少女的需求如此旺盛，以至于青年大力士都无法满足她，只好采取粗鲁的手段才能摆脱她那疯狂的情欲。

为了达到目的，女人们有很多花招，在婚后的第一天她们就会施展手段。哈根的著作《共同的奇遇》之中描述的这类题材故事，取自中世纪末一首诗歌，故事是从纯生理爱情观的角度出发，说明一个男人最大的罪孽莫过于辜负了女人的期望，而只是嘴上说得漂亮而已。女人对于男人吹嘘的数落也是讽刺作品的主要题材，在“谢肉节”戏剧和造型艺术中，也常常会有类似的题材出现。

婚前性关系

不管任何的时代和国家，一夫一妻制的基本要求都是看重婚前贞操。而事实上，这个要求只是针对女人。对自己的妻子，丈夫会要求她在洞房前保持生理未被玷污的状态，她的童贞应该是属于他的。这个要求不管用多么巧妙的言辞来掩饰，都可以反映出在第一章之中我们所论证的一夫一妻制的物质目的，即生产出合法的继承人。在新婚之夜，如果新郎发现新娘是原封未动的，这便是第一个保证，可以说明她在结婚之后将会对他保持忠贞，这个婚姻之中所产生的子女都是他的后代。对于新郎来说，最让人懊恼的便是在新婚之夜发现自己的新娘已经不是完璧，《新郎的感激》之中曾经这样说：“在婚床之上，宁可抱着一只刺猬，也不要搂着一个破了身的姑娘。”

在文艺复兴时代，女人在婚前要守身如玉，这一点非常被人看重，人们将其作为是女性最高美德。在很多婚俗之中，都会十分直接地说明这种观点，甚至会当众宣布这个女人在这方面是好还是坏。对两类女人做出区别最为通行的办法，就是让身体清白的新娘戴着花冠走向圣坛，因为那是象征着贞操的荣耀之花冠。人们将花冠当作是童贞的象征，处女不仅可以选择佩戴花冠，也可以选择披散自己的头发。而一个在婚前就已经和男人发生了性关系的女人，只能戴着面纱参加婚礼，哪怕那个和她有性关系的人是她的未婚夫也不能例外。在15世纪的德国民歌中，姑娘们以此为理由，拒绝心上人进入自己的卧室，因为那会让她蒙羞。

“谁在敲我的门？不管是谁我都不会开门，不然我就要戴着面纱，而别的姑娘却可以戴着花冠，我会被羞辱，会越来越难堪。”

在纽伦堡，如果一个姑娘失贞了，在进入教堂的时候就要戴着草圈，人们还会在她的家门口撒上饲草，还会将她叫作“试过的新娘”。在罗腾堡，失身的新娘会遭到教会的处罚，让她在头发里编一根草辫进去，站在教堂的门前台阶上供人嘲笑。那个勾引过她的男子也逃不脱，他要连续三个星期日披着草衣来教堂，用独轮车推着自己失身的情人在附近兜圈，路旁的人们会拿着脏物向他们身上投去。

《阿尔诺芬尼夫妇像》　扬·凡·艾克〔意大利〕
阿尔诺芬尼夫妇的手势表示互相的忠贞，托着妻子的手表示丈夫要永远养活妻子；而妻子手心向上表明要永远忠于丈夫

在手工业较为发达的地区，小资产阶级占据着统治地位，他们可以通过立法的手段确立一些要求和观点。以上的风俗不仅被定性为教会的处罚办法，而且还具有法律效力。那些带有“污点”的新郎和新娘会遭受到各种不公的对待，他们在婚宴上邀请的宾客数目要受限，婚宴的菜肴也要受到限制，庆祝结婚的时间都不能和那些清白的新人一样，甚至结婚的日子也不能选择在一般的喜庆日子。在梅明根，他

们只能选择在星期三举办婚礼，因为这是当地的人们认为最不吉利的时间。在有些法令之中对于这些做法的目的做出了明示：这么做，只是为了将这些人搞臭。

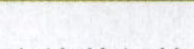
出嫁的新娘

16世纪，纽伦堡曾经颁布过一个法令，该法令在17世纪还被屡次重申，它完全是针对“少女的腐化”这个可恶的罪孽。这项法令是为了“让新郎和新娘面对众人领受他们应得的耻辱”。除此之外，他们还要接受严厉的惩罚，如果新郎和新娘婚前所发生的性关系在婚后才被暴露，不管是有人告密，或者是过早出生的婴儿，都会促使这种惩罚和罚款增加。意即“新人用沉默的方法来欺骗上帝的教会和社区，不向神圣会所的主管报告”，而企图攫取他们无权享受的荣誉，就要从重处罚。

还有一种更为粗俗的婚俗，即是在很多的地方，新娘必须要公开地证明自己处女之身的事实。在婚礼的次日，新人必须隆重地将床单和新娘的内裤挂在窗外，向众人展示。布朗当曾经谈论过西班牙的这一婚俗，他声称：“女人还有一个方法可以证明自己的清白，那就是在婚礼之后的第二天，将搏斗的血迹向众人展示。在西班牙，那沾染血迹的床单被挂在窗外，同时还要大喊着：我们认为她是一个姑娘，她是一个处女！”

阿雷诺帝和意大利的诸多作家也曾经证明这样的婚俗在意大利也存在，施瓦本便有类似的风俗。一个丈夫在责备自己的妻子时，如果说出她在出嫁的时候已经不是姑娘了，她的父母就要拿出证据来证明他的谬误。为了避免这样的情况发生，新婚时的床单要交给法庭来过目。如果丈夫说谎了，得到的惩罚将是40大棒。如果这个丈夫所言非虚，那么婚姻也会被宣布无效，并且要将新娘逐出家门，还不允许她回到父亲的家，“因为她在父亲的家里堕落了”。

在斯拉夫国家，这样的风俗至今还存在着。这样的风俗存在越久的地方，越会将这种行为当作纯象征的意义来看待。他们所展览的并非血迹，而是将血迹大大修饰一番，人们都会这么做，就算是那些并非想要欺骗和隐瞒事实的人也是如此。

虽然在文艺复兴时代有这样严厉的风俗，也有法律和其他舆论作为监督，但这个时代的男女在婚前失贞的情况却依旧非常严重，尤其以女人为甚。整个社会物欲横流，婚前性关系自然也会大量出现。所以当时的市民阶级非常担心自己的女儿出丑，她们生活在一个狭小的圈子里，一生都受到监督。不过，就算她们非常害怕，情欲的力量却依然可以战胜那恐惧。因此，小资产阶级的道德要求只是为了维持面子，只有这样才能让道德在生活中推行。

这个时代是热血的时代，男男女女都燃烧着炽热的欲望。为了使避免危险的手段更加完善，女人们便会被情欲所控制，去追求文艺复兴时代的比任何时代都强烈的快乐。在这个时代，不管哪个阶层的女人，都会自然而然地发生婚前性关系。

在意大利，考那查诺根据谚语“上帝保佑亲眼目睹的人”撰写了一个故事，宣称达到十岁以上的女孩子，都已经不是处女了。故事中有一位主教这样对他的教众说：“在我成为主教之前，曾经是一个忏悔神父。所有超过十岁的姑娘们都向我承认过，她们所拥有的情人至少超过两个。”

在法国，也有一个故事可以说明情况：“有一个会说法国话的德国贵族，他骑马过桥，想要去阿维农。因为他的坐骑有点疲惫，所以走路磕磕绊绊。一个看上去是妓女的姑娘见此情景，便放声大笑。骑士便回敬她说：夫人，您也许会惊奇，如果您知道我的马一看见婊子就会变得磕磕绊绊。妓女高声回答他说：如果是这样的话，我劝你还是不要进城去了，不然你会摔断脖子的。”

虽然上面的两个例子之中有一些夸张的讽刺意味，但并没有扭曲时代的面貌，只是将时代的本质凸显出来而已。

文艺复兴时期画家老卢卡斯·克拉纳赫的风俗画《报酬》

当时的人们对于自己的情欲放任自流，一个重要的原因是结婚比较容易，公开受辱的危险则被大大降低。当在教堂结婚的法令成为人们必须遵守的规定之前，只需要一个简单的允诺，男女双方便会成为合法的夫妻。在德国，只需要一个简单的求婚和许诺，之后再上床，两个人就算结婚了。他们不需要公开宣告，也不需要签订婚约便可以获得合法的婚姻。年轻人在结婚的时候甚至不需要父母和监护人的首肯。这种情况引发了很多秘密婚姻，教会虽然不愿意承认，但也只好接受事实。

在这种情形之下，妇女被遗弃的现象也非常普遍，这些悲惨的女人在整整一个世纪中层出不穷。从中我们也可以发现：这样的秘密婚姻只是为了给男女提供一种方便的形式，让他们可以满足炽热的性欲。除此之外还有一个证据可以说明当时婚前性行为非常普遍，因为当时伪造处女的技术非常发达。这门技术在文艺复兴时代就已经有了，并非洛可可时代和当代的专利。所有的药剂师和药材商都在出售各种药膏，它们的主要用途就是掩盖失贞，让新的情人或者丈夫以为自己占先，第一个获得了这个女人的爱，他们对自己眼前的斑斑血迹信以为真。阿雷诺帝曾经描写过这种“恢复童贞的物品”。

这些药物的广受欢迎，让史学家不得不浓墨重彩地描写，而且药剂师也可以靠此发家致富。15世纪，德国流浪大学生曾经为此撰写一首诗歌，其中写道：“如果一个姑娘破了身，我就可以为她修补，让她变得完整。”

这套伎俩如此广泛地流传，男人们自然也不可能不知道，于是为了验证女人是否是处女，便衍生出了很多的法术，在婚礼之前会悄悄地进行。这种验明姑娘是否清白的法术在很多地区都有出现，在此仅列举“贝褐炭水”一例。贝褐炭水是一种焦油炭溶液，在中世纪有这样的记载：一个姑娘喝了这样的水而安然无事，就证明她是一个处女；如若喝了这样的水就要上厕所，就说明她已经不是一个处女了。如此看来，这不过是男人们为了装聋作哑找到的一个借口而已，因为这个方法并没有效果，而用这种方法来检验一个淫妇都可以证明她纯洁无瑕了。

为了维持自己的脸面，导致人们非常害怕怀孕的事实，因为这会招来人群的白眼。很多民歌之中都表达了对于怀孕的恐惧，言辞恳切。这里有一首在15世纪非常流行的民歌，歌中唱道：“我们为你唱首新歌，是一个小司书的故事，他向心爱的纯洁少女求婚，送了她一条红裙子。为什么要这么做？因为他想讨她欢心，让她应允他在她房中过夜。半夜里他去敲开少女的门，他们上了床，少女问他：假如生出了孩子，算谁是爸爸？他回答说：亲爱的，我会关心他，给他金银财宝，做他的爸爸！后来孩子真的生出来了，你猜怎么着？司书跑出国去，这是多么丢人！可是这样的事情却在不断发生。”

这位已经遗失姓名的作者说得不错，“这样的事情却在不断发生”，每一天都有姑娘怀着或抱着孩子被人遗弃，而孩子的父亲早已不见踪影。行会的规章要求合法出生是接纳一个人入会的条件之一，工匠们这么做只是为了排斥竞争对手，而这个简单的方法之所以成为他们的首选办法，并且是最常用、最成功的办法，就足以说明当时不合法出生的人非常多。

怀私胎的现象层出不穷，以至于在那个时代买卖恢复童贞药品的生意非常兴隆，而另一门艺术也风靡一时，那就是堕胎。不断涌现出的堕胎现象，让那些将前人当作是贞操和道德楷模的人大跌眼镜。证据之一便是那些用来治疗闭经的药物可以列出一个长长的名单，每一个稳婆都会向那些不愿意暴露的怀孕少女推荐可靠的药物，在文艺复兴时代，这种药物就已经种类繁多了。有一张流传下来的药品单子中，包含有250种名目，其中多为水药，用五花八门的草药熬制，可以达到通经的效果。还有几种非常怪异，如“药性猛烈，不能置于孕妇的床上”。还有一些比较平和的，但也一样非常危险。而最抢手的往往是那些药性最猛的药，譬如黑穗黑麦和顿河桧，这种药材料最多，应用也最频繁。

对于顿河桧，人们非常信任，从它不计其数的外号之中就可以发现。它被叫作“童贞棕榈”、“童贞迷迭香”、“胎儿杀手”、“童贞木”等等，不一而足。这种广为流传的堕胎药，可以给那些渴望爱情的贵妇和少女们带来希望。有时候，有先见之明的妇女会在自己的小花园里种植顿河桧，精心照料。等到女儿长大之后，她的同伴们就会悄悄地互相交流，告诉她：这个木头可以将事情了结。每一个少女都心照不宣，又互相嘀嘀咕咕：“小伙子们互相帮助，女孩子也要彼此照应。”在英语和其他语种的格言谚语之中，将顿河桧的堕胎功效说得妇孺皆知。

假如这些药物不能起作用，那些怀孕的少女还会采取更猛烈的办法，她们会洗热水浴，还会拼命跳舞，以及其他更加疯狂的种种实验。如果一个女孩子痴迷于跳舞，任何一首乐曲都会去跳，并且显得劲头十足，有人就会说：“她跳得好像明天就要把孩子生下来似的。”

由于这种原因，在文艺复兴时代的文学之中频繁出现堕胎现象就不足为奇了。宫廷在这方面的表现尤为突出，这也可以理解，因为她们接受的诱惑也最多，而一旦怀孕的话，处境会比普通人更糟。布朗当的作品之中还有一个典型的例子，描写了一个怀了亲王孩子的姑娘，她生下了私生子，周围的人都在谴责她的不道德，而她却坦然地说："该受谴责的不是我的失足，而是我的考虑不周。我的同伴比我还要荒唐，如果我像她们一样聪明，就会提前想好怎么消除后患，也不至于现在这么尴尬了。"

这位姑娘惹怒人们不仅仅是因为她含情脉脉地亲吻了亲王，而且她怀孕生子，这都是非常不道德的，因为它违反了游戏的规则。从其他的资料之中也可以发现，在宫廷之中每年都有很多女人会怀上私胎。有一位佚名的法国作家曾经写道："小姐们了解了那药材的妙处之后，再也不担心过分热情的情人会让她们怀孕。从此之后娼妓行业恐怕要一落千丈，因为对于骑士们来说，和贵妇名媛寻欢作乐再也没有危险了，而且还要更自然舒心。从此之后小姐们也不会再发脾气了，她们任由情人得寸进尺，而不仅仅是看看她们姣好的容颜和美丽的酥胸。"

最后还要明确一点，在当时堕胎并不是一种犯罪行为，所以才能够公开地得到打胎药。虽然某些地方规定会对这样的行为做出处罚，但真正执行的地方却少之又少。总而言之，就像前文之中那首诗所提到的一样：这样的事情还在一直不断地发生。

在17世纪的法国，找江湖游医堕胎是很常见的

“试婚”的风俗

在前文之中我们曾经论及文艺复兴时代常见的婚前性关系，但这并不是说当时的道德规范认可这样的行为。这些话的意义仅在于证明其是当时色欲横流造成的结果，而凡是阶级利益没有顶住当时基本趋向冲击的地方，都不能幸免。

但是，也有整个阶级的女人在婚前性关系方面获得道德规范认可的，那就是所谓的试婚风俗。这样的风俗在整个欧洲都有出现，但主要出现在农村地区，而且这样的风俗仍没有绝迹，直到今天还有很多地方保留着。在18世纪出现对它的最早记述，那是关于施瓦本地区，弗·费舍曾经专门撰写了一个小册子来谈论这个话题，他对于这一风俗的了解详情如下所示：

法国版画《爱情》

“在整个德国，尤其是施瓦本的施瓦茨瓦尔德地区，农民之中都有这样的风俗：姑娘在婚前很早就将只属于丈夫的权利交给她的追求者，但是如果因此认定这些姑娘不守妇道，将自己的爱情滥施于情人，那就是大谬不然了。因为事实的确并非如此，乡村美女不会随便施舍自己的娇媚，同样会在珍贵的欢乐时刻表现出自己矜持所特有的美丽，这一点与所有坐在梳妆台前的贵族小姐是一样的。

“一个到了出嫁年龄的农村姑娘，会获得小伙子们的追求，她的优点越多，追求者也就越多。当大家发现她对于其中某一个人特别多情时，众人就会四散而去。而那个幸运儿便可以在夜晚的时候去看望她，如果他从大门进去，那就不够浪漫了。按照乡村的规定，他要从屋顶下面的窗口爬进去。

“这并不是一件轻松的事，不过情人在最初只能和衣躺在姑娘的床上与她聊天，几个钟头的过程中，姑娘会穿得非常严实，以此来抵御情欲的侵袭。当她感到疲乏，他就必须离开。慢慢地，他们的聊天越来越热烈，到后来，姑娘就会和他开各种乡间玩笑，还会穿着单薄的衣衫，让他一览秀色。最后，男人的肉欲所要求于女人的一切，她都会献出来。在这方面，她也会按部就班地来操作。由于礼仪的限制，在此我不便细表。但是从‘试婚’这个名字本身，您也可以猜到大半，虽然‘试婚’的最初只是‘夜访’而已。

“姑娘们常常会拒绝情人，不愿意轻易地献出爱情最后的证据，直到情人使用暴力才会屈服。‘试婚’是每天都可能发生的，而‘夜访’则只会在节日前夕或者节日期间发生。‘试婚’会一直持续到双方认为可以结婚，或者姑娘怀孕了的时候，农村的小伙子才会正式地求婚。接下来就是订婚和结婚了，在宗法制度和习俗根深蒂固的农村，小伙子将一个怀孕的姑娘遗弃的事并不常见。如果他这么做，就会引起全村人的公愤和鄙视。但是在‘试婚’一两夜之后就分手的事情却很常见，很多姑娘并没有因此而落下骂名，因为很快就有其他的情人来找她。而经过了连续多次‘试婚’之后却还没能结婚，姑娘就会有点儿尴尬。村民们会认为这个姑娘有什么隐秘的毛病，在农民的眼中，这个风俗没有什么不规矩。牧师问他们的女儿身体好不好的时候，他们为了证明自己的女儿已经长大了，还会用作为父亲的自豪语气来坦然地告诉牧师：他的女儿已经开始接待夜间的客人了。”

在费舍的小册子里，他还引用了其他更为古老的文献，用以证明很多地方都有这样的风俗。例如其中有一份古代文献做出了这样的记载：“萨克斯人有个恶劣但却被法律承认的风俗，新郎可以先和新娘过夜，然后再决定是否要和她结婚。”而这个小册子的另一个作者，剑桥大学的夸杜斯在他的威尔士见闻之中写道：“在从前，事先不会同房的婚姻非常少见，因为有这样的风俗存在：假如一个姑娘嫁人之后被退回，那她的父母给她的陪嫁钱就算是白扔了。”

在第一章之中，我们曾经说明孩子对于农民家庭的重要性，因为那可以算是他们存在的主要条件。要将这个经济上的必要性以及农民某些典型的财产关系当作钥匙，才可以理解这个风俗，虽然它看上去似乎和一夫一妻制的其他观念有所差别。当我们拿起这把钥匙，所有的谜团以及这个风俗带给文化史研究者的问题则都会迎刃而解。

这个风俗的每一个特点，都可以映射出这一地区财产关系的特点，首先当然是继承权的特点。其次，这把钥匙会告诉我们，“试婚”和“夜访”的法律后果为什么会存在各个地区的差异，为什么在某些地方只能在婚礼前夕“试婚”，而在其他的地区，“试婚”的时候一旦发生了性关系就必须要结婚，而有的地方只有存在了怀孕的事实才具有对婚姻的强制力。

这个风俗的存在并非仅仅是由于直接的经济动机，而是出于人们想知道这个女人是否能生育。除此之外还有很多其他的因素，这些因素虽然不是造成这一风俗的主要原因，但也在很大程度上简化了其存在的条件。

“试婚”和“夜访”的风俗主要存在于农村，但却并不限于农民。在15、16世纪，全欧洲的市民阶级之中这一现象都很普遍，根据一位纪实作家的记述，意大利市民阶层的少女们会允许她们的恋人来“试婚”，不过他们必须选择弃权。就算那些手握大权的人物都不会认为这有什么不妥之处。在德国，我们有更为准确的资料可以说明这一风俗存在过。因为这些资料都是法庭的记录，其中还涉及一些历史名人，那就是芭芭拉·廖菲尔格尔茨和她的第一个恋人齐格蒙·史特罗对簿公堂的记录。这位芭芭拉便是后来著名的人文主义者威利巴尔德·匹克海默的妻子。

弗朗西斯科·海耶兹〔意大利〕的《吻》描绘了在城堡的楼梯上，一个年轻的男人和一个女人私会热情接吻的画面

在这个爱情婚姻案之中，有一

篇非常精彩的论文，是纽伦堡图书馆现任馆长埃米尔·雷克撰写的，他发表了这篇文章，并且解释了法庭文件。原告齐格蒙·史特罗要求芭芭拉·廖菲尔格尔茨履行她承诺的婚约，因为芭芭拉曾经许诺和他结婚，但后来却又反悔否认。这个案子审理了很久，双方都援引了大量权威人士的意见。案件争论的焦点本身对我们来说没有任何意义，但重要的是在这场诉讼期间人们认真讨论了这对恋人曾经有过的“试婚”行为。在某一个“试婚”的夜晚，芭芭拉答应齐格蒙要嫁给他，而对于这一次试婚的情况，雷克根据文件报道如下：

版画《爱》

“芭芭拉不得不承认原告曾经获得允诺进入她的房间，开始的时候他不过在那里逗留了两个小时。有证据说明她和他至少度过了整整六个夜晚，被告未予否认。但是芭芭拉声明，这六夜并没有发生任何违背体统的事。

“保罗·英戈福和他的妻子乌尔苏拉是芭芭拉的近亲，芭芭拉接待齐格蒙夜访的地方就是在他们的住所，这对夫妇按照当时淳朴的风俗，进入到芭芭拉的房间，坐在她的床上，和她以及原告睡在了一个房间里。这对年轻夫妇似乎常常有一人参与这件事，齐格蒙夜访的时候总有一个人在旁边监察。从下面的事实我们可以得出结论：乌尔苏拉·英戈福声称自己是亲手从芭芭拉手中交接钥匙。但是乌尔苏拉也常常让他们单独待在一起。”

这里要补充说明一点：这些事情所涉及的暧昧夜访所发生的地方，是纽伦堡最著名的富绅之一格尔茨舒威尔的家。马丁·格尔茨舒威尔正是芭芭拉·廖菲尔格尔茨的舅舅，也就是保罗·英戈福的岳父。当时这些年轻人都住在他的家里。其次，不管是法庭还是权威人士，都没有认为暧昧的夜访是一件不成体统的事。齐格蒙所提出的诉讼并没有得到结果，但从中

幽会

可以发现法庭并不认为芭芭拉·廖菲尔格尔茨当时是想嫁给他的。

这个案件可以说明，我们所谈论的“试婚”这一风俗在当时是众所周知的，在市民阶层之中非常普遍。虽然这个风俗在市民和农民之中如此相似，但还有一个重大的差别，那就是他们的最终目的，也可以说是他们本质上的区别。

在农村，各地区的农民会将自己及笄之年的女儿安置在比较远的角落里。由此也可以发现，农村的年轻人迟早都会发生性关系，不会有任何的克制，就像是田野中的动物一样疯狂地满足自己的情欲。而在市民之中，这个风俗的性质有所不同，虽然我们的手头资料有限，但也可以追寻到一些踪迹。这个阶层的姑娘如果一次或者多次让一个追求者进入闺房，并且让他们躺在自己的床上，并不能说明这两个年轻人之间真的发生了性关系。从芭芭拉的案件之中也可以看出，夜访之中还会有一个保护人坐在一旁。这位资产阶级礼仪规范的守护者相当聪明，他总是屡屡走开，好让两位调情的男女有更多独处的机会，让他们亲昵一番。

这并不是说恋爱中的市民阶层少女会拒绝追求者所提出的越界要求。事实上，未能遵守最后底线的情况很常见，甚至在正经人家之中，青年男女到最后也不会满足于亲热和好奇，他们会毫无保留地得到一切。渴望爱情而且身体健康的青年人，在一个如此香艳诱惑的环境之中，自然无法抵御这种强大的力量。因此，按照这个风俗来行事的姑娘往往会对遵守诺言的男子感到失望，虽然有些男子没有遵守诺言，但是却获得了一个很好的口碑。

在此还有一点要补充：当时的人们已经可以预防后果发生，当时通过人们众口相传而且流传几个世纪的上千条谚语便可以证明。那些崇尚古代的浪漫主义者，一半是因为偏见，一半则是因为无知。

在市民阶层之中，“试婚”只是一种原始的调情方式。而在同样存在“试婚”风俗的贵族之中，他们不仅是为了调情，也是一种互相试探的手段，这一点和农民非常相似。在贵族阶层中，这个风俗可以追溯到遥远的古代，在骑士英雄传奇故事中，存在大量类似的事例。

在《古德伦之歌》中，这样描述卡拉丁人的一个姑娘订婚的情况：“她毫不犹豫地点头同意，不像其他的姑娘那么扭捏。国王说：‘我喜欢她，我要尽力侍奉她，以便可以上她的床。’骑士国王和姑娘订婚了，她心急如焚地等待夜晚的到来，到那个时候，他们就可以对秘密的幸福做一番试验。”

《罗恩格林》曾经这样描述勃拉班特郡主艾尔莎所进行的试验：“到了夜晚，美丽而纯洁的勃拉班特郡主艾尔莎被带到爱慕她的公爵那里，皇后亲自陪她到床前，姑娘躺在床上，准备接受爱情试验的甜蜜。皇帝也来了，命令仆役全部退下，然后和新人道别。公爵将姑娘的衣衫除去，温柔地紧搂她在怀中。别的我就不说了，我只想说：他得到了他寻找的东西。”

还有很多民歌都可以证明在名门闺秀和骑士之间所发生的婚前性关系，我们以德国古诗《鹰》为例，在最后的几行之中，这首诗用简洁的语言表达了最不为外人所知道的内容：“他坐在她跟前的草地上，将她弄得又疼又甜蜜，他寻找爱情，得到爱情，甜蜜的爱情将他们连为一体。”

试婚

在王公贵族中，“试婚”不仅在文学之中被证实，在历史文献资料中也有明确记载。德国皇帝腓特烈三世在和葡萄牙的列昂诺拉公主订婚之后，就曾经接到她的叔父那不勒斯王阿尔冯斯的一封信。在这封信中，亲王要求腓特烈三世立刻和自己的侄女试婚，因为如果等他们回到德国再试婚，万一公主不合腓特烈三世的口味，那么她的亲人就要付出昂贵的回程费。

在文献之中，还记载了很多其他诸侯试婚失败的例子。哈布斯堡伯爵约翰·赫茨劳德·冯·拉波尔德斯坦六世，曾经试婚持续了半年之久。在1378年，发生这样的事，责任在男方。而试验失败之后，根据哈布斯堡伯爵所要娶的名媛所说，他在过去的六个月内没有表现出雄性。试验失败之后被写成了文书，交给女方，这么做显然是为女方着想，以免她在其他的追求者面前声名扫地。

从这些例子之中，我们可以清晰地发现：试婚和正式的同床之间还是存在根本的区别的，不仅是关乎国家利益的情况之下，还是作为个人的享乐行为，试婚还是安排在正式同床、订婚和结婚之前。

贵族在这方面具有和农民相同的风俗并不为奇，因为两者在这方面的利益是相似的。在贵族之中，婚姻的目的就是为生育子嗣，让自己的遗产得以保全，传宗接代。所以直到现在依旧保留着试婚的风俗，现代试婚行为所不同的地方是由科技来操作，通过医生的会诊，根据未婚夫妇的生理资料来判断他们未来是否会有子女，而这种做法也有几分科学保证。

求爱的形式

在中世纪末的所有国家和阶级之中，男女之间互相求爱的形式都非常原始，无非是献媚的初步形式。换言之，男女两性之间互相表示好感便是通过非常直接露骨的触摸。农民则比贵族或市民更加粗鲁，而贵族之中也有所不同：德国贵族比意大利和西班牙贵族相对笨拙一些，但在本质上他们都是相同的。

版画《骑士和夫人》

古代德国小说《Ruodlieb》充分体现了中世纪描写手法的露骨特色，其中有些段落还刻画了农民粗鲁的求爱方式。这部小说之中有一个场景，描写的是一个大胆的长着一头红发的小伙子“红毛”去一个老头儿的家中，看到老头儿续娶的妻子是一个非常美貌的年轻姑娘，对于这样一个拥有丰满胸部的女人，他顿生邪念，于是便制定了一个计划。为了避免老头儿的妒忌，他声称自己是这个女人的表哥，而这个女人对于这位身体健壮的小伙子也非常喜爱，两人全力配合。他们两个人交谈的过程中，红毛暗示想要与她交欢，女人欣然同意。虽然欲行苟且之事还要等到晚上老头儿睡觉之后，但在此之前还是可以有一些动作。当老头儿离开房间一小会儿，他们就立刻靠近彼此的身体，"他用一只手捏住她的乳房，另一只手压住她的膝盖，而她则解开了自己的衬裙。"

从这个示例之中可以发现，农民之中的求爱方式非常粗鲁，市民和贵族虽然不致如此，但离优雅的求爱手段依旧很远。当男女双方有了一个共同的最终目的之后，调情当然是流行的手段。男人要利用机会，就像人们所说的"攻克防守薄弱的堡垒"。总之，双方都愿意选择最短的路线来达到目的。

优雅的求爱方式只存在于娼妓之间，长期以来都是如此。因为娼妓知道自己在男人心目之中的吸引力，她们会嘲笑那些不能和她们竞争的贵妇们，罗马的娼妓便曾经揶揄那些高贵的淑媛，说她们时刻准备着委身于人，但是却一点都不懂让爱情更有味道的语言："只会像狗一样叫，好像嘴里含着一块儿石头。"

随着货币经济的发展，专门为了享乐而活着的人就越来越多，在这个圈子中，女性便更加明显地成为奢侈品。与此同时，享乐本身也开始越来越具有优雅的形式，这首先表现在爱情方面的享乐。在这个圈子里，爱情的艺术是最高级、最重要也是最流行的一门学问，就连正经的良家妇女都开始明白下流话在爱情之中的作用。妻子们在过去行房的时候表现得好像木头一样僵硬，现在她们却有了超越妓女的技巧，以至于当时的人们说："和高贵的仕女做爱"或者"和高贵的仕女来一场爱情的比武"，要比和最有经验的爱情女祭司（妓女）上床更愉快。因为高贵的仕女拥有更高的智商和教养，在爱情的艺术中表现得也并不亚于妓女。

随着君主专制主义的胜利，爱情艺术的精巧雅致程度也达到了巅峰。布朗当曾经这样论述这个问题："咱们法国的美娇娘们，最近的五十年中，她们向其他的民族学习了精巧的优雅，而且青出于蓝胜于蓝。据很多外国人说，法国的女人是最棒的。而且，用法语来说那些下流话，远比其他民族的语言要更悦耳，更来劲也更刺激。"

让法国女人迅速成长的老师便是西班牙女人和意大利女人，而德国的女人们则又追随着法国女人的足迹成长起来。

在大庭广众之下向一个美貌的女人表示自己的爱慕，可以用手去碰触她的胸部，这是倾慕者们的第一个动作。这个动作在各个阶级普遍存在，一有机会，男人们就会这么做。不管是集会的时候还是访问的时候，尤其是舞蹈的时候，这样的玩笑丝毫不会表示要发生亲昵的关系，而常常只是来往比较亲切的开始。由此可以发现，当时并不会认为这些举动不成体统，而是非常自然的。如果这个女人拥有美丽的胸部，那她更不会推辞，而且还会欲拒还迎，引诱男人来进一步挑逗自己。

这个说法被使用得如此广泛，慕纳的说法可以证明。一个男人用这样的行为来恭维一个女人，那个女人会认为这是一种乐趣，而且也希望男人这么对她。这个现象是两个人之间关系发展的互相补充，也是时代的基本趋向中动物性肉欲的表现。按照当时的时代精神，男人将这种情绪发泄出来只有一个办法，那就是强调自己用一切机会来占有肉体的渴望，以及大胆攫取那瑰宝的勇敢。

寻欢作乐的法国贵族男女

在各个民族的文学艺术作品之中，都有很多描述这种初级献媚形式的例子。我们可以列举几个。在《少男少女的游戏》中，有一位少女曾经说："我听说，有人想让我做修女……但是我不爱吃素，任凭小伙子们碰我。我还是觉得酒水比较好，所以我不会去修道院。"

克列芒·马洛曾经撰写过一首短诗，他说："妩媚的卡塔琳娜，她让我的心感到灼热。我淘气的手伸进了她的胸襟，于是，她也开始燃烧了。"

最直言不讳的当然是那些反对世风日下的道学

家们，凯撒斯堡的海勒根据布兰特所著的《愚人船》改写了一篇布道辞，他声称："触摸裸体是第三个罪孽，也就是抓住妇人和少女的乳房。有人认为他和女人说话的时候，必须要抓住她们的乳房，这是一种十分放荡的行为。"

从布朗当的作品之中的历史事例，我们可以发现高层圈子里对于这样的乐趣也非常有兴趣，他用整整一个篇章来谈论《爱情中的触摸》，在开篇的时候他便声称："至于触摸，不得不承认那是非常愉快的。因为爱情的终极是享受快感，如果你不去触摸自己所爱的物体，快感也就无从谈起。"

这里所谈的触摸当然不仅仅指胸乳，格里美尔斯豪森曾经这样谈论他的主人公辛普利西莫斯："辛普利西莫斯每天都要给上校的妻子逮跳蚤，因为小伙子碰到她的乳房和其他部位的时候，都让她感到非常舒服。"

在造型艺术之中，男人粗鲁地触摸女人的胸乳也是一个常见的题材，诸如众多素描和油画作品之中均可发现。小伙子在拥抱姑娘的时候，总是一只手抓住她的乳房，另一只手搂住她的腰肢。画家们最喜欢描画这样的情景，大大小小的画家每个人都有几幅这样的作品。有很多劝善讽刺画也以此为题材，足以说明时代强烈的趋向。这一类画作之中有很多都饱含着移风易俗的劝善意味，而这种讽刺说教则是为了告诉人们：女人允许男人触摸自己，只是因为她们可以轻易地掏空男人的口袋。讽刺画家将这个现象用简单明确的画作表现出来，多情的小伙子在忙于应付丰盈的乳房时，他的意中人却悄悄地拿走了他口袋里的钱。

调情无处不在

文学艺术之中还有一个常见的题材，也是生活之中常见的现象：当钱花完了，女人也会跑掉。在德国的一首古老民歌之中，这样吟唱："我的爱人就像是一只小鸟，一去不回。我的爱人撇下我一个人，孤零零，呆呆地看着空空如也的钱袋。钱袋中如果有钱，她就会对我有意；钱袋如果空了，她就会对我无情。”

不管是在哪一个国家，若一个女人表现得低三下四，心甘情愿地被大胆的男人任意玩弄，她所受到的欢迎都比那些矜持的女人更多。那些恪守着闺房训诫的少女因为这个原因而受到冷遇，甚至被爱人抛弃。在歌剧《Die Egon》中描写了这样一个被抛弃的端庄少女，她倾诉道：“我曾经有一个未婚夫，他答应要娶我。可是将近十四个星期过去了，他却不想履行自己的诺言，因为另一个姑娘抢走了他，她允许他动手动脚，自己却去对付他的钱包，这样不会有好结果。”

但是，我们并不能因此就认定女人在这种调情之中完全处于被动，她只是没有反抗而已。一个女人总是知道自己使用哪些手段可以获得成功，这个手法便是挑逗男人，让他激发出呵护她的心意的积极主动性。达到这个目的的重要手段还有一个，那就是时装。在这一方面，女人走在了时代的前列。在文艺复兴时代，时装可以被认为是创造欣赏女人胸乳的良好条件。

通过各国的纪实作家的作品，我们可以发现女人甘愿处于这样的状态，她可以长时间地保持这种状态，好让男人领略她的美和魅力。布朗当曾经写道：“仕女们很乐意让我们看到她一丝不挂的状态，因为她们觉得自己美丽非凡，能够让男人们兴奋起来。”他还谈到法国宫廷的命妇们，她们允许骑士在她们面前执役，像侍女一样伺候她们。她们很喜欢让骑士为她们穿鞋袜。16世纪法国的一部书稿中曾经分析说：这是因为多情的仕女可以获得最好的机会，让她们向钟情的男子展示无法用其他方法显示的美。作者还说：“仕女在这么做的时候，只有一层考虑，那就是一个血气方刚的男人绝对不会错过动手动脚的机会。”另一方面，这样的情况还可以让她们随时阻止骑士的继续深入，以防超过“她们的良知和荣誉所允许的限度”。

16世纪版画《野外偷汉子》

同时期还有另一部作品中曾经论及：“在

当代，很多仕女不仅将这些恩典给朋友，还会给一些外人。有的人不过献了几天殷勤，就会获得女人给予的这个权利。因为现代的女人会说：朋友的眼睛和手并不会把丈夫变成王八。于是她们就将这最大的自由给了朋友的手和眼睛……有很多骑士将那些贵妇淑媛挂在嘴边，炫耀自己曾经目睹过她们的隐秘的美。而这种说法完全是有道理的，因为她们并没有让自己的丈夫出丑，只是让别的男人更加妒忌而已。她们只是允许别的男人欣赏自己身体无与伦比的美，而她们的丈夫才是可以随时享用这身体的人。”

对于这样的淫欲，有一个科学术语可以概括：暴露癖。当时的良家妇女大概非常醉心于这样的运动，因为这可以让她们至少在想象之中获得纵欲狂欢的快感。就连未婚的少女都会允许骑士们这样放纵，她所针对的当然是单身的骑士。人们将希望寄予这些人，希望他们求婚，少女们使用这样的方法往往会非常成功。

“很多聪慧的闺秀巧妙地让候选的郎君看到她的美，这远比含情脉脉的目光以及机智的谈吐更能拴住他的心。”

同时，这也是非常安全的。正如大家所说的一样：“没一个姑娘是被人看出孩子来的。”所以女人们都不怕被人看到，如果众人都在议论她的隐秘之美，那她获得幸福的几率反而会增加。那些在这种小游戏中不配合的女人，会招来一些谣言，因为人们会认为她有难言之隐，男人知道之后自然对她厌恶。在布朗当的《爱情中的视觉》一文中曾经论及这种情况。而一个男人若是傻乎乎地错过这种机会，不明白为什么女人会伸开玉腿来请他服侍她，那他也会遭到最为尖刻的嘲笑。

这就是献媚的最原始形式，男人的粗鲁的态度与积极性和女人对其露骨程度是相辅相成的。

在文艺复兴时代，男人和女人在生活中都有无数的机会来表现自己粗鲁的求爱方式，由于狭隘的生活环境、共同的空间，让交往中满足需要的手段越来越原始。这也形成了男女之间不断互相刺激的基础，旅行就是一个非常好的例子。

虽然旅行在那个时代还不是很普遍，女人更是很少旅行，但不得不出门旅行的时候，人们就会在旅途中寻找办法。女人出门的时候，陪伴她的不仅是丈夫或自己的兄弟，也会有朋友和熟人。路途的遥远和艰险，女人必须获得帮助；而差劲的道路，也不适用马车，人们常常骑马上路。在骑马的旅途中，女人和男人同骑，就会和男人有肌肤之亲。贵妇们出门打

德国文艺复兴时期画家老卢卡斯·克拉纳赫的风俗画《老男人的爱》

猎也是如此，每当路上出现颠簸，男人就会抱住女人，上下其手。欲望让男人无法控制自己，旅途之中会让他们变成好朋友。

唱游歌手和小说家都告诉我们，骑士常常紧搂着一个美丽的贵族少女或者健壮的农家姑娘，温柔地抚摸她们。15世纪，奥古斯都·腾格尔曾经撰写过一个粗野的故事，描述了一个农妇和神父的交往。在15世纪的齐美伦地方纪事中，也常有类似的纪事，贵族妇女去不远的地方旅行，就是为了制造调情的机会。

宾客常常在家庭之中享受特权，和主人的妻子或女人打成一片，而主人将其视为光荣。如果客人非常值得敬重，主妇会送上自己的女儿让他消遣。获得客人青睐的女儿和客人出现亲吻，都是让全家觉得脸上有光的事，而并不会认为她不成体统。唱游歌手和纪实作家都描写过这样的风俗：贵宾到来时，美丽的侍女和成年的女儿会去陪宿，有时候，主妇也会担当这件事。这种风俗被叫作“放心丈夫”，慕纳在著作《傻瓜园》中曾经论及，而16世纪的荷兰还有这样的风俗：“贵宾来访，主人放心地让妻子去伺候。”

妻子非常乐意伺候英俊的贵宾，因为他让人十分放心，当然并非丈夫对妻子的放心。有一个法国骑士长篇诗歌中曾经描写过，妻子将这个机会让给了美丽的侍女，因为她的丈夫还没有入睡，而且似乎不赞成这种做法。原文是这样说的：“伯爵夫人很高兴这个客人到来，她让下人为他烤了肥鹅，在他的房间铺陈了华贵的被褥，让他舒服地躺着。伯爵夫人去睡觉时，将最美丽的女仆叫来，对她说：亲爱的孩子，去他那里，好好伺候。我倒是乐意自己去，只是不想在伯爵面前感到羞愧，再说伯爵还没有入睡。”

也有一些可以让主人放心的客人，但为数不多。哈特曼·冯·德尔·奥威尔曾经谈论他在德国的见闻：“其实，这样的人为数无几。”

调情在那个时代是非常自然的行为，所以自然得到了很大的鼓励。在奥格斯堡，有一个风俗在17世纪中叶还非常流行，人们热衷于给未婚夫妇创造条件，让他们可以满足自己的愿望，一位纪实作家写道：“未婚夫来拜访未婚妻，她的家人就会在角落里单独设置一张桌子，用西班牙屏风围得严严实实，让他们与世隔绝。”

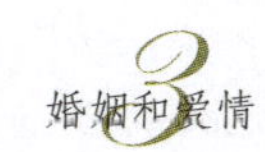

这种粗鲁的调情和求爱方式，在文艺复兴时代有所提高。新兴经济力量带来的影响，让文化越来越丰富了，爱情也表现得更为高尚了，成为一种艺术。爱情不再是单纯的自然力，而是有意识的感受，但是绝不是所有阶级都可以这样享受爱情，小贵族和农民依旧保持着动物性的粗野。和贸易同步发展的资产阶级在这方面的表现非常突出，这部分的市民是历史新内容的体现者，他们获得了新兴经济力量所带来的丰硕成果。

婚姻与忠贞

在15和16世纪，婚姻被当作是高级的形态，老光棍和老姑娘都被认为不正常。诗人和作家都在歌颂婚姻，各种语言的婚礼赞歌都在大唱个不停：“婚床睡着最舒服。”谁若结婚，就是进入了天堂，不结婚的人则要下地狱。

这些赞歌将结婚吹嘘得越来越神圣，这其中有着天然的原因。并非像人们常说的完全是出于道德的考虑，而是时代的需要。工业的发展需要更多的人，包括工人和顾客，王公专制的政权也需要士兵。人口的增长也遇到了障碍，如果中世纪的人口没有增长，那是因为教会势力的膨胀，让被迫独身的修士和修女越来越多。而现在，已经出现了人口的危险因素。

新的经济秩序出现后，鼠疫、梅毒和酒精中毒也出现了，各个贸易地区都在传播这些疾病，导致人口锐减。而首当其冲的是男人的减少，因为男人嫖娼、旅行等过程中更易得这些病。这样看来，男人首先为新经济秩序付出了代价，斗争和征战也让男人减少。从此结婚开始成为调节社会矛盾的关键，不结婚的单身男人成为社会公敌。

婚姻在道德的优越性方面发挥的作用引起了人们的注意，多子女的婚姻成为高级的婚姻。经济需要和时代的趋向实现一致，现实也和最主要的意识形态实现契合，子女达到十来个的家庭在当时并不罕见，威利巴尔德·匹克海默和芭芭拉·廖菲尔格尔茨生育了13个孩子，奥格斯堡纪实作家哈特·泰克的两次婚姻为他带来18个孩子。安东·弗兰切斯科·波乔承认自己有18个孩子，其中14个是私生子。在很多家庭中，子女也都超过20个。

婚姻被当作是有意识引导的进化手段，那么家长制家庭的婚姻形式便是最适合这种目的的婚姻。丈夫在家庭中独揽大权，是主宰，这是符合手工业生产组织要求的。手工业生产迫使每个学徒都靠着师傅吃饭，也让一切参加劳动的人和师傅的家庭联系起来。作坊中的权威和家庭的权威一样，颂扬婚姻的时候也必然要颂扬男人在婚姻中的主宰地位。“丈夫是妻子的安慰和主宰”，“让丈夫成为她身体和财产的主人”，“女人应听从丈夫，百依百顺”。就算遇到一个粗暴的丈夫，女人也要表现得温顺。“他若嚷嚷，你就别吭气。他若不吭气，你就要开口。如果他生气，你就要耐心；如果他大发雷霆，你就要低声下气”等等。

包办婚姻

妻子温顺的程度要求能宽容丈夫的变心，丈夫在家中拈花惹草，也要忍气吞声。对于和年轻女仆纠缠的丈夫，妻子也要装作一无所知。“她若捅破这件事，就要将那骚货撵走，以免滋生事端。”而她还是好言安慰丈夫，让他改邪归正，将种种的错误都归结到那骚货的头上，妻子要将丈夫看作是自己的主人。

不愿意服从这些条款的女人，就会被认为是罪大恶极。按照那个时代的思维方式，丈夫有权利对不服从自己的妻子进行体罚。莱因马尔·冯·茨维特曾经建议丈夫这样对待倔强的妻子：“不要客气，拿起棍子朝她背上抽，越经常越好，使劲揍，让她承认你是她的主人，将她的坏水都放掉。”

要驯服倔老婆，这是唯一的办法。在16世纪一些流行谚语中，也建议丈夫这么做，有些做法甚至更为残暴。女人自己也将其视为理所当然，就像奴隶在未觉醒之前。对女人来说，婚姻的重要性比现代社会的角色与作用更大。

城市手工业者在外表上是一个单一的阶级，呆板的行会制度让小资产阶级被划分，各自有特殊的行业利益。面包师傅、裁缝、珠宝匠的独生女，只能嫁给面包师傅、裁缝和珠宝匠的儿子，只有这样才不会丧失家财。这样的行规之下，女人可以选择丈夫的范围更小。将所有的因素综合起来，便能明白女人争夺男人的激烈性的原因。

城市手工业者的契约婚姻

男人知道自己的行情不错，就会开始吹嘘，“男人稀缺姑娘多”，所以每个男人都洋洋自得，“我愿意娶谁就娶谁。”凯撒斯堡的海勒完全有底气这么说：“现在的女人要找丈夫，要具备一切条件，年轻、貌美、动产和不动产。”

从这样的婚姻观中，开始衍生出另一个现象，社会让丈夫体罚倔老婆的同时，老婆也会让丈夫受罪。如果丈夫怕老婆，就是颠倒乾坤，妻子也会痛揍丈夫。在全国各地，受罪的丈夫都会成为公众耻笑的对象。

布兰肯堡市在1594年颁布了一个条例，规定夫妇在以下情况要受到处罚：一个妻子殴打丈夫，则妻子也受到处罚。

16世纪讽刺画《亚里士多德和菲丽达》

“妻子扇丈夫耳光或者打他，就要罚款或拘禁，酌情而定。如果她有能力，就要给市议会的差役做一身呢绒衣服。如果丈夫太窝囊，让妻子打了居然不申诉，就要给市议会的两个差役做呢绒衣服。如果他没有这个能力，就要受到拘禁或者处罚，将他住宅的屋顶掀掉。”

最后一项处罚条款在全国均有存在。在黑森，打丈夫的女人要倒骑驴子游街，窝囊的丈夫在讽刺诗和画里受尽了嘲笑。为了说明“女人当家”，讽刺画家会强调两个情节，女人强迫丈夫随着笛声跳舞，或者让傻瓜丈夫随着自己跳舞。第二个情节可以从《亚里士多德和菲丽达》中发现：女人会骑在男人背上，让男人像一头温驯的牲口一样戴笼头，驮着女人在地上爬，而女人则在作威作福地挥舞着鞭子。

男人帮女人穿衬裤也是一个常见的情节，在古代犹太女英雄尤蒂的故事里就很常见。这些象征都简单明了，通过画家的奇思妙想，表现出女人们到底是使用了什么力量让男人变成傻瓜，甚至把最聪明的亚里士多德都变成了奴隶。这种力量便是男人身上的肉欲，画作之中的女人都是肉欲的化身，不管她们是裸体，还是像汉斯·巴尔德·格林的木刻画中一样穿着衣服，抑或是像路加·赖登的版画里一样的女人。

命运对男人的嘲笑，让他丧失了力量，肉欲让他成为神明，也让他成为女奴的奴隶。文艺复兴时代常常会触及这个主题，以此来证明这些画用讽刺的手法说明了女人借以统治男人的手段，肉欲在文艺复兴时代是生活的主导原则。

婚姻的最高条例是任何时代都要夫妻互相忠诚，在重视婚姻的文艺复兴时代，尤为重视建立在夫妻互相忠贞基础上的婚姻。

唱游歌手莱因马尔·冯·茨维特曾经唱道：“一个身体，两个灵魂，两张嘴，一颗心，互相忠贞，恪守终生，同宿同行，海枯石烂，永不违盟。”

文艺复兴时代有很多歌颂夫妇忠贞的诗歌：“没有比婚姻更好的天堂，要找忠贞，就在自己家里。”“有了忠贞，便是人间天堂。”没有忠贞就不会有幸福，男人抛弃妻子去找野女人，就会被看作是猪。石浦福格尔唱道：“如果丈夫抛弃好妻子，却去寻找野女人，那他就是猪。还有什么比这更下流？他离开了清泉却躺在污水里。”

忠贞的妻子对于企图勾引她离开美德之路的男人，会给予无情的回击。她看似要答应他非分的要求，但却只是叫他滚开，决然断绝他勾引良家妇女的邪念。

怀旧的浪漫主义者若是以为这就是当时的风化状况，那他就错了。因为某些阶级的表现不能当作是总的社会全貌。这样的意识形态在某些经济条件基础之上，小资产阶级、无产阶级和一部分小农阶级之中会产生这种形态。

据我们所知，15世纪初某些更加严格的激进教派确实曾经要求共妻，这个共妻的本质要做出任何结论都可以，但却不能认为它是淫乱的根本。和这个运动同时的历史学家以及后来的教皇埃乃阿·希尔维奥在他的波西米亚史中，曾经谈论这个教派推行过共妻，他说：“他们实行共妻，但不经过亚当教长的同意禁止和女人发生关系。如果有人渴望占有某个女人，他就会牵着她的手去见教长，对教长说：我的心灵燃烧着对她的爱。教长就会回答：去吧，去生吧，去繁衍后代吧，让地上住满人。”

这种反色情的态度，在他们对裸体的态度中也有反映，可是后来的历

德国文艺复兴时期画家老卢卡斯·克拉纳赫的《黄金时代》

史学家却认为他们的风化沦丧都到了极点。事实恰好相反，禁欲主义的亚当派竭力要让人类回归到原始的亚当状态，因为他们将服装当作是万恶之源，而裸体却被认为是无限清白的，人人都应该朝这个方向努力。这个观点他们贯彻了多少，我们所知甚少，比不上对他们共妻的了解。

根据埃乃阿·希尔维奥所说，他们都是裸体相对，不穿衣服。此外，他们还裸体出席被称为"天堂"的集会。这些说法不过是一些传闻，最早的图画也是两个世纪之后的事，是从"心灵深处"迸发的。没有任何可靠的史料可以断定15和16世纪这些无产阶级教派和运动确实有过从色情出发的共妻行为，这个阶级的性观念的单调完全符合他们艰苦的生存环境。而我们也没有根据说明这个阶级有理想性的婚姻形式，他们之中的婚姻是纯生理性的。事实上，这个阶级的经济条件下也不可能不是这样。

通　奸

法国版画《不贞的妻子》

在色欲横流的情况下，婚前性关系很常见，频繁地偏离对夫妻忠贞的规定，这也适用于那些将夫妻不贞当作是弥天大罪的阶级。要让旧的社会形式适应新的生产方式，总会引发严重的社会震动。在那些时代，许多人摆脱了本阶级的意识形态的限制，感到这些条例都成了沉重的负担。如果说在小资产阶级中，这种偏离本阶级意识形态并非他们的利益和婚姻条件决定，那么就可以说，这往往是自然和契约性之间的内部矛盾的后果。建立在私有财产上的一夫一妻制婚姻总是隐藏着这样的矛盾，文艺复兴时代，在小资产阶级内部，通奸也成为普遍的现象。

时代也意识到了这一事实，它清晰地见证了婚姻地位的动摇，夫妻不贞的问题在各国都成为社会舆论的主题，而且不断被布道师和讽刺作家讨论，成为反面文章的内容。在热烈歌颂忠贞的同时，对于夫妻不贞的讽刺也出现了很多绘画和文字，从中人们可以明显感受到过去的意识形态已经成了让人恼火的紧箍咒。

很多描写私通的文字不仅以谴责不贞为内容，也有有关歌颂不贞的方面。在这方面，时代表现出了健全的本能，颂扬的几乎总是不贞的妻子，而难得出现不贞的丈夫，人们同情那些嫁给老头儿或者性无能丈夫的年轻女人。对这些伶俐的妻子，大家非常佩服她们，因为她们可以排除吃醋的丈夫所设立的障碍，与她所喜欢的情人达到目的。

文艺复兴时期人们的装束

这种类型的文字很多，描写的大多是机智的妻子战胜了年老丈夫的妒忌心，但文字又都很下流，各个国家均是如此。此处列举意大利作家考那查诺的谚语故事《聪明人一点就透》，它所讲述的是年轻的妻子让丈夫撮合一个躲避她的仆人和她睡觉的故事。

文艺复兴时代的文学，常常会赞美女人的另一种脾性。作家们刻画机灵的妻子挫败丈夫的故事，根据丈夫所构思的计划将计就计。获知丈夫要和女仆或者仕女幽会，妻子就会取而代之，将两张床换个位置，躺进那个女人的被窝。她通过这种手段拿到了丈夫向别的女人示爱的证据，而丈夫却深信那个女人不是自己的妻子。这样的骗局以莫丽妮的故事《谈谈一位亲自给妻子找野男人的伯爵》为典型，撒凯迪也有一个名字很长的故事，与此类似，叫作《雷耶蒂地方的磨坊主法力奈落爱上了克拉吉小姐，他的妻子知道后潜入克拉吉小姐的住所，躺在她的床上，法力奈落不疑有他，躺在他妻子的身旁，以为自己是在和克拉吉小姐睡觉》。

对于不贞的妻子进行赞美，便是对于那些戴绿帽子的丈夫的嘲笑。但这种嘲笑并不总是包含对不贞妻子的赞美。更为常见的是相反的情形，既嘲笑了丈夫，也不贬损妻子。这样的结构符合男性逻辑，作为女人主宰的男人，妻子的不贞就是对全体男人犯罪。丈夫被一贯嘲笑，正是这个道理，戴绿帽子的丈夫被不贞的妻子使用计谋夺去了主要的权利，无法实现他对于自己妻子的主宰，也就是活该被人嘲笑。他居然让她侵犯了他作为所有者的权利，这种耻辱归根结底是被人欺骗，侵犯了男人的权利。

如果妻子和另一个男人的关系并非偷偷摸摸，而是类似于他将她奉献给贵宾，那么丈夫也不会感到可耻，也不会承认这种关系的可耻。作为丈夫的私有财产，妻子并不能主宰自己的丈夫，所以在法律上她也不会成为受害者。

据当时的人讲，夫妻之间的忠贞好像是奇花异草，是名叫“绝无仅有”的植物，只开一天花，在婚礼当天种下，第二天清晨就会枯萎。而那种叫作“不贞”的植物却在每个花园盛放，不管酷暑严寒都可以生长。“如今，通奸成了普遍现象，法律和审判都制止不了。”彼得拉克在一篇文章中如是说。而巴斯蒂安·布兰特却惊呼：“通奸就像是捡起一块儿石头抛出去那么平常。”

由于夫妻都热衷于欺骗对方，自然也就无法责备对方。丈夫在深夜误闯年轻丰乳女仆的阁楼，寻机去看望长期独居的美丽女邻居，或者去城墙根的女人街，在那里有从意大利来的夜莺也在等着他。而这个时候，妻子在家里领受着青年爱情游戏的甜言蜜语，教会他在与维纳斯的比武中激扬雄风，或者用富有经验的手安慰失恋汉子的痛苦，让他忘却那个古板的少女带给他的温存；又或者，她向色眯眯的神父倾诉心中苦闷，这个常来看望她的神父，会“按照世俗的方式和她一起祈祷”。

没有一个女人能够安全地摆脱男人的性侵袭。“男人在外遇到一个女人，马上缠住她，说着下流话，做着猥亵的手势，让她背叛她的丈夫，很多人一旦好言好语行不通，就会使用暴力。”男人不理会女人的抗拒，女人反而会得意，因为她是被迫的，她并不认为这是有罪的。

丈夫和妻子都承认自己的外遇，两不相欠，这个题材在民歌中也非常普遍。例如在《磨坊主和他妻子的自白》中便可发现。这些自白的中心，往往是丈夫大度地原谅了妻子，而妻子却不想原谅丈夫。因为按照她的理由，对丈夫百依百顺的她，没有理由让丈夫去找野女人。所以妻子对自己的行为毫无悔意，打算今后继续给丈夫戴绿帽子。

普通的民众一般都是站在妻子一边，但对于不贞的妻子却有很多严厉的讽刺和指责。妻子打算欺骗一个最正派忠实的丈夫，而丈夫欺骗她一次，就要遭受她十次的报复。“淫妇找到姘头，比耗子找洞都快。”

做丈夫的，命中注定要有一个走运的情敌，既然如此，讽刺作家就劝丈夫们宽容大度。每天都有一个贞洁的少女变成荡妇，她们的所作所为就像要将过去因为腼腆而带来的损失连本带利地补回来一样。慕纳在他的《傻瓜园》中冷嘲热讽地规劝道：“相信她，哪怕你亲眼看到她和情人睡觉。”很多男人将这种劝告当作金科玉律，以至于布兰特疾呼：“女人带给我们的耻辱，如今可真容易咽下肚，男人的胃口真好，什么都吞得下，什么都消化得了。”

“通奸不会给人带来烦恼，也不会让人痛苦，因为谁也不将它当回事。”

有人也会咒骂女人，在《汉斯·卡列尔的指环》这个故事里，有人粗鲁而俏皮地说：女人只是献身的那一刻才能相信她的忠贞。法国人更是嘲讽：谁要是不想让女人跑掉，那就不要离开她，将她装进瓶子里，隔着瓶塞享用她。对于这种指责，女人也振振有词地反驳，她们认为自己不贞的理由有成百上千，常常还会大篇幅地列举。

首先，女人会为自己的不贞找到辩护的主要理由，认为她们有权利报复丈夫的不贞。妻子说：“我的身体很美，我的胸乳也没有干瘪，可你却去种了别人的田地。”所以，丈夫也不用因为别人闯进自己的田地而大呼小叫了。

公开幽会的男女

女人的第二个理由就是她们的丈夫不适合婚姻生活，他总是满脑子的公事和其他事项，寂静的深夜都不去想什么爱情。或者丈夫年事已高，无能为力，或者他长期外出，这让独眠的妻子需要朋友来解闷，排遣独守空房的寂寞。克列芒·马洛曾经唱道："一个姑娘说，女人若是遇人不淑，就要永远悲伤，还不如独自睡觉。她温顺的小妹妹却高声说道：对付坏男人有个好办法，找个朋友到家里。"

安东·德拉·萨尔曾经撰文谈论男人婚后的命运，这本叫作《婚姻生活的十五种欢乐》的著作第七章中论及："不管妻子怎么样，婚姻生活中有一条是妻子该相信和奉行的，那就是：我的丈夫是最差劲的，也是最不懂爱情的。每个妻子关于她的丈夫都会这么说或者这么想。"

这不过是一个廉价的借口而已，它是掩盖妇女不贞的主要原因，也是真正的原因。很多女人贪婪地享受爱情，不满足于一个男人，或者渴求花样翻新。而最后一个原因才是自己的丈夫的责任。有些丈夫吹嘘自己妻子的身体有多么美，爱情的艺术有多高超。有的男人会说："我的丽萨，身体像雪一样白，双腿像屹立的柱子，乳房硬实得好像大理石。"丈夫们乐此不疲地吹嘘着，讽刺作家们也严正地指出：谁若公开吹嘘自己的妻子，就不要怪别人追求她，不要怪自己的妻子虚荣地证明那都是实话，证明自己的美和爱情艺术并没有被夸大。

风流娘们儿

然而，道学家对于女人为自己的辩论却并不认同，他们的看法是：大多数女人和情夫搞在一起，都是因为淫荡。"如果妻子本就认为丈夫差劲，那就会更加深信他根本不行。"而这样，她也会更认为自己有权利背叛丈夫。

按照安东·德拉·萨尔的说法，女人眼中的情人还有很多优点。在求爱的任何阶段，情人都更加热情，不会像丈夫那么斯文。他将从妓女那里学来的乐趣传授给女人，他更加大胆，更加勇敢，给女人刺激，增加她们做爱的快感。安东·德拉·萨尔曾经这样说："有时候情人想与她交谈，而且不想等待。于是他会在夜里溜进去，躲在地下室或者马厩中，或者因为无法控制自

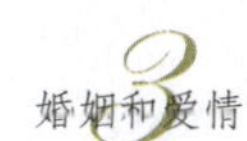

己，他会闯进她丈夫的卧室。对于这样的情人，女人百依百顺，对于他们的爱情更加炽热，尽管有毁灭的危险。”

女人们这种勇敢为小说家提供了很多素材，让他们可以编写讽刺笑话。薄伽丘、莫丽妮、阿德尔福斯、弗雷等人都有类似的作品，这些小说的中心往往是情人误把丈夫当成妻子，结果挨了一顿教训。或者妻子会在危急关头大胆撒谎，说“那是一只耗子在屋里乱窜”，不仅救了自己和情人，还可以让他能够在夜里拜访渴望爱情的她。类似的画作也不少，16世纪的一部法国法律汇编中，通奸这一章正是用绘画的形式来表现，可见在当时其凶猛程度。

自由的性关系与伤风败俗的行为

让一个女人违背誓言最有力的理由，就是使她们深信那个男人体力过人，这也是可以让她们的良心迅速平静的理由。这个原因可以让一个少女嫁给一个贫寒的男人，也可以让一个已婚的女人忘记关于忠诚的誓言、礼俗和阶级偏见。这个理由可以让一个公爵夫人赏识一个奴隶，让贵族女子青睐贩夫走卒，让修女忘记誓愿，让高傲的女人服从最粗俗的车夫，也可以激发女人施展花招去达到自己的目的。波乔、莫丽妮和考那查诺都证明了这个观察结果对于意大利女人是正确的，贝贝尔、弗雷和林德纳也观察了德国女人，布朗当等人观察了法国女人，英国纪实作家对英国女人的描述也是如此。有若干篇故事都是证明这一理由的，《贵妇

人们在舞蹈中打情骂俏

人爱上寄生虫》、《委身马车夫的修女》（这两篇都是莫丽妮的作品），《渴求男人之爱的公爵夫人》（选自弗洛本·冯·秦美伦伯爵纪实），《聪明人一点就透》（考那查诺作品）。此外，格拉蒙回忆录中所描写的英国宫廷命妇也是如此，这个观点很独特地在各国的诗歌、谚语、谜语和俗语中均有表现。

妇女不贞的原因常会成为讽刺题材，阿利奥斯托讽刺淫妇的作品是其中的代表。这些作品还被配图印成传单，风靡一时，还有很多当时常用的办法用意大利语和法语两种语言助其传播。这部讽刺作品的梗概是：贵族乔康多奉旨入朝，与自己的妻子依依不舍地道别，他认为自己的妻子美丽而贞洁。刚出门，他回想起将护身符忘在了妻子的床上，便又掉头回家，悄悄进入卧室之后才大吃一惊，他看到自己贞洁的妻子躺在一个仆人的怀中，两个人都睡着了，没有发现乔康多进来。悄悄离去的乔康多万般伤心，认为自己蒙受了巨大的耻辱。后来，当他看到王后躺在丑陋的侏儒弄臣怀中，才知道国王也逃不过这样的命运，这样重新梳理了信心。他和国王结伴到处漂流，携带了一个女友来共享她的爱情。虽然他们缜密筹划，以为不必担心她背叛，但他们又失望了。国王和贵族发现这个女人欺骗了自己，从而他们确信每个女人都会在诱惑面前背叛，于是便动身回家。最后，在丈夫的日历中再也没有不戴绿帽子的日子。

不贞的妇女

自由恋爱有悖于小资产阶级、农民和无产阶级的家庭利益，所以这些阶级的夫妇不贞的情形层出不穷，然而人们还是会认为那是一件不幸的事。在商人和市民阶层，以及宫廷贵族之中，情况则迥然不同。

前文提及，贸易利润的增加让妇女从家务中解放，她们可以做其他很多事，包括文学、科学和艺术等方面。于是，女强人便出现了。她们致力于学术和艺术，是女学者。而法语Virago的本意是悍妇，这些女人在经济解放之后想要理解自己以及自己对社会的态度，当然就要批判、修正两性关系，她们喜欢把爱情当作目的本身来思考。这一举动必然的结果就是较为自由的两性关系在阶级内发生并流传。考茨基说：“革命的大市民阶级以小伙子的胆气推翻了家长制家庭的基础一夫一妻制。”自由恋爱在这些阶级中成了可以做的事，后来逐渐发展，因为它不会对家庭构成威胁。

在这些阶级内，妇女解放完全建立在这样的条件上：妇女必须从参加生产过程的分子变成无用的剥削分子，新的性自由在这些阶级内反映的主要不是一般的解放，而是智力和道德水准的剃刀，更大程度上反映了根本的放荡。

妇女摆脱了最神圣的母亲职责，这样做并非崇敬科学，而是将科学看得比母性更重要，因为母性对她作为“奢侈品”的质量有不好的影响，不能让她完全、无节制地享受。“让别的女人来给她的孩子哺乳，以便让她的胸乳和身体保持光洁柔嫩。”如果这是社会的一极，是社会的顶峰和风化的堕落，那么作为不可避免的另一极便是处于瓦解和改革中的阶级，以及在这些注定灭亡的人中不可避免的风化堕落现象。丧失存在的历史权利，变成了普通社会寄生虫的阶级，以及处于充分发酵状态的阶级，都会让本阶级的成员出现性放荡的行为。这与发酵和腐烂是一样的。

在中世纪末，处于瓦解和改革过程中的，是骑士和农民阶级。

骑士的爱情不仅崇拜革新，而且也是腐烂的过程，它首先是作为腐烂的进程出现在生活中。如果从永恒的角度来观察，我们会认为它也有一层诗意的绚丽。骑士爱情创造了独特的文学作品，这些在整个文学史中都难以找到类似的。最具特色以及最重要的作品，就是人们传颂的普罗凡斯的《破晓歌》。它描写的是骑士和倾心于他的心上人分离，塔楼上的哨兵是他们爱情的守护神，秘密情人在晨曦之中听到哨兵吹响号角，那是为了让幸福的骑士离开心上人欢乐的床榻，以便躲避身为领主的丈夫，防止被当场抓住。

少女与骑士

“时间到了，该起床了，哨兵在黎明吹起来。相爱的人，听吧，记住吧，那是小鸟在林中歌唱，夜莺和别的鸟儿也发出清脆的啼声，它们叫醒我们，我看到天亮了……”

就算没有诗情的人也可以感受到这些诗歌散发的清新气息，让人可以感受到春天的空气。这些歌曲确实是人类文化的最高成就，是刚诞生的个人性爱的清新空气。

然而，艺术的镜子是晶莹的，当诗意的外衣被剥离，实际的情形又是另一番景象，除了腐朽别无其他。在理想化的后面，又是什么样枯燥无味的事实呢？婚姻是无休止的背叛，这就是这些歌谣的主旨。背叛丈夫是爱情的最高法则，骑士婚姻固然和一切统治阶级婚姻一样是契约型的，但只有公开的背叛和英勇地挣脱不道德的桎梏，才能让人心悦诚服。虽然当时的女人根本不想这样，但自然的报复总是以狡黠的欺骗方式来表现的，她们总是想让丈夫做别人孩子的父亲。

骑士把贵妇交给自己的喜爱的颜色看作是最大的奖赏和荣耀

一切的诗歌都是谈论爱情的奖赏，但具有决定意义的毕竟是最终的结果。很多场合中，最终的结果是不允许骑士所侍奉的女人怀上私胎的。很多贵妇允许骑士侍奉自己，最大的虚荣便是骑士使用她们喜爱的颜色。而对于骑士来说，心上人的拥抱则是他们孜孜以求的奖赏，也是名媛贵妇可以给予的最高赏赐。当时原始的文化将性行为看作是生活能够给予的最高享受，如果双方的胜利是欺骗了贵妇的丈夫，彼此也领受到了爱情的刺激和乐趣，那么贵妇怀上了骑士的孩子才算是彻底的胜利。有时候，贵妇会埋怨履行丈夫责任的情人，这种埋怨也是正常性欲的表现，女人将爱情赐予男人，她享受乐趣的权利也就受到了限制，这会让她们不满。不过，爱情如果没有了结果，反叛契约型婚姻的胜利就不算彻底。

“贵妇崇拜”时代的文学不会将事情说透彻，但这些文学作品却可以看到现象的本质便是腐朽。贵妇崇拜本身就是远离理想主义，其中有一条被很多的文字材料证实了。骑士在比武中为自己根本不认识的贵妇而战，让她的颜色获得胜利，以此来获得爱情的奖赏。洗澡之后吃喝一通，他就有权和贵妇同床了，而第二天他又要上路远行。这样的情形在沃尔夫拉姆·冯·艾申巴赫的作品中也屡屡提及。

骑士在比武中为自己根本不认识的贵妇而战，让她的颜色获得胜利，以此来获得爱情的奖赏

在我们看来，更可笑的是骑士失败之后的遭遇。他无法得到奖赏，只好空手而去，而他为之战斗的贵妇却在任何时候都不落空，也就是在任何时候都能得到不合法的享受。因为这时，她会让胜利者来代替使用她颜色的骑士，胜利者必须证明他不仅可以在男人的战斗中获胜，也可以在女人的战斗中获胜。换言之，生孩子的权利如今给了刚刚和她的朋友厮杀的人。

这样的事并不能说崇高，对于骑士的整个家庭生活都应这样看待。这是合乎逻辑的，因为这样的欺骗是互相的，整个骑士阶级都是夫妻通奸的群体。

骑士宣淫的场所大多在妇女的城堡住所，也就是她们劳动的地方。所有的女性仆从都是骑士的姬妾，他也有权对仆从的妻女为所欲为。如果他看中了谁，没有什么可以阻挡他的欲望。人们常说的“初夜权”，无非是从私有制概念衍生出的十分“自然的权利”。

此处所涉及的只是骑士阶级，而且是这个阶级中很小的一部分。贵妇崇拜的诗歌历来只是歌颂最高级最富有的大贵族，但是大量骑士都依附小贵族，并不会住在豪华的城堡中，而是住在和任何诗歌都没有关系的破败小屋中。胡腾·史特凯尔曾经描述过他的家传城堡，虽然这已经算不错的城堡了，但下层贵族的生活依旧没有任何诗歌可言。很多人都干过一些打家劫舍的勾当，今天得势，明天可能失势。在这种情况下，这个阶级的道德观念必然会粗鄙低下，在性领域中，他们的习俗和观点只能等同于当今他们的余孽——职业强盗。

事实确实如此，任何一个孤苦的女人，不管她穿着童鞋还是已届迟暮，只要落到那帮人之手就会遭受强暴。施暴者不仅是主人，还有仆从，就算对于朋友的妻女，他们也会这么做。每个人都在竭力地提前报复别人，先下手为强。有一句俗语可以说明这个问题："庄稼汉你杀他，他杀你。贵人们你给他生孩子，他给你生孩子。"

对于少部分定居的下层贵族，他们完全依靠农奴的劳动为生，不去抢劫是因为他们也没什么可抢，或者是因为城防坚固，抢劫风险很大。这部分贵族中的性道德没有那么野蛮，但也很放纵。符腾堡的冯·秦美伦伯爵在自己的纪实中举过一个典型的例子，可以很好地说明15、16世纪小贵族的风化堕落。在这些纪实中，谈及一位贵妇和骑士私通，但很多骑士的妻子还不如她，选择情人也不如她挑剔，"马夫、侍者、炉工和丑角"，甚至是农奴，她们都会欣然收纳为面首。有一个问答俗语这样说："农夫哪个月最忙？五月最忙，因为到了五月农夫还得去给他主人的老婆干。"

如此滥情，才有了本哈特·冯·普劳恩那个刻薄的说法：在大贵人和骑士之中，相貌丑陋的远比市民阶层要多。这也是一个奇异的事实，大多数贵人都是肮脏的庄稼汉和下贱的马夫的种。

如果下层贵族在经济上是无用的废物，是一个处于彻底瓦解的阶级，那么接近贵族并且和贵族有很多共同点的农民则是处于改造过程中的阶级。发展中的货币经济并没有将农民变成多余的阶级，农民必须从内部进行改造。这个阶级本身是为了满足自己和社区的需要而生产，到了商品生产的时候，城市对于食品和羊毛、皮革、染料等原料的需求也日渐增长。而农民则是这些物品的生产者，在大变革的影响下，农民的性道德观念也发生了变化。这样的变化首先表现为家庭内部的家长制关系的消失。

在新贵族亲自参与生产的地方，农民在经济上反而破产了，因为臭名昭著的剥削农民财产的过程开始了。贵族为了从事生产，需要农民的土地，但和封建时代相反的是，他们所需要的是没有农民的土地。所以他们要不断迫使农民破产，对于土地贪得无厌的贵族则使用罗马法，这一手法很高明，因为农民对于罗马法一窍不通。这个暴力进化过程，导致农民和城市无产者一样倾向于禁欲主义。在经济破产并没有产生以上结果的地方，家庭关系也出现解体，农民在两性关系上表现得日益冷漠。

人们用非常智慧简洁的一句话说明自己对于农民夫妻忠贞问题的观点：神父不用结婚，因为农民有老婆。几个世纪以来，农民都是大家嘲笑的对象，城里人很愿意强调农民的情欲是何等粗鄙低下，因为描述农民生活的文字也多是城里人的手笔。但这并不是因为城里人喜欢诽谤，而是因为农民不仅是受压迫阶级，还是市民的敌对阶级，将农民数落得一身毛病合乎市民阶级的利益。

把农民描绘成贪吃贪色而且傻乎乎的粗人，是因为市民想要贬低阶级对手，虽然总的趋向是要将农民说得一无是处，说他们是总是上当受骗的傻瓜。但考虑到这一点，我们要将这些坏话都打折过滤，只能说这是一种夸张的描述，将实情都夸张到了丑恶可笑的地步，虽然基本的轮廓中有正确的部分。农民确实愚昧而粗野，文化的低下便是原因，但这又是因为生存的经济手段简陋造成的。这种条件下，怎么能期望农民中产生较为崇高的道德观和细腻的道德感呢，对于他们，无拘无束的放纵本能就是最大的快乐。

我们确凿地知道农民中私生子的比例一直高于城市，其次也确凿地知道政府一直颁布惩治农村中奸污少女、通奸和腐化的法令，但收效不高。甚至最严厉的教会惩罚措施都不能取得预期的效果，这种道德堕落的痼疾自有其原因。

以强奸少女为例，这种现象在很多地方无法根绝，主要是因为很多青年无法结婚。按照通行的继承法，如果继承家业的长子没有一定的资产，或者父母不想将家业传给孩子，也不想安度晚年，那就会有千百个青年无法结婚。这个原因就可以说明为什么这些地方没有人认为私生子是丢人的，一切禁止婚前性关系的法令也都成了一纸空文。

法国版画《强暴》

农村的风气比城镇更放荡，雇工和女仆更奉行着“我为人人，人人为我”的法则。关于当时仆人的情况几乎没有任何确切的资料，因为他们之中没有史学家，但我们却可以了解到百年前的仆人生活状态，也知道这些条件在很多地方一直保持到现在。譬如在今天的很多地方，都有男女雇工在一个房间睡觉的现象，他们只穿着衬衣和长裤，或者衬衣和裙子。男女雇工混居在一个房间，只用木板作为分隔，不管是男是女，都要经过异性的寝室才能到自己的住处。这种情况之下奢谈两性关系中的羞耻心以及稳重，不啻是谈论犀牛的触觉一样滑稽。

此处当然不是在讨论“蓄意强奸”，当时的人们也不会认为这是“蓄意强奸”，人们都觉得这是很自然的，因为他们想象不出别的样子。就连姑娘本人也认为应该是这个样子，她不仅是欲望和暴力的对象，还以言辞和神态招引同伴上她的床，或者自己爬上他的床去。所以女人们并没有将这件事当作是丢人的事，只是认为这是生活中最愉快的娱乐。

骑士和农民之外，16世纪将骑士取而代之的雇佣兵也应谈一下。虽然雇佣兵是一个全新的社会群体，但必须放在这部分，因为他们的生活和下层贵族很相似，他们的风气也和下层贵族相仿。

在各国的浪漫主义者眼中，雇佣兵是英雄人物。但他绝不是真的英雄，至少在军事艺术上不算是。在15和16世纪，很多雇佣兵并非出身瑞士，而是德国提供的。德国雇佣兵是欧洲各国君主雇佣军的主力，他们在意大利、西班牙、法国、德国等所有国家征战，为任何一方的利益和君主当差都可以，所以常常会出现德国人打德国人的场面。

奇特的流浪欲和对士兵职业的迷恋，是德国的经济状况决定的。因为政治关系的紊乱，德国在经济上也非常脆弱。社会的新陈代谢要数德国最快，胡果·绍歌茨说：“这里有很多人被迫离乡背井，或者通过别的途径冲出社会土壤，变成冒险家。”由于发现美洲之后贸易路线改变，德国的经济发生大变动，让它不仅在经济上更脆弱，而且还将这种状况延续下去。几个世纪以来，德国人参加各国的雇佣军以及被认为天生的流浪欲，真正的原因都在这里。还应该注意，不管是当时还是后来，雇佣兵的主要成分都是城市分子，帮工、司书、堕落的大学生等，都是城市居民之中的蜕化分子。

雇佣兵的生活方式和整体面貌都具有纯城市的烙印，他们的习惯、社会条件、意识形态、信条等，都是以城市行会组织为榜样。这是由两个原因造成的，首先是雇佣兵一贯地敌视农民。只要雇佣军中有一半是农家子弟，就不会像当初那样残害农民。因为这都是城里人天然仇恨庄稼人的情绪流露。另一个很重要的原因，是因为这些雇佣兵主要是从城市流氓无产者中招募的，他们的性道德也是这些生存条件的产物，其放荡程度和强盗骑士阶层的粗野风气一样。

15、16世纪声名狼藉的雇佣兵

雇佣兵和强盗小贵族的生存条件都很不稳定，因此，雇佣兵对于生活也抱着今朝有酒今朝醉的态度。他们总是用尽暴力去占有女人，并不会提前做一番细腻的求爱。女人在没有男人保护的情况下出门，都逃不脱这种命运，因此，雇佣兵在奸污女人之后还会要求女人们的家人拿钱来赎。

关于中世纪骑士的劣迹，有位纪实作家有如下记述：

“女修道院最遭殃，连小姑娘都不能逃脱，老百姓的妻子更会被强行地从屋里拖出去。”关于16和17世纪雇佣兵的行为，这样的记录材料很多，雇佣兵谁都不会放过，不管是小姑娘、老太婆还是孕妇。只要是女人，都会遭遇到他们的强暴，尤其是在攻城略地的时候，他们会更加野蛮。攻克城镇之后，雇佣兵有权力为所欲为，他们利用这个权力去强奸妇女，然后将他们的兽行受害者杀害。有一位纪实作家记载了一座小城被攻占之后烧杀的情况：“城里和城外，有很多的已婚妇女和未嫁的姑娘甚至孕妇被强奸，一个孕妇被剜掉乳房，12岁的小姑娘被强奸致死，一位贵妇被搜身，他们想在她身上发现黄金，她又羞又怕，以致死去。当着丈夫的面强奸妻子和幼女，然后将她们带走，将他杀死等等。”

这种典型情景在30年的战争历史过程中可以列举出很多，这方面的进步非常缓慢，殖民战争中依然如此。只有农民和市民在个别情况下采取自助行动，才会稍稍遏制这种暴行。

此处关于雇佣兵所说的一切，都适用于当时形形色色的社会渣滓构成的盗贼。在关于16世纪巴伐利亚的记载中，有这样的记录："国内匪盗四起，都是过去的士兵和雇佣兵以及饥饿而且肆无忌惮的流浪汉，还有各种各样的流氓无赖。"在充斥于大街的很多无家可归的浪人中，有很多犯罪分子，也有很多强盗。而这些人和雇佣兵比起来，堕落的程度更甚。

那些可以恰当运用财富的上升阶级，这样风气的糜烂程度不亚于前者。但是革命的上层市民阶级和专制王公在性关系领域之中大胆放纵的社会原因，和下层贵族及农民有本质的区别，所以他们淫逸的形式也大不相同。当时，到处都在兴建金色的宫殿，对于发展狂热的肉欲崇拜，再也没有比这更好的基础了。因此，上层市民阶级和君主专制政权纵情于声色，其特点是肉欲建筑在高度的乐观精神和享受生活的可能性上，我们还应该看到，如果不是从事有益于身心的生产劳动，性本能会得到人为痕迹更深的发展。

人的生理力量和心理力量都没有消耗在谋求生存的斗争中，于是这些力量可以自由自在地用于感官享受，而且首先是性的享受。人们在巴克科斯和克瑞斯那里寻找乐趣，并没有让欲望和力量衰退，反而不断创造情色的思想、观念和作用，从而增强欲望和力量。

保罗·委罗内塞 《维纳斯和马尔斯》

对于一个有文化的人，爱情不再仅仅是繁殖本能的表现，而且也是一种追求更为绚丽个人生活的表现，是追求个人心理的丰富和成功的自我发展。一个人在和异性亲密的关系中，精神会得到极大地丰富，这是任何事都无法比拟的。

从本质而言，人是单殖体，所以他能够而且应该配对，这样才能丰富自己的个性，达到完全的内心和谐。但是人类没有可能通过这个方法使个体变成几个，也没有可能无限地丰富自己，人无法同时爱上几个异性，他只能复制爱情的动物性可视形式，把这种行为用到几个人身上。这种情况下，爱情只是一种娱乐，由个人和社会完善的源泉变成了单纯的享乐问题。

一旦爱情仅仅是一种娱乐形式，当肉体的娱乐成为奢侈的成果，就会经常地发生这种情况。多样化原则就会成为第一位的需求，人们追求同时和几个异性建立性关系的状态。凯撒斯堡的海勒写道："有的男人除了妻子，家里还养着妓女。"妻子不仅是男人的配偶，还是另一个或多个男人的情妇。有很多性心理学家从个别例子出发，认为这种现象是"女人天生爱卖淫"。但这只是社会一个平常的现象，由经济原因决定。《玫瑰传奇》中对于这一现象有很粗鲁的说法："过去和现在，她们都是婊子，或是为了赚钱，或是为了个人的欲望。"

在这个时代和这个阶级中，很多男人认为自己的妻子有情夫，或者给别的男人做情妇是很自然的事。通常并不是因为他们很大度，也不是因为他们有公平之心，认为自己的权利让别人享用是精致的要求起了作用。男人在妓女那里得到了更多的快感，妓女则可以更细腻地解决爱情娱乐的问题，因此男人要将自己的妻子变成妓女。他们达成默契，让妻子和情夫苟合的时候要避免怀孕，认为只有怀孕才让人丢脸。有辱名声的并非事实本身，而是笨拙的手段，如果笨拙地违反了爱情游戏的规则，便是可耻的。在他们的眼中，爱情不过是一场游戏而已。

由此可以看出，女人的不贞只是受到不妥当后果的限制。这些阶级的礼俗观念也发生了变化，一个丈夫尊重情夫的权利，让妻子和她的情夫在自己面前也不会感到尴尬，这样的人才会被认为是懂得礼仪的。

这个时代的女人如果怀孕了，并且是自己的丈夫让她怀孕，那么哪怕她在怀孕期间和其他男人私通，都会被认为是美德的化身。因为这种情况下，她的丈夫已经没有替别人抚养孩子的危险了。有一句广为流传的俗语便说："孕妇不可能不贞。"

在这种影响下，女人的生活哲学也发生了改变，有人说："女人一怀孕，就觉得不会伤害丈夫，丈夫不算戴绿帽子，于是对她的朋友们大开方便之门。"这种哲学的后果也有俗语："怀孕的女人更愿意上床。"但女人并不是任何时候都怀着丈夫的孩子，而她又不想放弃私情的乐趣，同时还要避免和情夫苟合产生后果，那该怎么办？办法很简单：不要只和一个情夫有关系，要有多个情夫。俗话说："同时勾搭多个男人的女人生不出孩子。"

贝克在吕贝克市历史中说："富绅的妻子因为被地位限制，不能有正式的情夫，但渴望爱情，于是为了弥补被剥夺的爱情乐趣，她们想到了这样的办法：1476年，吕贝克市富绅们的妻子在晚上蒙着厚密的面纱去酒窖，这些卖淫场所可以满足欲望，但不被人认出来。"

这些女人采取的办法就是罗马帝国时期的办法，这不足为奇，文艺复兴时代文明民族的经济形势和古罗马的经济状况非常相似。

豢养情夫和情妇，在宫廷贵族之中已经成了一种惯例，很多王公都有若干宠姬，也就是每个宫廷之中都有许多迷人的妓女随侍在君王左右，其中多数都是贵族宫廷女子。而市民也为王公的床笫之乐提供了许多妾室，英国国王亨利八世，曾经先后把两个面包师傅的女人召进王宫，法国路易十一也有几位市民出身的情妇，勃兰登堡宣帝侯约阿希姆一世和一个翻砂工的遗孀姘居，她就是以淫荡而美丽著称的喜多雯。索瓦尔曾经说过法兰西斯一世的宫廷，他说：这个宫廷之中的每一位命妇都必须随时应召满足国王的淫欲。

"国王喜欢在夜晚突然拜访一位宫廷命妇，命妇们的房间安排得让国王可以随时找她们，反正他有每个房间的钥匙。"其他很多宫廷也有这样的风气。因为在那个时代获得宫廷命妇的名号，便等于是纳妾。所以不管哪个朝臣，只要他的妻子特别美丽，就要在一二十年内和国王分享，还得在此后的多年中让一二十个其他男人、王子、宠臣同沐美人恩。对于贵妇来说这一切不是耻辱，因为公认的君主专制主义逻辑是："和国王同床，并不丢人；只有委身于小人，才是婊子。将爱情赐给国王和贵人，并不算卖淫。"丈夫们当然也知道这一点，有时候还会为了这个才结婚，这种情况下，妻子的"权利"会被公然写进婚约，以免将来纠缠不清。布朗当曾经说过这样一件事："有一位贵妇在订立婚约的时候，向丈夫索取到宫里自由地谈情说爱的权利，作为补偿，她每个月给他一千法郎作为零用钱。同时，她只管寻欢作乐，其他的事情一概不管。"

如果一个丈夫居然不接受君主专制主义的逻辑，就会受到教训，让他永生难忘。法兰西斯一世的宫廷中便发生过这样一件事，一位纪实作家这样描述道："人家告诉我，法兰西斯国王有一次想和他心爱的贵妇睡觉，她的丈夫手持佩剑企图杀死他的妻子。但是国王拔剑指着他的胸膛，不许他碰那个贵妇。他只要敢碰妻子一个手指头，国王就会亲手杀了他，或者下旨砍他的头。国王指着门，让那个丈夫滚，自己上床占了他的位置。贵妇找到这样一个保护人，感到非常幸福，因为丈夫后来再也不敢吭声，给了她充分的自由。据我所知，不仅是这位贵妇，有许多其他贵妇也受到国王的‘保护’。”

在其他专制君主的宫廷生活里，还有很多类似的事例，很多不甘受辱的丈夫为此付出了代价。要为王公情夫扫清抵抗，让他自由地走上合欢床，就要有人来替他做一些事，这个任务往往会有重金酬赏的匪徒来完成。

君主专制主义引发的第二个合乎逻辑的结论，就是这种论调：丈夫给王公的宠姬当幌子，掩护主人的为所欲为，并不算是耻辱。全世界的专制君主在这一点上都是一致的，并且还认为不仅是小人物，就连国家的高官显贵和家世久远的贵族，也应该承担这个体面的义务。此处还有一个例子，在普鲁士，黑鹰骑士团的首任团长考尔白·冯·瓦腾堡伯爵就曾经给腓特烈一世的宠姬担当过这样的幌子。不言而喻，专制王公在贵妇面前的地位高于她的丈夫，其他的情人也不在话下。如果掌握了秘密钥匙的君主想要和贵妇倾心交谈，她的丈夫或者情人先他而至，就必须要让位。历史上有很多的文献可以说明这一点，以美貌博得宠爱的贵妇，她的丈夫在夜晚不得不离开妻子的床铺，因为他至尊的主子要来拜访她或者召她去寝宫。有时候，丈夫来不及撤退，只好躲在角落里目睹对手“建功立业”。亨利二世的宠姬狄安娜·德·普瓦蒂埃就是一个玩世不恭的典型。“有一天晚上，亨利敲开了狄安娜·德·普瓦蒂埃的门，布里萨克元帅恰好在她的房里。布里萨克没有办法，只好躲进床底。国王进来之后，假装不知道布里萨克来过。然后他要吃东西，狄安娜端了一碟糖果给他，亨利吃了几颗之后，忽然将一把糖果扔到床底下，大声说：吃吧，布里萨克，人

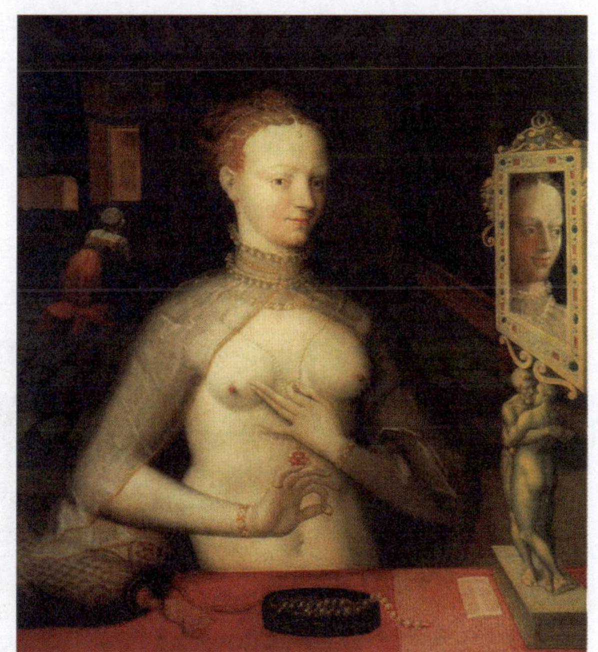
亨利二世的宠姬狄安娜·德·普瓦蒂埃肖像

人都得活！”

这种尴尬的局面并非绝无仅有，朝臣们不得不逆来顺受，就算这位至尊的朋友将性病赏赐给他的妻子，又传染给他，他也只好一声不吭。此类的烦恼是他们为了在朝中飞黄腾达的地位而付出的代价，索瓦尔说法兰西斯一世一生都没有治好性病，因此整个宫廷的所有的人都有性病，连王后都未能幸免。

宫廷之中的口味越来越细腻精致，比较起来，上述的不过是一些不足挂齿的小事。这样的精致的第一表现便是大家喜欢让第三者观看秘戏。布朗当讲述过类似的事例，这样的淫乐听起来骇人听闻，但只是精致享乐的开始。大家一起来做爱，就像大家一起来喝酒一样平常。

这种风气最盛的不是马德里、巴黎或者伦敦，而是罗马。罗马历任教皇如波奇亚、罗伟烈等人的宫廷都有这个戏码。在梵蒂冈，除了可以发号施令的教皇之外，周身铺满金银而且精通爱情艺术的交际花也可以这样做，就像华诺察、茱莉亚·法奈泽以及其他十来个教皇的情妇，她们每一个人都住着豪华的宫殿，教皇甚至还会为她们建造教堂。

纪实作家的作品之中，有很多骇人听闻而且非常猖狂的秽行，在教皇亚历山大六世的宫廷里，做爱也是一种表演，美丽的妓女和强壮的仆役做这样的演出时，整个宫廷都会来观赏。

风靡于罗马的流行，很快就会成为巴黎和伦敦的时尚。从罗彻斯特公爵的记录中可以获知，亚历山大六世和他的朝臣们所激赏的娱乐，近一个世纪之后，在英王查理一世的宫廷中也获得了青睐。腐化得如此猖狂，于是形形色色反自然的秽行也开始蔓延，兽奸、同性恋等都盛极一时。人们由于吃得太饱，就要寻求新鲜感，而且要求花样不断翻新。阿雷蒂诺在他的《猥亵十四行诗》中歌颂的秽行相对来说还

亚历山大六世（1431—1503)是罗马教皇史上第二百一十六位教皇，也是历史上最为声名狼藉的教皇之一。在他的统治期以谋杀、贪婪和淫乱闻名于天下

算是文明，布朗当这样描述莎士比亚时代英国宫廷之中伤风败俗的事情：“一切的体统和面子，都和自尊心一起被抛弃。就连全心全意崇拜并捍卫詹姆士一世的老迪斯累利也承认宫廷的风气坏到了极点，人们无所事事，挥金如土的朝臣恶习极深。”他引用了德莱顿的《蠢人》中关于这个圈子里绅士淑女的诗句：“He is too much woman and she is too man（他太像女人，而她太像男人）。”

这个圈子里的人都不想放弃由历史状况决定的淫乐权利，如果女人为了环境所迫，无法公开使用这个权利，她们就会暗中变本加厉地寻欢作乐。德国人福贝格曾经写道：“贵妇淑媛让她的仆役做微妙的事情，因为奴仆在贵人的眼中不是人，所以在奴仆的面前不用害臊，就像在动物面前一样。根据俄国贵妇所说，她们只有在同等地位的人面前才会脸红。”

如果和听差之前的勾搭出现危险或者缺乏乐趣，贵妇就会通过皮条客来安排陌生人或者外国人和自己幽会。这些人自始至终都不知道和自己幽会的女人是谁，这样的艳史不仅被丑闻纪事大量收录，就连严肃的文学著作中都会出现。格里美尔斯豪森的长篇小说中，主人公辛普里奇·辛普利西莫斯是一个正派人，但却在巴黎有这样的艳遇。作者将这艳遇写得非常详尽优美，如同他一贯的风格。在书中三位主人公经过什么人故意安排之后，见到了长身玉立的辛普里奇。深夜，皮条客带着辛普里奇绕进了王宫，先让他洗澡，身上涂满香料，还让他吃了兴奋剂，好使他血脉贲张，四周都环绕着袒胸露肩的迷人美女，一切都在刺激着他的情欲。经过这些准备之后，他来到了一个漆黑的房间，不知道自己是和谁柔情缱绻，只知道那是一个美丽的淑媛。这种艳情故事每天都在重复着，持续好几个星期之后，每一夜都会换一个名媛，直到辛普里奇羸弱不堪地生病了，才被放出这个爱情的密窟。公主们如愿以偿，赏给了他一大笔钱作为酬劳。

不过在很多其他的艳遇中，结局并不会这么美满。一旦秘密有暴露的危险，就会乐极生悲，会有歹徒或者同谋者将匕首刺进主人公的好梦之中。

淫乐并不是目的本身，不仅是潜藏在时代深处的强烈情感和欲望的喷发，大多数还是达到目的的手段。爱情自从有了商品的性质，在这个肉欲横流的时代就成了最畅销且昂贵的商品。维纳斯在大街小巷和广场之上恬不知耻地展示着她璀璨的美，尤其喜欢在权势者门前表演。

对很多年轻的贵族女子来说，美色就是她们的资本，并且可以为她

拉皮条的丈夫

们带来高额的利润。英国人威尔逊曾经这样介绍16世纪末的英国宫廷："由于父母大肆挥霍，很多年轻的贵族女子经济拮据，她们将自己的美貌当作资本，到伦敦出卖自己，以牟取巨额的终身年金，或嫁给富有的大人物，人们将她们看作是有智慧的仕女。"

很多贵妇满足了权势者的怪诞淫欲，为自己和丈夫赢得了社会地位。王公了解朝臣能力往往要靠这些朝臣的妻子在爱情方面的才能。妻子、女儿、姐妹的美可以让最复杂的法律纠纷迎刃而解。在很多法官的眼中，要想开脱一个被告，最有力的证据和最重要的理由就是被告妻子那美丽的胸乳和迷人的腰身，尤其是当她可以将他接纳进伊甸园的时候。布朗当曾经说过："丈夫常常将妻子留在法院的走廊或者大厅，自己却回家了。他们深信妻子可以将案子办得更好，解决得更快。不过他们的妻子后来往往会有喜。"

很多国家的历史实例都可以证明这段话，这样的现象也引出了不少的俗语，"上法院，要带上老婆"，"年轻女人的论据驳不倒"，"女人美丽的身体，比十个律师的论据都管用"等等。

因为淫乐是达到目的的手段，所以贵族阶级一贯认为贵族家庭的女儿才可以充当君主的情人，这个权利被当作是世代相传的特权。如果不是这个原因，贵族就会心甘情愿地将这个权利让给市民阶层，而实际情形是他们不许市民阶层染指。

为了维护充当君主情妇的权利，贵族采取了很多并不高尚的手段。一旦有市民阶层的女儿战胜了贵族情敌，市民就会扬眉吐气，其骄傲程度和贵族手段的卑劣程度成正比。平民的女儿或者妻子如果成了贵族的情妇，不仅是光耀门楣，而且也会交好运，整个市民阶层都为她骄傲，将她视为整个阶级的荣幸。纪实作家写道：巴黎的布尔乔亚因为国王从他们中间挑选情妇而极其骄傲。后来国王在第戎挑选了羽格特·雅克琳，在里昂看中了日格尼小姐，这两个城市都备感荣幸。从一般人的态度可以推测，市民的女人当然也是不断竞争，都想当上国王的情妇。

按照这些社会普遍的看法，一个美丽的女人当上国王的情妇，是她最大的幸福。但若能获得公爵、伯爵、红衣主教、主教甚至普通贵族的赏识，也是一种荣幸。毕竟教皇只有一个，国王也不多，荣华富贵却是大家都向往的，为什么不将妻女神奇的资本奉献给有钱有势的贵族呢？

妻子在风月场中获胜，市民会因此而骄傲，这是历史状况的自然反应。在君主专制主义占据上风的地区，例如巴黎、伦敦、罗马、维也纳、马德里等，还有很多主教区，整个布尔乔亚阶级很快便在经济上依附宫廷，在境遇上也自然而然地接受了宫廷的“道德”。君主专制主义的宫廷不可避免地成为恶行的中心，只有那些以小手工业作为社会主流和政治主流的城市，才保持了比较良好的风气。

历史发展的必然结果，让特殊的宫廷道德在大城市里成为公认的社会道德，因为城市的风化观、淫乐方式都和统治阶级相同。

很多男人会起劲地给自己的妻女拉皮条，这样的家庭其实是乔装的皮条企业，丈夫为妻子拉皮条时，“他们会对情夫说：我的妻子对您很有好感，甚至爱上了您。您去看看她，她会很高兴。你们可以聊聊天，开开心。”也有一些丈夫会开导妻子说：“有个人爱上了你，我很了解他。他常来我家，亲爱的，你要是爱我，就对他亲切一点。他能给咱们带来不少乐趣，和他来往会对咱们有好处。”

丢勒的版画《戴绿帽子的丈夫》

当这位朋友到来时，那位美丽的妻子会独自在家，而且穿得单薄诱人，连最笨拙的男人都会找到恰当的言辞：“一个聪明的妻子怎样更好地满足丈夫的欲望？”那个机灵的女人就会抓住时机说：“这个家伙一旦着急，就会破费金银细软，衣服和鞋子。”

如果连贵族都用这么不含蓄的方法来推荐自己的老婆，那么平民就会更直截了当地做买卖，凯撒斯堡的海勒曾经说：“他们没钱了，就会对妻子说：弄点钱去，你去找那个神父、大学生或者贵族，借个金币来。借不到就不要回家，好好挣点儿钱吧。于是她就出去了，离开家门时，还是个规矩正派、笃信宗教的妻子，但回来的时候已经变成了一个婊子。”

慕纳的《傻瓜赌咒》中有一段话说：“让你得场病！你要不给我买衣服，我就去找神父，找修士，找贵族，他们会给我买衣裳，我跟大家一样，拿我的身体来付账。”

当时，这些阶级将妻子的不贞和妇女的性开放看作十分自然的事，但并不能因此就认为这些事简单又安全。也有很多丈夫和这些人截然相反，他们激烈地捍卫自己在婚床上的特权，这种情况下，妻子搞婚外恋就要冒着风险。有不少的文献记载和美术作品可以让我们了解这种报复行为，权利被别人侵犯的丈夫会采取的报复惩罚手段也是花样繁多。使用最广泛的惩罚手段，就是丈夫会痛殴奸夫淫妇，这在任何时代都通行。他常会将街坊集合，让奸夫淫妇当众出丑。不过只有蠢汉才这么做，他们忘记了这是将自己的耻辱昭告天下，让别人耻笑。只有杀死奸夫淫妇，才可以避免这种耻辱。有些小人非要当着妻子的面，将情夫百般折磨之后再杀死他，小说家曾经讲过这样的报复行为。另一种小人的报复行径，则是丈夫会割掉情夫的生殖器，妻子还要当场观看这令人毛骨悚然的手术。被戴了绿帽子的丈夫所能做出的最残忍惩罚，出自一个意大利贵族之手，他自认为自己在爱情方面天赋异禀，但是却满足不了他的妻子，最后导致她出轨，勾搭了不少的男人。这个贵族说：“让她这辈子至少吃饱一次吧！”他将这个女人交给了12个轿夫和船夫，赏钱给他们，让他们肆意糟蹋，直到这个女人在第三天咽气为止。

很多丈夫对于妻子的不贞不以为然

“贞操带”

被背叛的丈夫残酷地报复着，而有先见之明的丈夫也采取了残酷的手段来保全妻子的贞洁。在文艺复兴时代，丈夫保护妻子肉体纯洁的方式便是器械。

当时的生活哲学很重视道德说教的效用，不遗余力地颂扬贞洁。但是聪明的丈夫还是认为应该更加保险，最好是设置一些障碍，让魔鬼不敢胡来。小心谨慎的他们为了达到这个目的，认为任何对道德歌颂的方式，都不及那个牢固的器具，它可以“把尘世爱情伊甸园的门紧紧守卫”。妻子自知无法满足情人的要求，只好谨守妇道，以一种凛然的姿态拒绝求爱的情人，坦然地和自己的邪念作战。

丈夫们的哲学，促成了贞操钢铁卫士的出现，这种发明叫作“贞操带”或者“维纳斯之带”。它能够让佩戴的女人自如排泄，却无法行房，配备了一个复杂的锁，而钥匙只有丈夫、情人或者未婚夫才有。

16世纪的贞操带

在防止妇女不贞的器具之中，“贞操带”绝不是唯一的器具，民间还有很多的办法，类似今天巴尔干半岛仍在使用的方法。弗·施特劳斯是研究巴尔干半岛风俗最杰出的专家，他的著作《Antropophytheia》中曾经介绍过几种办法，可以在女性的性器官之中塞进一种东西，却难以取出。或者会滴入一些酸性物质引起炎症，

法国画家皮埃尔的讽刺画《手绘贞操带》

稍微碰触就会产生剧痛。在文艺复兴时代，这种方法的使用我们并不了解，但根据现象和逻辑，依旧可以判断出当时的男人为了维护自己的权利所使用的残酷手段，和今天相比，有过之而无不及。

对于“维纳斯之带”的使用和普及程度，我们有充足的材料可以说明，这种手段应用于多个国家，并且长达几个世纪。最近，有人怀疑这种器具的真实存在性，因为理想化的浪漫主义者不愿意承认过去有这么残忍的事，至少要将它推移到中世纪，推移到十字军东征的时代。这样一来就会为这种器具找到正当的理由：骑士在迫不得已的情况下使用了这些器具，因为他们要避免妻子遭受强奸。

有人否认贞操带的真实存在，认为是后代的色情妄想。林茨的帕星戈便收藏了真品的贞操带，在奥地利一座公墓中出土的女尸身上，他发现了一个真正的贞操带。这个女尸是16世纪的年轻女人，姓名和身份都无从判断，但从她的锡棺来看，应该属于上流社会。

在慕尼黑国家博物馆、马德里王家珍品收藏馆、威尼斯艺伎伦敦图索博物馆、普瓦艾迪博物馆，都收藏了真品的贞操带，这些属于文艺复兴时代的贞操带没有一个是早于15世纪初的。

为了从风化史的观点来评价这个器具，我们首先要知道当时是谁在用它，以及使用的程度。第一个问题的回答是当权的和有产的阶级，商业大资产阶级和君主专制政权集团。而第二个问题对于普及程度的考虑，则要看这些阶级有经济社会联系的集团，他们最多使用贞操带，而且不是个别现象。当然，这也不能说明这些集团的大多数女人被上了锁。

经过艺术加工的贞操带往往会镶金银花纹，非常精美，也非常贵重，由此可见它的使用者有一定的社会地位。根据最普遍的说法，贞操带的发明者是帕多瓦的暴君弗朗切斯科二世，也有人认为它是贝加莫制造的，所以也将贞操带叫作“威尼斯栅栏”或者“贝加莫锁”。当时有一句流行语：“用贝加莫的办法将老婆或者情人锁起来。”可见这个器具当时已经

在多个地方同时出现了。

在当时，贞操带的存在是名正言顺的，从人们谈论它的口气中就可以看出来。一个年轻人求娶女儿，母亲就会平静地说出女儿从12岁就戴上了贞操带，而且日夜不离身。也有人将未婚妻是否是处女看得很重要，碰到她的胯骨时，摸到了衣服里的铁带子，就会表示满意。新娘被送入洞房的时候，新郎会从新娘母亲的手中接过保管多年的钥匙，用它来打开精工细作的锁，而他也将是这钥匙唯一的主人。新郎要首先查看那锁，然后会得意洋洋地告诉门外的新娘父母和宾客："锁和大门完好无损。"

在有的地方，"维纳斯栅栏"是在婚礼的第二天新郎送给新娘的礼物。当她还天真地不知怎么办时，新郎就会解释为什么会佩戴这个奇怪的饰物，并且亲自为她戴上。"从此就可以杜绝罪恶的爱情"，妻子只要不能和丈夫同宿，就要戴上这个"清白女子美德的最佳卫士"。富商和封建主要出门远行的时候，会"给他淫荡的妻子找个最可靠的保全贞洁的朋友"，这个朋友就是铁笼头，能够让淫荡的妻子遵守规矩。

麦沃齐乌斯曾经描写过一个未婚妻和一个青年女子的谈话，说出了贞操带的外观和构造。

"屋大维娅：最近我听到茱莉亚和我的母亲谈论贞操带，我想象不出那是个什么样的带子，能够让女人坚守贞操。

"茱莉亚：我来告诉你，那是一个小小的金格栅，用四条绸缎裹住钢链，巧妙地挂在黄金打造的腰带上，两根钢链在前，两根在后，从左右两侧吊住格栅。在身后，胯骨上方有一把锁，锁住带子，用一把很小的钥匙才能开启。格栅六英寸高三英寸宽，把胯骨和小腹之间的位置全部罩住。"

从这一段话中可以发现，除了那些流传下来的贞操带，还有其他构造的贞操带存在。"维纳斯之带"在德国的使用，可以从以下事实中发现：在奥登瓦尔德的艾尔巴赫堡保存的一条贞操带上，刻着一行字："我们想告诉你们，这锁让我们女人吃尽苦头。"

贞操带

布朗当曾经撰文介绍法国人使用"维纳斯之带"的情况："在亨利二世时期，一个商人将这种锁住女人性器官的器具带到了圣日耳曼地区的集市，这些用铁打造的器具可以从下面套到腰部，然后锁起来。这个带子十分精巧，可以让女人无法领受爱的乐趣，带上只有几个小孔供她方便。”

考那查诺撰写过一个故事，讲的是几个商人要出国一段时间，他们用这种方法让妻子保持贞洁。“这里有一个商人，他有个美貌的妻子，他要出国，可是对妻子又不放心，因为很多人都爱慕她。于是他决定让她没有办法胡来，他做了一具塞米拉米斯发明的亚述式腰带，他让妻子戴上这个带子，自己揣起钥匙，放心地去东方了。”

拉伯雷也曾经提到过“贝加莫之锁”，说它是为了防止妻子不贞洁的保险装置，所以每次出门都应该给女人戴上它：“每次出门的时候，若不用贝加莫的办法将妻子锁起来，那就要见鬼了。”

从以上资料之中，我们可以看到贞操带在各国各阶级都有广泛使用，从而可以理解历史对这个问题的辛辣讽刺，这一点非常重要。当贞操带发明的时候，也有人想到可以偷偷配备钥匙，将贞操带卖给丈夫的商人，也可以出售一把钥匙给妻子，这就是“抗道德的解药”。有一句俗语简明地说出了历史的寓意：“一个不想自卫的女人，你给她戴上贞操带也是白搭。”

如果有一个贵妇被丈夫戴上了贞操带，但是她手中又没有钥匙。想要得到她芳心的权势者看到这样的障碍，可以轻易地找到能工巧匠，在几个小时之内就可以打开锁，或者再配一把钥匙。情人可以随时打开妨碍他前进的大门，不会引起丈夫的怀疑。克列芒·马洛的嘲讽诗集中详细地说明了这些事情，这件事中的勾引者还是法国国王法兰西斯一世，他就如同大卫王在世一般，而乌利亚则是国王的侍从岛松威利耶男爵，他的妻子是一个美人。男爵夫人对于勾引自己的人，也和她的前辈一样欣然相许，心甘情愿地让能工巧匠打开锁，为情人敞开伊甸园的大门。

在小说中常可看到类似的故事，罪恶的爱情总是可以达到目的，因为爱神总是可以带来实现愿望的力量。这个情节也常常出现在画家笔下。“爱神阿穆尔啊，我的爱情被上了锁，快将它打开吧！”于是爱神就殷勤地带来钥匙，满足贵妇的愿望。有一幅精美的彩色木刻作品，据说出自彼得·弗列特纳之手，

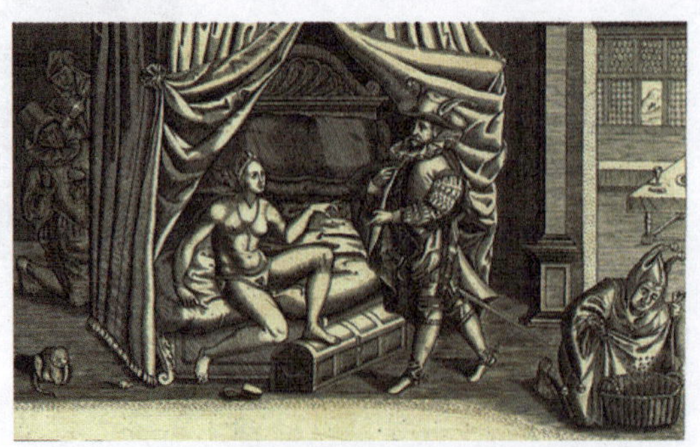
给妻子戴贞操带

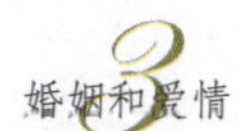

所描绘的也是这个题材。一个年轻的男人骄傲地对同伴说："我有开这种锁的钥匙。"美丽的贵妇欣然掏钱买钥匙，而钱则是从她年迈的丈夫口袋之中掏出。

很多女人自己手中就有第二把钥匙，她们会将这钥匙和自己的爱情一起奉献给情人。阿尔德格雷费尔的木刻画中，有一个美丽的贵妇戴着贞操带，她将钥匙递给拥抱她的年轻情人，而这个情人则显得很诧异。在麦·谢德尔的纹章上（见右面插图）也有一个美丽的戴着贞操带的女人，她拿着钥匙和鼓鼓的钱袋，似乎是在招徕旁人，看上去就好像要拿出奖金来给情人，以犒劳他为爱情做出的努力。

但我们所说的历史讽刺并不止这些，发明贞操带的时代也发明了第二把钥匙，让防备妻子的措施都落空了，这很奇怪，但最奇怪的并不是这个。最大的讽刺是，贞操带让善妒的丈夫失去了警惕心，贞操带才是妻子出轨的罪魁祸首。很多妻子都在利用这样的机会，就像俗语所说的："有锁的贞操带只能让老婆更加不要贞操。"这句话将贞操带所有的事情都概括了出来，在一本叫作《当代仕女明鉴》的小册子里，曾经记载道："我认识的一些妇女，是全城著名的贞洁楷模，但是她们却都有一个或几个情人，而且一年里都要换几次。其中还有几个和情人生了孩子，很多女人宁肯跟情人或者陌生人生孩子，也不愿意怀上丈夫的种。这样的女人也戴着威尼斯锁，而这个锁被认为是防止妻子不贞最佳的器具，所以在她们丈夫的眼中是非常安全的。"这就是贞操带习俗之中最大的讽刺，它才是让女人变成婊子的原因！很难想到比这更为怪诞和滑稽的讽刺了！

对于一个风化史学家而言，对文艺复兴时代贞操带的发明应该做出什么样的结论呢？当这个器具在各个阶级中广泛使用的时候，他会认为是为了防止妻子不贞而设置障碍，使用保护贞洁的器具，原因在于羞耻心的自然保障不足。贞操带的出现，明确地说明了我们在述评文艺复兴时代性面貌时所谈到的几个观点，也是本章之中最重要的尾声。在我们的眼中，文艺复兴时代的爱情观是纯肉欲的，贞操带的使用也说明了我们的看法，并且证明了粗鲁在爱情之中占据上风，证明两性互相求爱的过程中人们更倾向于简洁，总是采取直奔主题的办法。最后，也可以明确地说明一个最主要的事实：文艺复兴时代，就是一个色欲横流的时代。

第四章 教会风化

在谈论文艺复兴时代的教会时，我们所指的是罗马天主教，因为路德教和新教的原则在经历了很长时间之后，才对社会风化和个人道德起到了重大的影响。

文艺复兴时代的教会

罗马天主教掌管着整个基督教，也影响了各个阶级的公共和私人生活，在欧洲文化和当时的基督教国家中，从来没有一个社会团体像它那么强大。在整个中世纪，罗马天主教的势力都所向无敌，在最早的宗教改革萌动之后，还延续了几个世纪。后来的一些小团体和宗教，在经过了很多国家的变革之后才开始摆脱它的影响。

在欧洲的人类机制中，罗马天主教会是一个重要的组成部分，它的生存条件促生了独特的性道德观念，在理论和实践过程中都成为总的公共风化和私人道德的重要组成条件。也正是因为这个原因，这个团体中的主流风化以及它对其他阶级带来的影响，需要在本章之中专门论述。

在冲突的过程中，人们不会意识到纯粹的形态，只能认识到转义。这一点和前文中论及的一样，冲突在意识形态之中的反映，人们只能看到外

罗马教廷的广场

罗马的亚历山大六世（1431–1503年）教皇以谋杀、贪婪和淫乱闻名于天下，是历史上最为声名狼藉的教皇之一

壳，而看不到内容，也永远看不到驱动的力量。因此，人们常常会混淆因果关系，过去的这种情况比现代要多很多，原因也很相似，因此人们总是错误地解释宗教改革运动。思想史学家将延续了几个世纪的宗教改革战争看作是被奴役者的精神暴动。换言之，只是宗教基础上的纯精神运动。谁都不曾料到，宗教改革战争是大规模阶级斗争的典型表现，阶级斗争也是激烈的纯经济利益的矛盾引发的，而且完全以这些经济利益为基础。

尽管没人想到，但事实却是如此。

此处要声明的是，主要责任应该让后世的历史学家来承担。当波澜壮阔的革命在公众的观念里被缩小成神父们的内讧，认为他们只是在讨论圣餐礼仪或者教皇赦罪等神学问题的学术辩论，那么当时的人就比后世的历史学家更明白宗教改革战争的本质。这并不是因为当时的人懂得历史的规律，而是因为人民在和罗马教廷的冲突中，带出了鲜明的经济因素印记。战争的后果十分明显，除非故意视而不见，才会看不到宗教改革运动其实是一场经济斗争，是经济上受到剥削的人在反抗贪婪剥削者的斗争。

罗马和罗马教会便是我们所说的剥削者，它的剥削对象是整个基督教世界，尤其在德国更为猛烈。大家都深知钱的意义，这个斗争的意义需要动员很多教授来掩饰，用一大堆意识形态的妥协来抹杀它，这些行为的余毒到今天还依然存在着。

教会的经济基础

当时的人很清楚罗马关心的是钱袋，而不是他们不灭的灵魂。所以他们想要摆脱罗马的主要原因，也是保护自己的钱袋，但是他们对事件的因果关系却是从意识形态上去思考的。反抗教廷的斗争既然是自觉的，也就具有意识形态为主的性质，意即道德上的义愤对教会体制的道德败坏，他们把道德败坏看作是教会衰落的全部原因，却看不到道德败坏的真相，看不到进化过程中教会失去了的实际内容。道德败坏只是这个过程的结果，人们不明白只有教会覆灭，这个后果才能消失。

现在，当我们再次回头观望，会发现这种斗争方法的错误。对事物的本质认识不清，让最激烈的反抗教廷的斗争往往半途而废。但这些斗争也带来了一些重要的成绩，意识形态将道德败坏看作是最终决定性原因，为了表示反对，在这方面为风化史提供了丰富的资料，让这些资料不至于被湮没。在这本书中的每一行字，都在强调这些话适用于一切历史现象和阶段，尤其适用于罗马教会的风化问题，因为这个问题不管是朋友还是敌人，都在耐心探索。新教徒想要通过这个途径战胜罗马，而很多正直的天主教徒则认为只有清除自身的污点，才能复兴，将唯我独尊的庄严恢复，达到重现辉煌的目的。

教会的钱都来自于信徒的奉献

独身的僧侣

僧侣与修道院是罗马教会的中坚力量，他们支撑了教会对于整个基督教世界的统治。在“开明”的历史学家看来，僧侣靠着祷告和抄写福音书获得了统治地位，再也没有比这更荒谬的观点了，僧侣们恰好是用相反的方法才取得了权力。

修道院作为最早的文化发源地和中心，在很长时间之内都占据了这个位置。最初的手工业也是从修道院中产生的，第一批纺织工也是在这里诞生的。僧侣们是最早酿酒的人，也是推行土地合理耕作制度的人。民众都是从僧侣手中学习到这些技术，还学会了纺织毛线、织毛衣以及耕种技术，并且让生活变得更加多姿多彩。修道院是技术进步的发源地，并不是偶然造成的，这是因为它最早使得劳动力集中，而这又是一切技术进步的原因。修道院积极地率先推行集中劳动，而且不遗余力，商品生产也从中产生。

修道院内修士们在开会

因此，修道院可算是第一个强大而富有的商人，这个地位也持续了好几个世纪。在修道院中，可以购买到一些商品，并且都是高品质。“修道院制造”就是高质量的代表，当然不是因为这种劳动体现了神恩，也不是宗教的虔诚让织布梭子飞得更快，这一切只是因为一个简单的经济原因。人们在修道院中不仅是资本主义利润积累的工具，而且在共产主义基础上劳动，结果也是这样：它将个人利益提出的任务结合起来，让劳动过程和产品都得到了改进。

就是这样，修道院成为最早的也是最主要的文化生活中心。为了自身的便利和生存，修道院开始修桥铺路，开垦土地，砍伐森林，他们还治理沼泽，建筑堤坝。修道院的院墙是最早的要塞，每当有敌人来掠夺，附近的居民就可以到此避难。修道院和教堂不仅是和魔鬼作战的堡垒，也能够抵御敌人入侵。这一切都让宗教教义获得了增加，我们不该忘记，哪怕是最好战的僧团，也几乎一贯是作为朋友来到这片土地上，在中世纪体现出进步的理念，体现着进化所决定的历史逻辑。

修道院和僧侣不仅在技术和经济领域中发挥作用，在智力创作方面也同样有所贡献。在中世纪，修道院就是唯一的学术中心，这里有最早的医生，可以治疗人畜，远比巫医高明。人们还可以在这里读书、学习，修道院将书法艺术发扬光大，妇女解放运动也在这里诞生。早在有产市民阶级形成几个世纪之前，修道院就解放了妇女。我们只需要看看数不胜数并且学识渊博的女修道院长和作家嬷嬷就可以明白。这里之所以可以实现妇女解放，是因为具备了最早有利于妇女解放的经济条件。相同的原因之下，修道院中各门艺术都发展得极为旺盛。很长时间中，修道院就是艺术的庇护者，中世纪的大多数艺术品都是修道院订购的，包括那个时代最伟大辉煌的作品。

所有这些现象都可以说明僧侣和教堂可以统治这么多世纪的原因，这才是他们获得权力的真正原因，绝不是那些祈祷和唱诗。

僧侣的主要生活原则便是独身制，要理解这一现象的本质，就要理解它的历史制约性所带来的后果，也要将它放到上述条件中去考察。“开明”的思想家对于独身制的认识和他们对于僧侣权力的认识一样谬误，启蒙书籍将这种独身制看作是人类心智的错误。当然，很难有一个简单的说法可以解释一个如此广泛存在的历史现象。但幸运的是，在这方面出现愚昧错误的主要是历史学家，而不是普通大众。

独身的僧侣和修女绝对不是人类心智的谬误，而是特定的社会条件下所产生的必然结果。修道院之中实行独身制，“不是证明修道院的创立者是白痴，而是证明经济条件有时候比自然规律更为强大”。在修道院诞生的历史中，可以找到这个问题的答案。修道院的由来和出发点虽然各不相同，但大多数修道院只是穷人为了生存而组成的团体，就像是古希腊自给自足的大家庭，只是修道院的规模更大一些而已。因为这个原因，修道院中有很多人力劳动，最杰出的修道院创立者如安东尼、巴希尔和努尔西地方的本尼迪克特等人，都规定了人力劳动是全体成员都要履行的义务。

修道院首先是一个经济组织，按照经济组织的特点，它力求“依靠成员的力量解决一定人群的社会问题”，之所以披上宗教的外衣，也是由时代决定的。早期的基督教站在共产主义立场，对于古代世界持反对态度，当时的生活条件无法实现共产主义，“却制造了越来越多的无产者，同时也需要越来越多的共产主义组织”，修道院正是这样的组织。

修道院是要求共同使用生产资料和消费品的组织形式，共同的经济和个人私有制之间大不相同，那些企图保存私人生产资料的地方，很快就会面临组织的解体，所有的共产主义公社都是如此。人们放弃了私有财产，开始共产主义生活，性规范也自然要服从这个规则。这方面具有决定意义的是保持经济社团完整的利益。

从另一个角度来看，私有财产权和继承权都很完备的时代特点促成了修道院的这种状况，所以在修道院里保持婚姻，与它为了生存而必须实行的共产主义是矛盾的。因为血缘关系永远都是强过人为的社会结构的，修道院中的共同生活正是这样的人为结构。为了让这种危险远离，修道院不得不抛弃婚姻，僧侣和修女都要以社团作为自己的家，不得有别的家庭。这也是出于这种特定的经济条件下的强制性要求，它有自身的必要性，不是人类心智荒诞而造成的荒谬，僧侣的独身制也就这么形成了。

在此处还应该注意，独身并不是守身如玉，也不要求彻底放弃性生活，它只是对于性关系的修正，也就是一般社会形式即婚姻的改变，以便让这种社团可以生存下来。很多僧侣在早期都公开地满足自己的性需求，就算当时也有人大肆鼓吹禁欲，但也是出于经济原因的考虑，当时的悲惨的社会状况不得不将人们不断推向严格的禁欲主义。

从这个角度来研究僧侣的真实基础，对整个教会的统治和势力都从这个角度出发来考虑，就可以明白这个制度为什么必然会走向自己的对立面，从进步变成了阻碍进步的因素，最后变得臭不可闻，在之后的多个世纪里都毒害着整个基督教世界。

修道院在当时是具有经济优势的组织，它会获得权势和财富也就是必然。“权势和财富无非是表示占有他人劳动的权利，僧侣和修女现在已经不用自己劳动了，他们可以依靠别人的劳动而生活。他们当然可以利用这个，修道院从生产者组织变成了剥削者组织。”

这种转折的后果也在历史上开始逐渐冒头，开始的时候，这种结果是正面的。从手工劳动中解脱出来之后，人们可以促进艺术和科学，修道院也成了最重要的智力文化发源地。但是，不经过劳动就获取财富的生活，让摆脱劳动的其他后果也开始出现了，这种后果就不是那么高尚了，人们变得好吃懒做，贪杯好色。

修道院也忘记了自己对社会的重要职责，在自然经济时代，他们会将产品送给穷人、香客以及一切需要救援的人。乐善好施的修道院在中世纪曾经是影响很大的互助团体，这种慈善有它的经济基础，因为除了施舍，修道院不知道该怎么利用自己的剩余产品。但是货币经济重新登上历史舞台之后，商业也开始迅猛发展，修道院的僧侣们发生了变化，那些多余的产品可以换成钱，多余的水果、肉都是无法积攒的，而钱是可以积攒起来的。

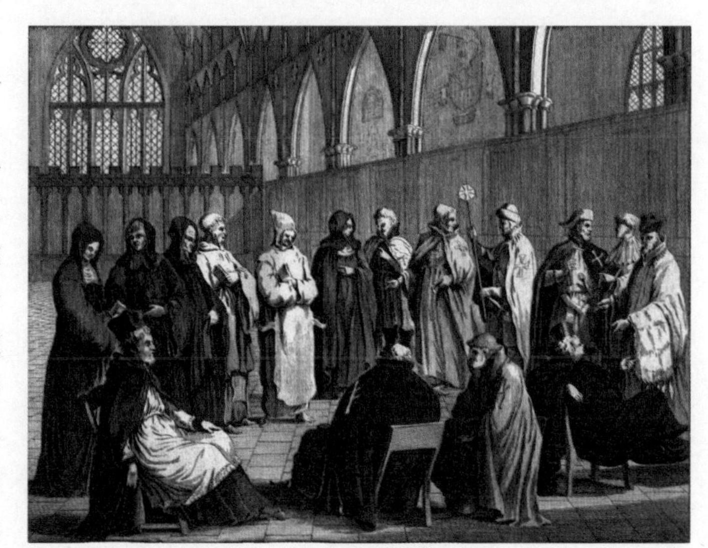

16世纪的教会

于是，曾经的善人变成了守财奴。

运用财富可以获得权势变成了越来越明显的事实，人也就越来越贪婪了。修道院开始费尽心机地追求那些特殊的地位，从最早的无产者组合，变成拼命赶走想要加入的穷人。他们致力于将那些可以带来财富的人拉进来入伙，总是希望可以得到馈赠、布施和特权，虽然贵人这样做很多不是出于宗教信仰而是对个人利益的考虑。曾经的修道院是穷人的避难所，现在的修道院却是封建主安置儿子和嫁不出去女儿的好去处。他们将儿女安置在这里，避免分割自己的领地。慕纳曾经写过这样的诗句：“请注意，贵人的女儿如果嫁不出去，或者他给不了嫁妆，就会将她送到修道院去，不是为了侍奉天主，而是为了让她继续过不愁吃穿的贵人日子。”而在这个交易之中，教会自然可以得到一些好处。

慢慢的，教会和修道院正在丧失曾经的社会内容，而这些内容也是它们历史生存权利的基础。从公益互助体系，变成了一个庞大的、遍及全球的剥削体系。披着宗教的外衣，让教会变成了最成功的剥削工具，它也是我们所见过最可怕的机构。欧洲人在进入新的时代进行发展时，需要很多证明的价值作为引导，天主教会提出任何一种这样的证明价值来和它的负面对抗。

这样的情况之下，这种机构便不再是社会进步的推动力，而是社会前进的绊脚石，它不能养育正常的人，只是寄生虫的安乐窝。教会的原始任务和它在14、15以及16世纪的实际表现产生了极大的反差，所以这个机构内部衰退的特征很严重，在此后的欧洲近代文化史上，我们都未曾看到过。

由于以上原因，找到一个当时的文献和事实并不难，我们可以轻易发现文艺复兴时代对社会风化和私人道德有重大影响的天主教会风化。但它的难点是掌握尺度，做到适可而止，在这个问题上比其他任何事都难。

俗话和谚语就是证明一个现象已经发展到非常普遍状态的最有力证据，因为它们可以反映最广泛的现象。人们内心之中的情感和观点都在谚语之中精练表达，它是人们公开的控诉和判决，无论如何，谚语都有它自己的道理。反映一个现象或机构的谚语的数量，是一个很重要的衡量标准，我们可以据此判断这个现象和机构对于人民和国家的共同生活有多大的意义。文艺复兴时代的教会和风化大大激发了人民的创造精神，各国风化史中的任何现象都无法与之相比。

修道院转折的实质，在我们看来是由于教会变成了一个独特的商业企业，变成了独特的剥削机器。在这个蜕变的过程之中它的种种表现，都在俗语之中得到鲜明的反映。“罗马什么都可以卖，不管是牛还是羊（指高级和低级的神职）”。“在罗马想干什么都可以，只有虔诚没有多大的用处”。而结果是“从罗马带回来的三样东西，有愧的良心，吃坏了的胃和空空如也的钱袋”。

难道这都是对天主教会的诽谤吗？这是人民用谚语做出的最公正的判决。这一点我们可以从赦罪之中找到证据，12世纪以来的教会都颁布了赦罪的价目表，这可以说明赦罪的真相：只要出钱就可以赦免罪行，或者取得实施预谋罪行的权利，不用接受上天还是人世的审判。对于那些做坏事的人来说，人世间的官司当然才是最重要的。

这些明码标价的价目表，让有产者可以走上平坦的天堂之路。违背誓约的赦罪价是6格罗西，伪造文书的赦罪价是7格罗西，出卖官职的赦罪价是8格罗西。偷盗和抢劫的赦罪价按照赃物的多寡来确定，他们可以保留一部分赃物，而剩下的必须都交给教会。谋杀的赦罪价也各有不同，谋杀了自己的父母、兄弟姐妹等血亲，需要付出5格罗西，如果被杀的人是教会的人，那么就要付出6格罗西。此外凶手必须亲自去罗马求得赦免。和母亲、姐妹、儿子乱伦的赦罪价是5格罗西，堕胎也是这个价格，强奸则需要付出6格罗西，也许是因为强奸带来的刺激更多。

教会在搜刮着每个人的钱，包括那些有钱人和自己的神职人员。从民众口袋里搜出钱的神职人员，还要和自己的上司分赃。此外还有一些巧立名目的剥削，所谓的“牛奶税”，是教会向开了色戒的僧侣征收的赋税，僧侣必须要付出7格罗西。如果一个僧侣每年都掏出这笔钱，就可以长期与人姘居。一个神父将忏悔者的秘密泄露了，就要付出7格罗西。偷放高利贷的罚款也是这个价格，殓葬高利贷者要罚款7格罗西，在教堂和女人私通罚款6格罗西。这样的事情已经没有了威慑力，这些价目表比世界上

狂欢。红衣主教已经酩酊大醉了

任何公司的报价单都有意思。这里无法列举其他的价格，因为实在太多，教会为了没有遗漏而做了细致的分类，例如强奸一个从教堂回家的妇女比强奸一个到教堂去的妇女要罚得更重，因为从教堂回来的女人是纯洁无邪的，魔鬼无权觊觎。

既然已经发展到了这般田地，也就无怪乎民众会用谚语来表达自己对罗马的看法："在罗马，就连天使都会被剪掉翅膀。""如果真的有地狱，那罗马就是建立在地狱上的。""选举教皇的时候，你在家里看不到一个鬼。"

这些民众的议论不会仅仅针对教会永不知足的金钱欲，也针对因为金钱而引发的弊端与恶习，财富给了僧侣们发展恶习的本钱，普遍存在的恶习包括懒惰、愚蠢、粗野、狡诈、贪图享受和淫乱成性。

对于这些僧侣的懒惰，人们还有很多俏皮的谚语："僧侣怕劳动，就像魔鬼怕正神。""僧侣说，翻地我不行，工作我不干，所以才要大家布施。"

针对僧侣的粗野、愚蠢和狡诈，也有很多谚语："约翰的眼睛不好，耳朵不好，舌头也不好，那就让他当神父吧。""僧袍是骗子的外衣"，"狗会叫，狼会嚎，僧侣就会胡说八道"，"对哭泣的僧侣要加倍小心"。针对僧侣寻欢作乐的行径，也有一些谚语，"喝酒喝得像教皇"，"忏悔师是馋痨鬼"，"修女吃斋，吃得肚子都鼓起来了"等等。

野外偷欢的僧侣

这些恶习就如同是罗马的剥削，每一条可以说明问题的所在，还可以列举出很多事实、无可辩驳的数字和日期，还有许多更有意思的证据。这些文献都很精彩，而漫画也多是根据这些题材来创作的。

淫乱的僧侣

所有的恶习加起来，都无法和罗马教会在文艺复兴时代的纵欲相比。在色欲横行的文艺复兴时代，修道院的历史条件为纵欲找到了极有利的土壤。在这个问题上，我们随处都可以感受到尺度的不易掌控，但是又不能将这个问题轻描淡写地一笔带过。纵欲的僧侣在最开始只是对独身制抗议，随着时间推移，独身制在教会手中变成了最重要的统治手段。原因便在于独身制的经济意义，教会通过独身制让它累积的财富不至于分散，可以代代相传而不是消失。

天主教这样的宗教团体共同侍奉这一个大权独揽的首脑，各个修道院领土的扩张都代表着教会势力范围的扩大，让僧侣独身是将他们和局部利益分开的唯一手段，可以让僧侣驯服地听从上级，乖乖听命于教皇。让教会放弃禁欲制度，不啻让它放弃统治的可能性，随着修道院作为统治工具的功能越来越重要，尤其是独身制积累的财富越来越凸显出效益。11世纪，格列高利七世颁布了禁婚令，宣布神父不能结婚，一度是悉听尊便的节欲，变成了要严格遵守的法令，禁欲的誓愿也被宣布为最高的德行。

但是，血气可以比人为的规定更强大，只有部分僧侣可以控制自己的欲望，所以严格的禁令和惩罚都没有效用。最丑恶的反自然恶习开始蔓延。巴黎举行的教会会议上，提出要注意“修士和神父搞鸡奸”，“主教应该仔细检查卧室，封死一切可疑的门和有危险的地点”，别让“修女们睡在一张床上”等等。教会不得不节节退让，到最后只能排斥那些让教皇的财源、势力范围缩减的性关系。

教会做出了让步，不允许僧侣结婚，却允许他们有姘妇，这个明智的决定让教会的剥削策略从中得到了极大的好处。获得油水的教皇源源不断地开辟新财源，因为很多这样的赦罪符都卖给了僧侣。教会中那些伟大的诡辩家立刻发明了适当的说法来缓和矛盾，14世纪的僧侣在自己是否有权结婚这个问题上爆发了激烈的争论，很多僧侣坚持恢复这个权利，而法国教会著名的导师热尔松用这些理由来为僧侣们辩护："在满足性欲的时候，僧侣是否违背了绝色的誓愿？不，绝色的誓愿只是表示放弃婚姻，因此，僧侣做出了很不道德的行为，只要不结婚，就不能算是违背绝色的誓愿。"热尔松还对僧侣的自由做 出了轻微的限制："尽量做得隐秘些，不要在节日，也不要在神圣的地方，也不要和未嫁的姑娘发生关系。"

热尔松的说法有一些自以为是，但不这样做又能怎样呢？钱袋遇到了危险，只好下点本钱来拯救它。他在另一处说："如果神父有了姘妇，对本教区的教徒当然是很大的罪恶诱惑，但如果他去侵犯女教徒的贞操，对教徒来说那是更大的罪恶诱惑。"

无论如何，这个方法皆大欢喜，禁婚的问题找到了符合教会精神和利益的解决方式。神父可以明目张胆地养姘妇，主教和教皇的金库也财源滚滚，神父结婚对教廷的威胁也被解除了。现在，那些恪守绝色誓愿的神父反而变成了罪人，因为他们让主教收不到他们十分热衷的"养姘妇税"。但是，希克斯特四世（1471—1484）解决了这个尴尬的局面，他将手续简化，要求所有的神父都一律缴纳这项税，不管他们是否养姘妇。

对于宗教狂来说，"如果做不到圣洁的生活，那么至少不要明目张胆地做见不得人的事"，这就是他们的基本要求。长期以来，最基本的抗议就是从这个观点出发的。1020年的帕维亚会议上，本尼狄克八世指责僧侣，因为他们的犯罪不是暗中，而是明目张胆地为非作歹。达米亚尼主教在11世纪曾经写道："如果神父偷偷地寻欢作乐，这还是可以容忍的。但是公开养着姘妇，而且还腆着肚子，带着一群吵闹的孩子，就不能不让教会感到耻辱了。"教皇大怒可以带来两个好处，他能严肃地处理罪人，也能为教会带来更多的财富。

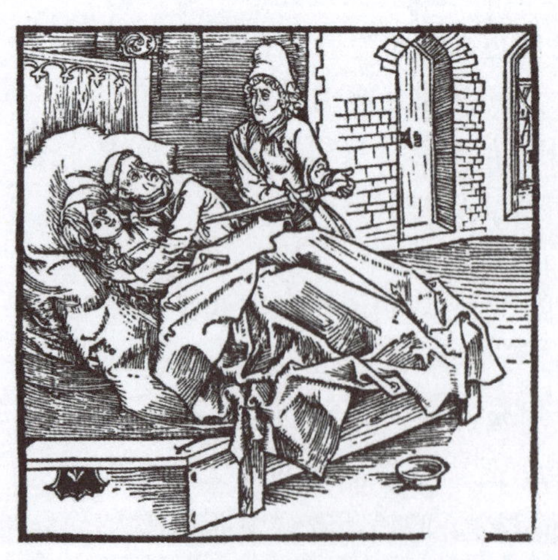
通奸的僧侣被姘妇的丈夫捉奸在床

姘居在僧侣之中极为普遍，因为这些事实家喻户晓，我们可以引用泰纳的一段文字来说明："1563年，巡视奥地利五个世袭地区的修道院，几乎到处都有姘妇、妻子和孩子。在绍坦的本笃会修道院，9个僧侣共有7个姘妇，2个妻子和9个子女。”在同一时期的巴伐利亚，也有这样的报道：“僧侣之中要找到三四个没有姘妇和秘密妻子的人很难。”

教会靠剥削别人的劳动来获得财富，非法姘居不仅可以满足自然的需要，也表现了比大多数纯契约型婚姻更为高级的性关系形式，它在各处也会蜕变成一贯的淫乱。这种情况肯定很早就会出现，根据情理判断也可以得出这个结论。在12世纪初，科隆附近德茨的鲁佩特修道院院长曾经写道：“有些神父不愿意结婚，因为结婚会违犯教会的法律，但是他们却不放弃色欲。相反的，这些人更为下流，因为没有任何夫妇关系约束，他们更容易见异思迁。”

几百年来的情况大致都是这样，大约在1520年问世的纽伦堡著名长诗《真理的胜利》中说：“如果一个男人拥有了一个女人还不满足，那他就会弄两个来，弄三个来，看他高兴。哪一个不中他的意，就将她扔掉再弄一个，多少都随他的便。”

历史条件决定了道德的放荡，放荡的道德失去了约束和节制，它的表现多种多样，常常是群体通淫。修道院成了“无耻和种种恶行的大本营”，在这里酒神普里阿波斯和爱神维纳斯的香火最盛，修女和妓女成了同义词。有一句谚语说：“她不是修女就是妓女”，还有一句说：“她下面是妓女，上面是修女。”还有说：“神父一叫，修女就开门。”按照群众的说法，世界上根本就不存在冰清玉洁的修女，“只有三个修女守身如玉，一个逃走了，一个跳河淹死了，第三个到现在还未找到”。大家都认为僧侣只会做坏事，而且逮到机会就会做。谚语说：“得让僧侣双手捧着杯子，不然他的手就会在桌子底下乱摸。”

很多的修道院变成了妓院，而且生意兴隆，这方面也有许多谚语，如：“奥古斯丁会的修女到了夜里都希望枕头上有两个头。”机要秘书布克哈特在谈到罗马时说：“罗马几乎所有的修道院都成了藏污纳垢的地方。”这句话说出了罗马的特点，同样也适用于整个基督教世界。

不管是德国、西班牙、法国还是意大利，很多修道院都没有一间干净的禅房，因为夜里总有客人拜访，包括男客和女客。很多地方的修道院附近，都有贵族们喜欢的客店，威风的骑士在那里受到热情款待，爱神维纳斯赐予他最酣畅的欢乐，而除了修道院之外其他地方做不到这一点。客人在这里寻花问柳，比在妓院的时候还要浪荡，并且他们不用付钱。对他们的要求，只有力量和体力。

那些将过去理想化的人，是想要利用大众的无知，将这些记载都当作是诽谤。但是一切的掩盖都无济于事，只要稍微看一看历史文献和纪实报道，我们随时都可以找到证据。这里不妨以符腾堡伯爵埃贝哈特的信作为例子，这封信是谴责他的儿子和侍从在吉尔海姆修道院之中的胡作非为，伯爵说："前不久你去了吉尔海姆，一直到深夜2时，你还在修道院里跳舞。你让你的那帮人深夜闯入修道院，这还不算，你还邀请了你弟弟。你们在那里又跳舞又喊叫，就算在妓院里这么做，都很过分。"

乌尔姆附近的肖福林根女修道院也有这样的风气。她们一味地胡来，导致老百姓最后造反，以至于教会当局最后不得不出面干预。卡斯特尔主教海姆布斯巡视期间，在修女的禅房里搜出了很多内容不堪入目的信件，还有修女私配的大门钥匙，以及华丽讲究的俗家服装，而且更让人瞠目结舌的是，大多数修女还有孕在身。

秦美伦纪实中有过几则报道与此类似，作者将符腾堡的一座修道院叫作"贵族妓院"。斯特拉斯堡有一座修道院也是如此，因为它曾经发生过一次火灾，人们从火灾报道之中才发现了它的真面目。

女修道院在很早以前就变成了"贵族妓院"，僧侣对于俗家人士这种横刀夺爱的方式很不满，曾经有人鼓励修女和僧侣一起共同破色戒，因为他们看来这样破戒的罪孽比较小。蒙地卡穷人会会长亨利在1261年发表的一个声明可以作为证据，声明说："一个修女受到肉欲和人类弱点的引诱，违背了绝色的誓愿。如果她和僧侣破戒而不是委身于俗人，那她的罪恶就比较小，能够得到较为宽大的处理。"

在12世纪的拉丁文讽刺长诗《爱情会议》中，这个观点就出现了。僧侣们都不是傻子，他们在谈情说爱方面具有特殊才能。有一些俗语说，"他强壮得像是加尔默罗会修士"，"他好色像圣殿僧团兄弟"，以及更加粗俗的："淫妇嗅衣服，就能嗅出加尔默罗会修士"，"女人老远就能够嗅出真正的卡普亲会修士"。

修道院里的生活变得淫乱，所带来的后果首先是："院墙里传出的不是赞美诗，而是孩子的啼哭。"俗语反映了这种司空见惯的事情，一个修女看到自己的孩子长得不像那个修士的时候，不由得惊奇地说："真奇怪，黑鸡的种，却生出了个白鸡蛋！"还有一个生了双胞胎的修女悲叹道："真是祸不单行啊！"俗语可以说明这些现象并非是个别情况："女修道院没有育婴堂，就好像庄稼汉没有牛棚。"

修道院淫乱带来的另一个后果比较悲惨，因为在这里生下孩子是一种“罪孽”，而且生孩子有很多不便之处。所以在女修道院之中，杀婴和堕胎都非常盛行，秦美伦纪实中曾经记载：“那些常有修女生下孩子来的修道院怎么办呢？天主保佑他们，至少让孩子活下来，不要杀掉他们。”

还有一位纪实作家迪德力西，他对不莱梅、乌德勒支和敏斯特的修道院这样描述：“僧侣和妓女住在修道院，将这里变成了妓院，在这里胡作非为，修女还杀掉了自己的孩子。”

好色的僧侣

生出孩子来是修女最大的罪孽，这导致了堕胎的盛行。泰纳兄弟合著了关于神父独身制的专题著作，搜集了大量的资料，其中有一些骇人听闻的例子，说明“恰恰是最荒淫的修道院中，怀孕修女受到的虐待最残酷”。这也比较容易理解，因为历来最淫荡的婊子最看重自己的名声。也有某些时候，教会变得比较仁慈，对怀孕的修女表示同情。在阿维尼翁召开的会议上，禁止僧侣“把毒药或者烈性药物给女人用于堕胎”，后来“教会的荒淫无耻成了令人发指的脓疮”，所以有人提出了神父结婚的权利。这时，教会再也不反对僧侣和修女千方百计地将他们淫乱的后果消除了，所以非沙特有充分的权利在他的《神圣罗马帝国的蜂窝》中说出这样的话：“从每天的经验之中，我们得知神圣罗马帝国甘愿让它修道院中可爱的贞女、修女们用药物和偏方在果实成熟之前就消灭它，或者用丑恶的办法，将她们刚刚生下来的婴儿杀死。”

如果这个风气只存在于教会的下层，那么上层的荒淫就有过之而无不及。许多教皇对于下层僧侣简直是道德败坏的楷模，人们用尖锐而生动的语言将某些教皇叫作“至骚的罗马教皇”，而不是“至圣的罗马教皇”，他们还将红衣主教喊作“骚狗”。

这些外号就是教廷史肮脏事实的最佳注脚，迪德力西说：约翰二十三世“在当布伦红衣主教的时候，糟蹋过近200个有夫之妇、寡妇和姑娘，还有很多修女”。保罗三世在做教廷驻安科纳使节的时候，曾经因为强奸年轻贵妇而潜逃。做了红衣主教之后，他将自己的妹妹茱莉亚献给亚历山大六世，自己还和二妹乱伦。布尼法八世将自己的两个侄女纳作外宠，亚历山大六世任锡耶纳红衣主教的时候，主要的事迹便是和别的主教以及神职人员举办夜间舞会和晚会，他还邀请了本城的贵妇淑媛参加，在舞会上他们非常放肆，而贵妇的“丈夫、父亲和亲戚则不得入内”。

亚历山大六世、裘利二世以及利奥十世，这些文艺复兴时代最著名的几位教皇都因为浪荡的生活而得了梅毒。裘利二世的御医曾经写道：“说起来真让人难为情，他的身体没有一处不是布满了可怕的淫乱的迹象。”根据御前典礼官格拉西斯的说法，教皇的脚因为梅毒而全部腐烂，以至于他在每个星期五都不能让人们按照惯例亲吻他的脚。宗教改革时期有一首讽刺诗，是以一个得了梅毒而烂掉鼻子从而不得不动手术的高级神职人员的口吻来写就，这个满脸梅毒特征的神职人员对自己的鼻子发表了声泪俱下的演说，他将鼻子唤作“红衣主教，睿智的明镜，永远不会误人异端，教会真正的柱石，堪为众人楷模”，他还表示希望这个鼻子“将来当上教皇”。

利奥十世

彼特拉克在一封写给全世界的著名公开信中，对于当代和后世做出了正确的评述：“抢劫、暴力、通奸，这都是淫乱的教皇的家常便饭；丈夫们被流放，以免他们啰唆，他们的妻子被强奸，一旦有了身孕就会还给他们，生了孩子之后再夺回来，以满足基督在世代表的淫欲。”

除了这些“自然”的淫欲之外，那些反自然的淫欲也同样以猖狂的姿态发展着。

如果教会不从这些秽行之中获得一些好处，那简直是背离了神圣的传统。长期居住在罗马的荷兰神学家维塞尔，是教皇的朋友，他曾经说过：历任教皇都准许反自然的淫乱，但是要收取一定的费用。在高级的神职人员之中，反自然淫乱非常普遍，导致民间众口喧腾。这种风气在11世纪时达米安主教的《戈摩尔书》中就已经归纳出了一个体系，说明它存在已久，就连这种丑恶的行径也都有自己的规则。

那些在教皇的宫廷里最受欢迎的娱乐也可以说明一些问题，意大利最美丽的高级妓女是教皇宫廷和红衣主教府邸的常客，她们在这些地方频繁出现。参加喜庆活动的时候，她们是最璀璨的中心，文艺复兴时代的一封信中谈到过一个红衣主教的酒宴，明确地说明宴席上的西班牙妓女比罗马男人还要多。红衣主教波乔的滑稽小说和红衣主教比比耶拿的《卡兰德罗》等戏剧，以及马基雅维利更为大胆的《曼陀罗花》，都反映出这个圈子的这种风气。

这种行为之所以丑陋，不是因为这些高级神职人员会成为道德败坏的化身，而是因为它是一种典型的风气。它的典型合乎逻辑，在下级僧侣中典型的丑行，在教会的上层就会变成巨大的火炬，它的黑烟和毒气可以熏至下风地带。

教皇的宫廷酒宴

教会是一个等级森严的团体，但因为它的历史条件，又从来都不是封闭性的机构，在思想和政治上，教会对于整个基督教世界都有深远影响。也正是因为这个原因，它的道德败坏也就会毒害整个世界，僧侣的道德败坏必定对整个世俗社会产生十分强烈的影响。宗教改革运动之中的一篇声讨檄文，说明了这个事实：“……流风所及，德国不再祈祷，丧失了信教的虔诚。淫乱、乱伦、背誓、谋杀、偷盗、抢劫、放高利贷以及很多罪孽，便是这个风气带来的后果。”

这种影响的流传，不仅给民众带来了坏榜样，僧侣还利用自己的权力在经济上剥削民众，他们在满足自己私欲的同时，也在满足自己的感官享受。不仅是看到修女身体的时候僧侣会色心大动，就算是农家姑娘和城市小家碧玉，都让他们欲火焚身。“哦，不仅是修女的身体让人垂涎欲滴！”在将自己的手伸向健壮的农家姑娘时，神父不禁这么惊叹。由于宗教只能让僧侣和俗家妇女频繁接触，以至于让他们和百姓家的女人打交道的时候，可以更快地发情，远比和修女的关系更密切。当他们和俗家的妇女谈情说爱的时候，面临的危险和麻烦也更少。农民和市民的妻子怀孕之后，僧侣不用善后，可以推到她们丈夫的头上。作为神父的活动为他开辟了广阔的天地。好色的僧侣可以在几十甚至上百名妇女身上满足自己的欲望。

以忏悔为名满足私欲

教会的仆人变成了一味追求享乐的人，僧侣常利用教会的权力和统治手段来为自己淫逸的生活服务。这些手段之中最主要的就是听忏悔，忏悔室为勾引女人提供了最有利的条件。神父在听忏悔的时候不仅有权而且有责任提出最隐秘的问题，这个办法让忏悔成了教会最有力的统治手段，好色的神父既可以为教会也可以为自己捞得一些好处。很多僧侣将邪念倾注于纯真的女性身上，兴致勃勃地听着美貌女罪人的倾诉，用那些最隐秘的私情语言将少女和未婚妻、少妇等弄得春心荡漾。

忏悔室不仅是意淫的地方，因为很多妇女在心灵和精神上屈从于教会的统治，以至于她们在肉体上也失去了贞洁。在那个地方，良知最容易变得麻木，而怀疑也最容易被解除。神父只要将这些牺牲品的罪孽宣布为美德，就可以达到自己不可告人的目的。几十万的愚昧妇女都虔诚地相信，认为自己满足忏悔师的欲望就是侍奉天主。薄伽丘有一篇大胆小说，对这种风化状况进行了讽刺，很多教堂的忏悔室是人类有史以来为爱神和欲望之神所筑造的最卑污的祭坛。

这一点就连教会都无法容忍，所以颁布了一些法令，这些可以成为我们的证据。1322年的牛津会议上，禁止“在阴暗的地方听女性忏悔”。300年后的1617年，坎伯雷大主教又决定：“不得在法器保藏室听取女性忏悔，必须在教堂里宽敞的地方。”“如果黑暗，必须点起蜡烛。”通过这些措施，教会希望至少可以在教堂里限制神父，让他们不至于动辄采取露骨的“救赎和祝福”的手段。

很明显，这些法令收到的效果都很微弱，因为忏悔师有权邀请忏悔者去他的家里，或者随意地去忏悔者的家中。这种行为被认为是忏悔者的荣耀，在忏悔室里开头的喜剧，在这里会演到底。至于程度，取决于情势。

这里的婴儿，往往都是神父积极为女教徒祝福才出世的，戏剧《论乡间居民》中说："你这样撒谎，应该天打雷轰，我不过是不想让你的朋友看不起你，才没有说出你的姐姐已经至少和神父生了三个孩子。"

科滕巴赫在《1523年马丁·路德的辩护和责任》一文中，对于忏悔的结果说出了这样的话："忏悔的第一个果实，是肚子里的果实。因为通过忏悔，让不少私生子来到人间。他们的父母是忏悔师和做忏悔的女教徒，如果丈夫百无一用，那忏悔师就会帮忙。有时候，忏悔师要同时安慰30个女人。男人们，你们可真傻，竟让他们勾引你们的妻子、女儿和侍女！"泰纳兄弟也在自己的作品中谈到这个话题："帕多瓦有个隐居的修道士，是奥古斯丁会的僧侣，叫作安普米罗。向他做忏悔的女人几乎都被他糟蹋了，后来他被控告，责令他说出所强奸的女人。他列举了本城高门大户很多妇女的名字，其中包括审问他的秘书的妻子。在布莱西亚，一个神父开导那些向他做忏悔的妇女，说她们对丈夫尽义务也应该向他缴纳赋税。"

当神父们的花招不管用时，就会上演暴力。成千上万的女人在法器室，或者神父的寓所，或者自己家中，甚至是忏悔室中惨遭强暴。考萨斯堡的海勒对他的兄弟提出了控诉："你和妓女鬼混，你欺骗少女，你蹂躏少妇和有夫之妇，你糟蹋做忏悔的女人。单说你破坏神圣婚姻的无耻，你都应该被活活烧死。"

每个城市在这方面的史料都能写出一大部书来，在这些作恶多端的人中，既有社会各个阶级的成员，也有教会的神职人员。在主教们柔软的床榻之上，有自愿或被迫献身的贵族或市民阶层的美人，而在隐居道士狭小的禅房中，老百姓家的女儿躺在硬板床上。有一句谚语说："把僧侣放进门，他就要进到里屋；将他放进里屋，他就要上床。"

《忏悔的抹大拉》 提香〔意大利〕
抹大拉是《圣经》中一个改邪归正的妓女，教会常常以她作为通过忏悔得到灵魂净化与解脱的典型

在和修道院打交道的过程中，老百姓也积累了很多的经验："神父说：我爱我的羊群，

但母羊比公羊更好。”僧侣们确实是这样想这样做的，“谁将老婆送到修道院，那么他就能索取一切，还会奉送一个孩子。”修道院之中的女仆常常遭受这样的命运，市民和农民的妻子常会被男修道院的僧侣所勾引，而女修道院则是皮条客的服务对象。秦美伦纪事之中提供了一些根据：“聪明人不会让他虔诚的妻子和女儿去女修道院，因为女修道院只能将她们教得很坏。”请注意，这位纪实作家所使用的字眼是“很坏”。

在中世纪末和文艺复兴时代，很多修道院不再是神圣的场所，僧侣也不在那里戒色吃斋和祈祷，而是拼命享受生活。姑娘是从来都不缺的，参加晚会的姑娘也没少享受主人的“温存”，僧侣在自己清净的禅房里告诉她们：僧袍所代表的绝对不是色戒。

凯撒斯堡的海勒对此有亲身的经历，所以他很清楚这其中的把戏，他曾经谈到过自己的经验：“如果是在赶集的日子里或其他的时间，妇女会去修道院和僧侣跳舞，还会到他们的禅房中单独谈话。这是明显的耻辱，自然不能听之任之。男修道院不允许有女人，很多女人在进去的时候是规矩的良家妇女，但离开的时候已经变成了婊子。”

僧侣们寻欢作乐的手段远不止这些，他们还有更恶劣的做法。有时候遇到灯火偶然熄灭，那女朋友就不用去僻静的角落与他合唱快乐的赞美诗了。秦美伦纪事之中曾经提到过：有几个贵族到一个女修道院中做客，他们正是利用灯火熄灭的方式来为沉湎于情欲之中的修女“赦罪”。

这种事实的存在，让“修道院钟楼的影子都能叫人怀上孩子”，也有谚语说：“在修道院的阴影里寸草不生，只有女人会生。”这些被当作福音书一样看待的谚语是对现实的评说，虽然这些说法稍显夸张，但也凸显出了当时社会现象的本质。

据我们所知，为了反抗卑鄙龌龊的僧侣，人民曾经多次起事，但是却没有几次是获胜的，所获得的成功也仅是局部的。这并不是因为大家的愤怒不够强烈，而是因为教会和强大统治阶级的狼狈为奸。在意大利，几乎全部的经济基础都掌控在教会的手中，这个因素让最强烈的道德义愤都显得无奈。如果道德义愤被激发的人民获得了重大的胜利，那么也是经济原因起到了作用，这种情况之下战胜教会的统治也是各国迫切的生存利益，德国更是如此。也正是因为这个原因，16世纪的时候德国教会的实际道德已经不再对社会道德产生影响，相较于其他国家，这已经是非常早了。

第五章 娼妓

一夫一妻制以私有财产为基础，这让它取决于客观义务而不是主观愿望，因为这样的婚姻多数都是契约型。契约型婚姻必然和卖淫现象共存，一夫一妻制婚姻也和卖淫必然关联起来，妓女和情人是永久的社会存在，反映出了同一个事实的两个方面。这个事实就是：经济发展的同时，爱情和一切日常用品一样获得了商品性质。

娼妓制度：官方的防御手段

在卖淫行为中，爱情的商品性极为明显，娼妓史的发展可以证明爱情这种商品和其他商品一样，都是按照相同的规律发展。

在中世纪和文艺复兴时代，人们还没有从理论上理解婚姻的本质和存在条件，但是他们懂得其中的逻辑。那是一个色欲横流的时代，所以人们很清楚时代的需要，很明显：如果要想让婚姻达到它的目的，即获得合法的继承人，就不能离开娼妓。意识到这一点的人不是少数，大家有普遍的情绪，人们认为娼妓在文艺复兴时代起到了突出而又独特的作用，而事实也确实是这样。人人都知道自己血管之中流淌着热血，沸腾得让老少爷们儿都燃起了热烈的欲望；他们也深信一个漂亮女人或者英俊少年的爱抚是人生至高的享受，因此人人都有放纵的愿望。淫欲的魔鬼纠缠着每个人，煽动着贪婪的欲望。善于观察的人可以在生活中发现很多例子，每天都能看到小伙子守候姑娘，邻居在拥抱侍女，帮工趁师傅不在家和他的妻子调情，还能看到僧侣慌乱地从整理衣服的女街坊家中出来等等，不一而足。不言而喻，很多人在自己家中都看不到什么，因为大家都

幽会

相信自己的家庭是“清白”的。

就算相信自己门风纯正，那个时代也有美德无法抵御的暴力，狂野快感的追求，以及比言辞更直接的挑逗。暴力让最规矩的少女和最正经的妻子都无法抵御，大街小巷之中到处都有这样的危险，成群结队的雇佣兵、流浪汉、乞丐和香客，每天传来这样的消息：不管是大路上，还是偏僻的乡下，常常有女人被“强暴”，就连城里也不安全。

这个危险让每个房屋中的女人都非常恐慌，需要牢靠的避雷针，才能让她们绕开随时随地爆发的情欲。光是这个危险，就可以说明文艺复兴时代为什么对卖淫行为如此宽容了。

此外，还有一个因素让人们更加强烈地感受到危险，那便是社会结构决定的强烈的社会需求。前文中曾经谈及很多国家和行业中帮工都无权结婚，在很多城镇，这批人只能靠婚外途径满足性需要，并且终其一生都是如此。随着工业的发达，帮工数量也越来越多，这部分单身人口给妇女造成的危险也越大，道路交通的落后让生存空间狭小、无法迁徙的人们彼此熟识，在经常的接触下这种行为的危险性达到了什么程度，在今天的社会无法估计。

这种情况让家庭利益需要得到特殊保护，这一点谁也不怀疑。卖淫作为一种零售的爱情交易，正可以提供这样的保护。在上述原因的影响下，文艺复兴时代不仅将卖淫行为合法化了，而且对娼妓非常宽容，让她们取得了社会生活中的特殊地位，以至于让这个时代有了一个特别的“印记”。

在文艺复兴时代，人们坦率地承认娼妓和妓院是婚姻和家庭不可缺少的保护因素，整个时代都认为设立妓院是正确的，可以“最妥善地保护婚姻和童贞”。在纪实作品和论文中，以及批准妓院的官方告示中，都承认了这一点。当后来有人请求取缔卖淫的时候，人们也用这个理由进行反驳。反对派虽然将妓女驱逐，但妓院又以这个理由重新开张。在巴塞尔纪事中，有一则这样的记载：“迄今为止，对于赖斯的妓院说得最多，但却没有采取实际行动。人们并不觉得它让公众丢人现眼，并不认为它违背上帝的律条。虽然在别的地方教会在改革之初就取缔了这种场所，但一般人却又有不同的意见，认为不该取缔，以免发生通奸、少女堕落和其他我们耻于提及的罪孽。甚至还有人认为如果没有了妓院，也就再也不会有规矩的少女和贞洁的妻子。”

人们不仅组织卖淫，甚至还建立了系统的形式，不仅在嘴上说，还真诚地相信自己为婚姻和贞操这些神圣的理念做出的贡献。但是他们的信念不过是自欺欺人，保护家庭当然是人们忍受娼妓的重要原因，但不是最主要的原因，用较小的恶来避免较大的恶，这样的取向才是最主要的。

男人希望自己的欲望可以不受限制地得到满足，严格要求男人守贞或者将这个要求诉诸法律，那么他们的愿望就无法实现。因此，将卖淫合法化，是可以让男人每天满足对感官乐趣的需要，满足对淫乱的需要，这才是实质所在——只让男人得到性满足，而女人却无法得到。其实女人也需要性满足，但她们却很少或者根本无法获得。也正是因为这个原因，娼妓才被接纳进社会组织的框架，让卖淫行为合法化，这是男人统治权的最大胜利之一。

天真的人们找不到合适的语言来颂扬这种奇怪的宽容，如果按照他们的说法，卖淫不过是尖锐的阶级斗争尚未发生的时代较为宽容的结果，但是这种论调不能得到全面合理的解释。13至15世纪，货币经济向资本主义发展，引发了尖锐的阶级矛盾，从15世纪下半叶开始有了明确的表现。对这一点是毋庸置疑的，与此相同的是，此后不少的实践表明，已有的阶级矛盾形成了自觉的阶级敌对关系，各个阶级之中比较平衡的相互关系才消失了。

文艺复兴时期生活放荡的上流阶层

与此同时，还有一个重要因素被天真的人们忽视了，那就是小资产阶级生活环境从来不曾彻底停止或消失，当时的整个世界都处于这种生活环境，小资产阶级生活环境占据了上风，自有见解只能在小圈子里流传，庸人道德将大多数人控制。在小资产者和庸人的眼中，妓女是十恶不赦的，只配受人唾骂。这种观点根植于小资产阶级生存环境，文艺复兴时代也有人有这样的情绪，因为相同的前提条件总是引发出小资产阶级思维。如果这种道德观占据了优势，而妓女仍然是生活的重要中心，那就只能得出一个结论：男人作为统治阶级，敢于毫不掩饰地公开宣扬自己的特殊权益，这一点并不是证明大家所说的“宽容”，而是公开“庆祝”男人统治的胜利。

卖淫规模

和其他时代相比，文艺复兴时代的卖淫状况有所不同，主要侧重在两个现象：一是卖淫的规模不同，妓女数量极大；二是妓女在社会生活中起到的独特作用，也是事实上的作用。

对于这一时代卖淫的规模，我们无法列举出绝对或相对的数字，因为当时没有统计，就算有所调查，也是非常原始的方式，并没有什么学术价值。另外，这个行业比任何行业都爱夸大事实，现存的资料可以让我们客观地看待这个问题，如果根据这些资料做比较，就会发现妓女的数字不仅很高，而且文艺复兴时代在这方面远超当代，尽管当代已经被认为是风化沦丧达到顶点的时代。

在文艺复兴时代，就算最小的城镇，也会有一两家当时叫作女人院的妓院。在较大的城镇，妓女可以住满一条街。在大城市和港口城市，整个街区都会住满妓女。她们有的在妓院共同生活，有的单独居住，妓女不仅上街拉客，还在家里等待客人上门。她们还会去别的地方做生意，譬如客栈和公共浴池等等。在当时，客栈就是妓院的同义词。很多城市中的公共浴池也是妓女出没最多的地方，这里如果没有了妓女光顾，那么女浴工就要干起这个勾当。

为了说明娼妓业在一些城市发展的程度，我们可以从当时的纪实作品和文献资料中有所了解，在伦敦很早就有“不计其数的妓院”，有位纪实作家说：“在理查二世朝（1377—1401），伦敦市长开设了几家妓院，专门为贵族轻浮子弟从弗兰德招来美女，让他们玩乐。亨利六世（1442）将特许状颁布给12家妓院，这些妓院的墙上都有特殊标志，说明它们与其他妓院的不同特点，借以招徕嫖客。”

还有一个事实可以补充，英国在13世纪颁布过和妓院有关的法令，有一位作者见过了一件和英国的索斯沃克有关的事：“距离狩猎地不远处，有几家妓院和浴池，它们不仅得到了政府默许，而且有公开的特许状，只是稍作了一些限制。这些妓院和浴池常有私人承包，就连市长，伟大的威廉·瓦尔沃斯爵士（1400）也不惜屈尊降贵承包了下来，交给弗兰德老鸨经营。”

英国伦敦的港口，妓女云集

巴黎在这方面的情况也有资料可以查阅，一位叫作吉列的人曾经写过一篇长诗介绍巴黎街道，从中我们看到13世纪的巴黎已经有大量的妓院存在。这首长诗被认为是巴黎地形最重要的史料，按照普遍看法，它的价值并不止这些，经过深入研究发现，吉列的三百行诗描写的不是普通的街道，而是妓女居住的巷子。于是这首诗也就成了独一无二的娼妓地形学著作，是为13世纪的好色之徒编写的导游指南。在此后的若干世纪，这些街巷的数目还在持续增长。

维也纳在13世纪也有很多妓院，柏林在1400年有一所政府特许的妓院，并由风化督察专员监督营业。戈格尔在娼妓史中写道："14世纪，柏林的很多浴池其实也是妓院，妓女被叫作是市井姑娘。"在毗邻的施普雷河畔科隆，第一家妓院也在1400年开设了。

罗马的情况大概是最糟糕的，这里总是有上万的妓女，而且这个数字还仅仅是"诚实的妓女"，也就是不隐瞒营生的妓女。那些"不诚实的妓女"的数量更不在少数。罗马很多女修道院也同时是生意兴隆的妓院，对于"妙不可言的阿雷蒂诺"那肮脏的色情幻想，并不能相信，尤其是他对罗马修道院生活的讽刺，都不必当真。可是有一点毋庸怀疑：他的那些对话虽然夸张，却也反映了实际情况，足以说明谚语中的"条条大路通罗马，罗马的条条大路通荒淫"。

这样的风化状况完全是由罗马的历史条件造成的，罗马比任何地方都具有卖淫的条件。这些条件很独特，此后的文化史进程中再也没有相似条件的例子。这个时代的罗马，单身男人和未嫁女子都很多，年年都有上万僧侣到访，每个人都要住上几个礼拜甚至几个月。僧侣虽然很多，但比起各国香客的数量则相形见绌。罗马几乎天天有香客到来，其中一大半是临时的旷男怨女，而且罗马也是始终聚居大量外国人的城市，在这样的城市中最畅销的商品，就是情欲。无法忽视的是，很多女香客本身就是卖淫女，她们花完盘缠后，便靠出卖自己的肉体来维持生活。很多人在罗马卖淫比祈祷更努力，因为这里比其他任何地方都能挣到钱，这个现象既自然又刺眼，在漫画中常有反映。很多拙劣的漫画都在传达一个意思：女香客就是旅行的卖淫工具。

此外，在记录神圣罗马帝国大会和教会回忆的纪实作品中，我们都可以找到清晰的文艺复兴时代妓女的概念。妓女就像是苍蝇，哪儿有臭味它都会出现。所以历次的大会期间都有大量妓女出现，记录最多的康斯坦茨回忆中，艾伯哈特·达赫的笔记做了详细的记载。作为萨克森公爵鲁道尔夫的军需总监，他按照主人的要求查阅了妓女的人数："于是，我们挨家挨户地去妓院查点，一个妓院有30人，其他的比较少，单独居住和在浴池中的妓女都未能计算。我们查出了700个妓女，我不想再找了，就将数目呈交给主人，他又让我查清暗娼的数目。我当时就顶了回去，让他自己去查吧，我可办不到，再说我也不想干这种事。我的主人认为我说得对，这件事才算了结。”

会议的另一个参与者冯·德尔·哈特也统计了妓女的数目，有1500人。特里登特会议中“诚实的妓女”有300名，暗娼的数目无法查询。这些事例中的暗娼也包括市民那受人尊敬的妻子和女儿，只要她们不拒绝高级神职人员求欢，也就算作是妓女。这些可与妓女匹敌的良家妇女，人数也很庞大。红衣主教胡果·德·圣瓦罗曾说过一席玩世不恭的话，说明良家妇女非常关心神职人员的凡俗需求。在1241—1251年间，教皇英诺森四世将他的宫廷驻跸在里昂，当他离开的时候，圣瓦罗红衣主教向市民做了如此讲话：“朋友们，你们要多多感谢我们，当我们到这里的时候，这里有三家妓院。而我们离开的时候，只有一家妓院了，这是一家囊括全城，从东门延伸到西门的大妓院。”

在召开教会会议的城市，妓女们会蜂拥而至，举行国际大幽会，其中包括各个国家最美丽和著名的高级妓女。这种情欲的交易行为非常有利可图，在康斯坦茨会议中的记录中可以发现，很多顶级的名妓都能在主教和红衣主教中找到恩客，从而大赚一笔，有甚者可达几十万之巨。

16世纪的下等的妓院

随军的妓女

有一种妓女现在已经消失了，一直到18世纪末，她们都发挥出很大的作用，那就是随军妓女。《帕奇法尔》中记载："那里有很多女人，有的人身上束着20条佩剑带，那是她们卖淫得到的抵押品，她们的模样一点都不像女王，她们被叫作'营妓'。"

根据记载，在勇者查理围困尼斯期间，他军中的营妓大约有4000名。1342年，德国雇佣兵队长维纳·冯·沃斯林格有一支3500人的军队，而其中的妓女、侍童和骗子的人数，不少于1000个。到1579年，法军统帅斯特拉奇打算挥军直奔意大利，但是军队之中的大量营妓让大军无法前进。这位统帅为了摆脱困境，使用了残暴的手段。布朗当曾经记述说：被他淹死的倒霉妓女至少有800个。血腥的阿尔巴公爵率领军队进军尼德兰的时候，军队之中有400个名妓，她们骑马随军，而800个普通的妓女只能步行跟随。

营妓在最初并不是一个只知道分享战利品的寄生虫，她们是军队组织的一个重要组成部分，隶属于军需部分。这也是长期战争带来的后果，士兵们需要帮手来搬运武器、炊具，并且关心他们的伙食，有时候还可以帮助他们抢东西，保管战利品；在生病或者受伤的时候，士兵们还可以受到她们温柔的照顾，否则孤苦的士兵也许会死去。这些任务就是由侍童和妓女来完成的，五花八门的任务让随军女人作为妓女的作用反而退居其次了。在反映随军妓女和侍童的军营生活的歌谣中，可以找到有力的证据。有一首15或16世纪的民歌之中唱道："我们是妓女和侍童，自愿伺候我们的主人，侍童能够运走一切值钱的东西，我们还给他们送吃喝。妓女几乎全部来自弗兰德，有时候卖给这个雇佣兵，有时候卖给那个雇佣兵。不过我们对军队也有用处，我们做饭、洗涮，照料病人。干完活之后，我们也想开心开心，如果只是织布，挣不到多少钱。虽然雇佣兵时常会揍我们，但我们这些妓女和侍童还是宁愿伺候他们。”

这首歌谈到了很多方面，但却没有谈到爱情，如果爱情是主要的内容，那当然不会避而不谈。

掠夺性的战争带来了越来越多的战利品，妓女和侍童也就越来越多。女人们不再害怕军旅生活，而是迷恋于发财梦。虽然吃了很多的苦，但每个钟头都可以碰到一些财富，让她们醉心其中。织布让手指头鲜血直流，是一件辛苦的事，既然如此，为何不去伺候雇佣兵呢！

妓女在军队之中好像蚂蚁一样聚集，也带来了一个不可避免的后果，很早她们就被组织起来，成为军队的一个组成部分，并且还作为军事利益而得到利用。军队之中设立了妓女侍童营，管理者被叫作管带，营中所有的人都要服从管带。16世纪在各地的军队之中都实施了佛陇茨伯格军事条例，这个条例之中有一整章都是在谈论妓女管带的职权。管带最重要的工作是监督妓女和侍童劳动，强迫她们忠于主人，辛勤伺候，并且还要在行军的时候搬运行李。“宿营的时候，要做饭、洗涮、服侍病人，奔走执役，还要给伤病员喂饭喂水，送吃送喝，做其他需要做的事情，并且态度还要谦卑。”

在当时的战争条件之下，妓女的作用首先是工作人员，而且其作用非常重要。这当然不会妨碍她们做好自己的本职工作，将雇佣兵的钱都赚到手。因为这才是她来到军营的最终目的。

靠娼妓生存的人

在文艺复兴时代，娼妓业获得了长足发展，还有一个有力的证据就是她们丰厚的收入。娼妓是很重要的税源，在城市的税册上保存着很多有意思的材料。市政当局、教会和王宫的财务部门都知道，从妓女的口袋里可以获得很多钱，所以他们从一开始便巧妙地使用了财政艺术，制定各种规则来搜刮她们。违规的时候，妓女要付出巨额的罚金，而且还要承担经常性的调节税。妓院的老板要想开业，就得先掏一大笔钱，每年还要给社区、教会和宫廷缴纳赋税。有一些妓院的纯收入都流进了教会的金库，或者是那些神职人员的腰包，而且大部分都被神职人员拿走了。向一些妓院和一定数目的妓女征税，常常是教会奖励它的臣仆的方法，因为这部分收入可以成为他们可观的薪水。

从保存到现在的巴黎市税单之中可以发现，娼妓业纳税已经有很久远的历史了。从这份文件之中我们还可发现，娼妓税在13世纪就已经成为财务收入的支柱。教皇克斯特四世据说常常会将妓女的税款作为奖金来发放，阿格里帕·冯·耐特斯海姆说：一个高级神职人员的收入包括“两份俸禄，一份20杜卡特的津贴，一个修道院的进项（40杜卡特），还有妓院中三名妓女赚到的钱”。还有一份15世纪末汉堡娼妓税以及娼妓业收入情况的材料说：“市政当局和两家妓院的老板签订了合同，他们必须每年为每个妓女支付5至9塔兰不等的税。”在纽伦堡的相关材料之中，没有确切的数字，只能看到1487年的法令规定：每个星期必须为租赁房屋和承包妓院缴纳议定的款项。

从妓院之中收取的赋税金额比较大，这可以从一些王公的抱怨之中看出来。有些王公埋怨自己的利益受到了损害，这些利益就是收入。1442年，曼因茨选帝侯弗里德里希抱怨说：市民损害了“他对于妓女的权力”，可敬的父亲们（指王公）极其关心子民的淳朴风气，只要这些风气不威胁到他的收入。任何对风化有益但是却伤害了他收入的事情，都不符合他的心思，这种情况之下，可以看到这些人宁肯和这样的魔鬼拥抱在一起。

讽刺画《老鸨、富人、傻瓜和其他女人》

娼妓业之中还有一小部分人，从情欲成为零售商品开始，他们就靠着妓女吃饭，和卖淫者建立了深厚的关系，这种人就是：叉杆、妓院老板和男女皮条客。

年老的妓女失去了姿色，在情欲市场上乏人问津，但只要还没有穷死或者病死，她们就会从事更赚钱的拉皮条工作。“年轻时当婊子，老来拉皮条”，伟大的博尔尼画家兼诗人尼古拉·曼努埃尔所创作的谢肉节戏剧《谈谈教皇和神父》，其中有一个老妓女便高声说道：“我很高兴我还可以拉皮条，不然就糟糕了。我精通这门艺术，过去我的乳房高耸，现在瘪了就像是两个面口袋，但这门艺术让我挣了不少的钱。”

皮条客队伍里不仅有洗手不干的妓女，还有大量专门做这个营生的妇女，这些妇女公开为人拉皮条，或者戴着假面具为特别的人而奔走。每个阶级都有这样的女人，皮条客为特别的人服务的时候，所使用的假面具就是侍女。

在西班牙，贵人们会雇用侍女来监护妻女，这些人被叫作“贞洁维护者”。但她们之中恰好有很多皮条客，专门为那些因为西班牙风俗而不能出门的女主人寻找情人。我们已经讲过法国宫廷之中侍女拉皮条的作用，意大利为所有人服务的皮条客也在前面说过，在阿雷蒂诺的作品之中，还有专门的章节用来讲述这些事情。据他所说，皮条客居然是最忙碌的人，尤其是夜晚到来的时候，他们一分钟都无法休息。阿雷蒂诺笔下的女皮条客说：“到了夜晚，皮条客就好像是蝙蝠，一分钟都停不下来，猫头鹰一出洞，她就要开始忙碌。皮条客离开自己的窝，在男女修道院、宅院、销金库和客栈之间来回奔走。她从一个地方请走了僧侣，又从别的地方请走了修女；她将一个人塞给了寡妇，又将另一个人介绍给妓女；她给有夫之妇拉线，还给黄花闺女搭桥；她还会将听差和侍女、管家和女主人撮合在一起。她会念咒疗伤，能采集草药，驱邪避瘟；她还会拔牙，会从吊死鬼的脚上脱下皮靴，会画符念咒，能将星星合拢到一起，还能将星星分开，有的

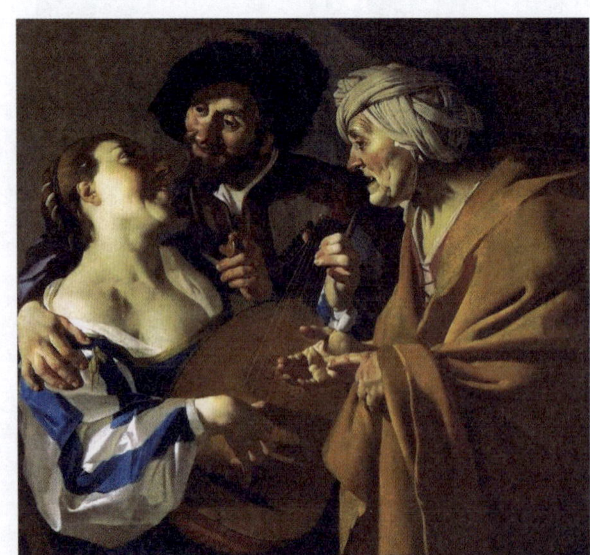

伦勃朗的《老鸨》。老鸨是妓院专业的皮条客

时候她还能狠狠地揍一些家伙。”

在阿雷蒂诺的时代之前，拉皮条的生意更加有利可图，除了那些职业皮条客，上流社会还有一些业余的皮条客，他们之间互相竞争。而阿雷蒂诺笔下的女皮条客也说到了这个问题：“想到我们这个曾经辉煌的行业现在遭到的破坏，我就气不打一处来。你们看看，都是些什么人呐！是妻子和大人们，丈夫和先生们，宫里的骑士和小姐们，忏悔帅和修女们，这些高贵的皮条客们都得势了！亲爱的奶妈，这些都是公爵、侯爵、伯爵和骑士啊！我还要说，他们中间有国王、教皇、苏丹和红衣主教、主教、东正教总主教，以及各种各样的人。我们的声誉全被他们给毁了，我们的荣耀也大不如前，想想我们曾经是多么辉煌啊！

“奶妈；难道现在还不算兴旺吗？难道你刚刚提到的这些大人物也都干这些？

“女皮条客：这个行当在他们的手中倒是兴旺，可我们却不行了。我们只能给人落下骂名，被叫作‘拉皮条的’，他们却神气活现，炫耀着自己的尊荣和名号，这个油水大事情少的行当，请你不要以为一个人有才能准会出头，在罗马这个猪圈里，和其他地方是一样的，没有可能做到这一点。这些高贵的皮条客盛气凌人，他们穿着绸缎绫罗，钱包也塞得鼓鼓的，大家在他们面前还要低头哈腰。我的生意还算不错，可是你看看别人，多可怜啊！”

娼妓的队伍向来都非常壮大，在淫乱成风的年代中，人数会更多。谁也没有统计过娼妓的数目，也许是因为永远也统计不清。

靠着妓女吃饭的寄生虫中，男皮条客数目也非常多。在德语中，男皮条客叫作叉杆，意大利语叫作ruffiani，法语叫作maqueraux。男皮条客的行当和女皮条客是一样的，侍女为贵妇拉皮条，跟班自然也会为主人猎艳。但是更多的人都是独立经营的，他们推销一个或几个妓女，供客人临时享用或者包租。在开始的时候，法律将这类人叫作ruffiani，后来随着发展变成了今天所称的叉杆，也就是为妓女拉皮条同时也保护她们的人。在当时的社会，独立的妓女需要一个可以随时出力的保镖，当有人粗暴对待或者袭击她的时候，可以及时地保护她，搜捕暗娼的城市巡警出现的时候，这些保镖也要通风报信。不过他们的主要作用还是帮助妓女拿走嫖客的钱，这让叉杆成为一个危险的职业，以至于13和14世纪的法律中都对他们提出了整治的规范与条款。

各阶级对娼妓的态度

上述材料只是为了说明文艺复兴时代卖淫的普遍现象，如果从中得出结论，则会发现娼妓在文艺复兴时代社会生活中有着明确且重要的作用，这些文献至少可以作为一个证据，证明娼妓在当时的社会生活中处于主要中心之一的位置。

这方面最有价值的证据，无疑是那个时代的节庆活动。毫不夸张地说，在很多场合之中，娼妓都是营造节日气氛的主要因素，因为她具有比任何人都强大的娱乐能力。这绝非偶然，也不是简单的伴生，这样的场合要有节日的气氛才最重要，为了达到这个目的，人们让妓女加入进来，主持人也有意识地推出她们，好让大家都情绪高昂起来。

这一点最主要的证据就是妓女在节庆活动之中受到的重视，根据当时的管理，庆典在暖和的季节举行的时候，大家还要献花，将花朵抛在游行队伍的脚下，也抛向群众。担当这个任务的往往是妓女，她们在激发节日情绪方面绝对不是简单的龙套角色，献花之后，她们的作用也远超过端庄的良家妇女。她们常常贯穿整个庆典，成为全部娱乐活动之中最最吸引人的节目。

我们谈过妓女在节日期间扮演的角色，这里也要指出几个普遍的风俗：几个美丽的妓女裸体欢迎王公贵宾，这也是庆典之中的重要节目。当舞会开始的时候，妓女并不会和普通观众坐在一起，而是与宫廷中的王公和贵族们跳舞，而高傲的富商眷属也只能透过露天的舞台观看她们的舞姿。庆典期间还有其他的演出，诸如比赛、赛跑等等，参与的人全部都是本城中“自由的女儿”。最美丽的妓女会扮成神话人物或者象征人物，有人会跳激烈狂热的舞蹈，或者开始比赛，竞逐本城的美女奖。最流行的节目就是“妓女赛跑”，因为这也可以最大地激发观看者的情欲。

白天的节庆表演结束之后，娼妓的演出还未结束，可以说这个时候她们才开始发挥真正的作用。夜晚的表演也是正式节目的一部分，不过活动的地点搬到了“女人院”、“女人街”而已。贵族们在城中逗留时，可以让市政当局出钱，让“女人街”灯火辉煌，请宫廷的客人去那里寻欢作乐。美丽的妓女随时都在接待客人，并且使出浑身的手段来取悦他们。在这方面，妓女无疑是竭力地维护着本城的名誉。

当王公贵族驾临的时候，人们选择用妓女的美色来款待，这是一种比较特殊的情况。但也同时说明，大家很明白妓女的美色可以提高群众的兴致，她们是生活之中不可缺少的一个享用。当外邦的使节莅临的时候，市长和市政会委员也会设宴款待。酒席上也会有美丽的妓女陪坐在外宾身旁，她们不仅要捧场客人讲的笑话，还要忍受这种场合之中常常出现的粗野玩笑。在家庭娱乐之中，民间节庆和富绅婚礼也很重视妓女的作用，妓女可以在庆典上表演为王公和外宾们准备的节目。有一些活动和节庆完全是由妓女来主持，譬如“马达勒纳舞”等。还有一些活动会邀请人们观看妓女的表演，譬如瑞士的祖叉合博览会，这个博览会甚至因为选美性质的名妓舞蹈而闻名遐迩。

法国版画《老色鬼》

妓女在参与市政当局的活动时，还可以获得一定的报酬，譬如一些野味和酒。而在富绅和城市贵族的婚宴上，妓女可以享用专门的一桌酒菜，由新郎来付钱。婚礼最后的黄昏舞会上，妓女们也一直都是主要的女客。

这些都是住在“女人街”的女人们积极营造节日气氛最突出的形式。各地的市政会记录和城市财政账目都可以证明这些活动的存在。历史学家约翰·廖勒根据伯尔尼市政会的记录，复述了1414年，西吉兹蒙德皇帝去康斯坦茨出席会议的路上，在伯尔尼逗留时的情景：“市政会议决定，在皇帝驻跸期间，每个人都可以从日夜开张的酒窖中领取美酒，宫廷和随从人员都赏之以美味，还颁布了一道命令，人们在美女们做生意的楼馆都可以得到热情而且免费的招待。”

这一次皇帝的旅行动用的马匹足有800匹，可见当时随从人员的数量也不在少数，而皇帝对于接驾的妓女也非常满意，因为在另一处还有一段记载："后来，在王公和骑士中间，皇帝对伯尔尼城进献的两样东西赞不绝口，那就是醇酒和美人的爱抚。而女人街的美女们开出来的账单，则由市政当局来支付！"

雷根斯堡纪事中也叙述了类似的情形，那是1355年另一位皇帝驾临雷根斯堡的情况："皇帝临幸本城期间，妓院里夜夜都有丑闻。妓院在乐师住所的对面，有公共特许状，是市政会租给老板的。"

1438年维也纳的账单之中，登记了阿尔布列希特二世在布拉格加冕之后临幸本地市政当局的开支，其中也包括了妓女的费用："妓女用酒十二阿赫特林，接驾妓女付酬十二阿赫特林。"

弗拉迪斯拉夫国王在1452年进入了维也纳，一位纪实作家描述当时的情形：市政会和市长动用了若干名"自由的女儿"，让她们在维也纳山脚下欢迎国王。当国王从布雷斯拉夫尔回来的时候，又在维尔德以同样的仪式热烈欢迎他。1450年，为腓特烈四世迎娶葡萄牙新娘的奥地利使团经过了那不勒斯，市政会也以同样的方式款待："妓院里的女人都已经付过钱了，不得另行收费，妓院里不仅有阿拉伯美女，而且无论想要哪个国家的美女都有。"

这幅版画展现了16世纪妓院的场景

15世纪维也纳市政账目传递了一个信息："市长和市政会在庆典上以及市民家里的舞会上，将美女介绍给贵宾。这些妓女一般会被邀请参加夏至舞会，围着篝火和大家跳舞，市政会还会设宴款待她们。在一年一度的维也纳赛马会上，她们也会享受同样的待遇。"

西吉茨蒙德·冯·赫伯史坦是一名使者，他在1513年曾经出使苏黎世，他说："按照规矩，市长、法官和妓女都要陪同使节进餐。"在一出谢肉节戏剧里，曾经这样描述祖叉合博览会上的妓女舞蹈："七年前在祖叉合的妓女舞蹈中，我看到你出尽了风头，就是因为这个，你到现在还戴着花冠。当时有一百多个妓女参加舞蹈，你赢得了奖给第一美人的金币。巴登行政长官亲手把金币授予了你，当时草地上最美丽的女子。”

很多风俗因为被禁止反而被人们所了解，从这些禁令之中，我们可以推断当时的社会风气。在费迪南一世的时候，1524年发布了一项禁令，用来约束民众，禁止帮工们和花枝招展的妓女一起进行一年一度的篝火舞蹈。而从1562年7月10日的市政会记录附注中，我们可以了解到慕尼黑妓女赛跑被禁止的情况：“市政会决定，因为妓女赛跑太过猥亵，从即日起禁止举行。这项活动实属不雅，几近裸体，对年轻人带来极坏的影响，诱使他们尾随着妓女（到妓女居住的女人街去）。”

这项赛跑活动早在1531年就已经在维也纳被禁止了，也就是说1531年是维也纳的最后一次妓女赛跑活动。从城市当局的记录以及纪实作家的描述中，我们可以清晰地发现人们允许妓女参加公共节庆娱乐活动，这么做并不是因为人们值得称赞的宽容。而是在他们的眼中，妓女并不是平等的公民，只是参加节庆的人可以随时捕猎的野味，每个人都可以找机会玩弄。亨利希·戴克斯勒在纽伦堡纪事中写道：“这一年的保罗节（1月23日）之后的星期三，汉斯·英戈夫为他的儿子路德维希举行婚礼，晚上举行黄昏舞会的时候，一群人在市政厅里起哄，扯下一个叫作阿哥捏莎·派雷特的妓女的面纱，于是她抽出了刀子来捅他们。”

从这篇纪事之中，我们获知这个妓女出于自卫而刺伤了一个起哄的富绅，并因此被判流放，五年都不许回到纽伦堡。但是那个向妓女起哄的上等人却逍遥法外，平民的行为虽然过分，但却根本不受法律的保护。于是妓女们对生活失去了信心，而随着时间的推移，在各种限制之下，她们能够参加的节庆活动越来越少。但是她们依旧可以找到秘密的参与渠道，暗娼更是根本不受限制。

在讨论妓女在文艺复兴时代社会生活之中所起的作用时，我们不得不简略地说一说当时的人们对待卖淫的态度。

在当时的社会生活中，按照大城市和商业、宫廷生活的规模，妓女确实起到了相同的作用。但在讨论人们对于卖淫的态度时，却要根据城市的不同而做出区分。

在任何地方，帮工们都和妓女保持着密切的关系，因为帮工不能结婚，所以将她们当作是婚姻的替代品。但我们也要看到，帮工虽然不能合法结婚，但却可以和女人姘居。让帮工时常光顾妓女，会带来很大的经济压力。女仆在很大程度上也可以满足男人的性需求，并且她们之中也有一些自愿的人。因为这些女仆和男人一样，有需求而无法通过其他的途径获得满足。虽然女仆之中也有被迫的人，但因为社会地位低下，她们无力反抗强暴行为。虽然有了这些保留的情况，可是帮工依旧是嫖客之中活跃的群体。工匠们单身的儿子也是这个群体的重要组成部分，所有的单身汉都是这样，在他们看来逛妓院很正常，谁也不觉得这是不道德的。而且，大家在逛完之后依旧可以保有“守规矩的小伙子”的好名声。

在当时的社会，性关系被当作是各种娱乐的主要内容，同时也是最重要的娱乐活动。大家都希望愉快地度过一天，那就会选择女人街。很多人眼中的女人街是朋友聚会的好去处，在那里熟人可以轻松会面，还能碰到有趣的伙伴。凡是那些来钱容易、花钱慷慨的人，都会去这些地方，包括雇佣兵、冒险家以及各色寻求幸福生活的人。各种各样腐化的人都结伴来到这里，就像今天的人结伴去酒吧一样平常。大家在这里寻欢作乐，就像今天的人在饭馆一样。他们不仅可以唱歌、跳舞，还可以对妓女说下流话，开一些粗俗的色情玩笑。

有家室的小资产阶级对于卖淫的态度有所不同，社会允许单身汉和妓女交往，但有家室的人却受到严格的限制，这不仅是不成文的约束，也是市政会的明文禁令。有一些禁令流传到了今天，他们认为逛妓院的丈夫“损害了妻子的权利”，这是犯罪，所以必须要接受惩罚。但这些和当时的时代精神并不矛盾，也符合小资产阶级的条件。虽然有家室的人也会成为女人街的常客，但他们要暗中进行，这也是符合小资产阶级的历史状况的。

伦勃朗的《妓女》

在历史上，小资产阶级通常具有革命性。但其物质条件的狭隘决定了它的道德始终具有狭隘性，只能虚伪地悄悄逃出桎梏。这样的行为一贯会导致假仁假义，小资产阶级的政治地位在新的革命阶级的挑战下也开始岌岌可危，于是这样的问题就更突出了。文艺复兴时代的小资产阶级正处于这样的尴尬境地。

妓院老板是小资产阶级一如既往的盟友，虽然他们接到了市政会的严格禁令，不许接待已婚男子。但是已婚者和犹太人以及僧侣，连同这些被当局禁止进入妓院的人，都是妓院老板最欢迎的客人。已婚男子比较富裕，而且在寻欢的时候也舍得花钱，既然抓到了机会，他们就会倾其所有。所以妓院老板总是在想办法为已婚者和僧侣提供便利，或者是开个暗门，或者是派人把风。这三种人光临妓院的证据，我们有很多，其中包括这些人偶然被抓而受罚的各种报道。

鳏夫是拥有狎妓正式权利的男人，妓女通常是他们“秘密的妻子”，不仅可以主持家务，还可以成为他们的姘妇。这种情况非常普遍，大家也都习以为常，以至于常常会有特别说明指出：这个男人再婚的时候，已经和他的“秘密的妻子”生育了孩子。

姘居伴随着婚姻而存在，男人除了娶妻之外还会续妾，这些在文献之中都有明确记载。但这个风俗并非在小资产阶级中流行，而是在新兴的大资产阶级之中流行。这些富商作为革命的阶级，可以大胆地将家庭规范抛到一边，这也是他们在性领域之中展现自己革命性的方式。

文艺复兴时代的la grande cocotte

城市贵族和宫廷贵族对于娼妓都持肯定的态度，但他们由于贵族的身份，又有精致化的倾向。美丽的名妓对于贵族来说是奢侈品，古希腊对于有才华的名妓的崇拜在这个阶层有所复活，但依旧保持在一定限度之中。

高级妓女被贵人们公开豢养，就像养着一个珍惜的宠物。他们为名妓提供房子，为她们雇用仆人，提供马匹、马车和豪华服饰，将她们的住所变得光彩夺目。贵人还会公开地在妓女的家里招待朋友、举办宴会。豢养一个名妓，在她的身上一掷千金，似乎已经成为一种炫耀自己的方式。那些被贵族、红衣主教和主教们豢养的姘妇，在意大利被叫作“诚实的高级妓女”，以此将她们和普通的妓女作以区分。

富有的登徒子在置办外宅的时候，会豢养两三个高级妓女。这方面以意大利的情况最为突出，法国次之。意大利的著名妓女大多集中在佛罗伦萨、威尼斯和罗马，各地的黄金财源不断流进这三个城市，佛罗伦萨以豪华气派著称，威尼斯以富有著称，而罗马则以淫欲和享乐著称。

还有几个朋友共同豢养若干个高级妓女的情况，他们分摊费用。在佛罗伦萨有一个叫作菲利波·斯特罗齐的人，他是克拉莉切·美迪奇的丈夫，他所拥有的外宅之中还有他的朋友出没。其中包括罗伦佐·美迪奇、乌尔比诺公爵、弗朗切斯科·德利·阿尔比齐和弗朗切斯科·德尔·奈罗等人。这个外宅的花销自然由这些人共同支付，其中居住着四位美艳的名妓，她们是卡米拉·德·比隆、亚历山德拉、贝娅特丽切和布里奇达。这几个高级妓女要服侍他们每一个人，只要他有这个愿望。而事实上，这些妓女都是某个男人的女友，有的确实也有恋爱的关系，但这并不妨碍他们之间的错综复杂的关系。洛塔尔·施密特编辑了一本高级妓女的名册，这本册子很有趣，让我们可以窥得私人妓院的生活。这些妓女自己也会拉皮条，给某些男人找到他们喜欢的女人，在卡米拉写给菲利波·斯特罗齐的信里，她就曾经直言说：“亲爱的，你要是认为我会让亚历山德拉和别人发生关系，那就太可笑了。因为我自己退让出来，将她送给你，是出自我的真心。你要小心地让她满意，我不会出尔反尔。假如我们将那个骑士接纳进我们的圈子，那就可以将布里奇达给他，但在没有获得你们同意的情况下，我也绝对不会这么做。”

这个叫作卡米拉的高级妓女对于自己的要求可没有这么严格，她不仅接待别的朋友，还让他们领略她的美丽和做爱能力。在写这封信的同时，她还写信给另一个向她求欢的男人：“如果您来的话，在我的房间附近给我信号。我又搬回我原来的卧室了，免得让您久等。”

这些人对于乱交持默认的态度，不过友情结束的时候，这个局面也就无法维持了。这些高级妓女完全是享乐工具，男人在厌倦的时候就会无情地摆脱她们。有一个骑士玩腻了他的女人，就会将她转给自己的朋友。卡米拉在她的第三封信中透露出了这个时代最高精神的著名代表，因为她的朋友在厌倦之后，居然要求她服侍他带来的每一个人。她写道："他不要来烦我了，让我独自伤心吧，也不要将我让给别人，难道我不是自由身，而是什么人的奴仆？他知道我不允许他带别人来，不许他将我当作战利品转送别人，让他滚，他身边的女人太多，不用干涉这些事情。"

当财富和权力开始为所欲为，这种事情就会屡见不鲜，风流时代和资产阶级时代，这样的事情不断在发生。因为相似的经济条件会促成相似的结果，所以除了几个人豢养几个妓女之外，文艺复兴时代和古希腊、古罗马一样，还有一种一流名妓la grande cocotte。这些名妓因为美貌和才能而日进斗金，在经济上完全独立，从奴隶变成了主人，连最有权势的人都要拜倒在她们的脚下。这些名妓首先是在意大利出现，因为意大利为她们提供了有利于娼妓精英存在和发展的社会条件。

通过资本的流动，意大利最早出现了大城市，这为爱情的女祭司们提供了重要的前提，让她们享受众人膜拜。罗马在当时世界的地位，吸引了很多富商、王公来到意大利，让这里成为新时代旅行者的中心。只有这些因素全部到位，才能促生如此有地位的名妓，否则就不能让名妓成为说明文艺复兴时代社会风貌的现象。

名妓的生活

威尼斯、佛罗伦萨和罗马，这三个城市里都有非常惊人的典型情况。蒙田曾经表示：光是威尼斯一个城市，就有150位一流的名妓，她们的奢华生活可以和公主匹敌。其中的著名代表就是威尼斯女人维罗妮卡·弗朗克，这个名妓在风月场中阅人无数，接待过16世纪下半叶最高级的世纪贵族，当时声名最盛的才智人士都是她的客人。她的寓所堪比一流的宾馆，坐落在最热闹的连接罗马和东方的十字路口，各色王公都曾经在这里下榻，为了一夜风流而付出巨额财富。维罗妮卡曾经长期担任伟人丁托雷托的女友角色，来到意大利旅行的德国、法国作家和艺术家们也都是她的座上宾，人们曾经这样描述她："她若是要换个地方住，搬迁的排场堪比女王出巡，离开的地方和新居的地方都要通报。"

为了豢养这样一个身价不菲的名妓，而导致破产的贵族不止一个。关于17世纪罗马名妓生活的报道中曾经记述："虽然有很多显贵的骑士为她求情，但是教皇还是命令将列昂诺拉·康塔琳娜驱逐出城，因为她的身边聚集了太多的贵人，很多人由于不吝一掷千金而蒙受了巨大的物质损失。"

用这样的措施来惩戒名妓，显然并不是出于道德的原因，而是因为一些败家子的亲人担心家传的财富会流失。为了占有这些名妓，人们不仅挥金如土，有时还要以命相搏。在雷坎纳迪欢庆节日的时候，雇佣兵队长乔凡尼·德·美迪奇曾经强行将一个叫作鲁克列琪雅的女人从乔凡尼·德尔·斯图夫的手上抢走。1551年，六个骑士声称佛罗伦萨的名妓图莉亚是"全世界最美丽最出色的女子"，谁若胆敢不同意，他们就要和谁决斗。因为名妓崇拜而引发的神魂颠倒，在那些游手好闲的阶级中非常普遍。

妓女如何招徕嫖客

此处还要探讨一下文艺复兴时代妓女拉客的手段。妓女有时会上街挑逗行人，有时会衣衫不整地坐在窗口或门口，吸引男人的注意。那些长得美丽的，便会在窗口梳洗，故意让人家窥视自己。或者就是去公共浴池，展示自己的娇美身段。最高级的妓女过着上流社会的生活，像真正的名门仕女一样，她们甚至可以激发王公的欲望。

在纪实作品和风俗的相关介绍中，我们可以找到很多类似的文献。托马斯·慕纳所撰写的《傻瓜园》中有一段文字："她们有的吹口哨，有的打手势，有的挥手帕，有的穿白鞋并露出白嫩的腿，还有的通过戒指、十字架项链和其他首饰来吸引男人的注意。"

这些手法都是街上拉客的妓女惯用的，妓女们在街上溜达的时候，会大胆地缠住男人。巴塞尔曾经有人因此而撰写了意见书，声称："少女和老妪像雌孔雀一样在街头漫步，每个男人经过的时候，她们都会纠缠一番，向他索取钱财。"

在纽伦堡，这些街头妓女的行为也不断招致控告和处罚。冯·摩尔在《纽伦堡史》中列举了市政会的一些法令："1508年，责成妓院老板不能让其'女儿们'穿着职业服装上街，应该尽量让她们待在家中。如果她们要去教堂或者其他地方，必须要穿着斗篷，蒙着面纱。1546年，这项法令被重申，并且增加了更严格的条款：不遵守这项法律的妓女会被判入狱。1554年，妓女开始成双结对地在城里和教堂溜达，这种行为也被禁止，违者处以徒刑。"

在鹿特丹人伊拉斯谟的笔下，法国妓女会在旅馆之中这么做："那些姑娘发出撩人的笑声，做出卖弄风情的样子，我们并没有开口，她们却问：你们有脏衣服要洗吗？她们将衣服拿去洗干净再送回来，此外还会清

文艺复兴时期的宴会

除马厩。那里有很多姑娘连马厩也敢闯进去，我们离开的时候，她们就拥抱我们，动情地与我们告别，仿佛我们是她们的亲人。”

我们在这里讨论妓女在节庆之中的行为，讨论她们跳舞和赛跑时的模样，无非是为了浓缩一个广告。当她们“白嫩的胯骨没羞没臊地露出来”，观众看到的也是一个广告。她们跳舞的时候“浑圆的乳房从胸褡中滑出，撩拨那些色眯眯的香客”，这也是在做广告。妓女的舞蹈和赛跑常会被禁止，证明妓女的行为会让很多人循着广告去女人街。

讲究的服装也是妓女的广告，不管是在妓院还是大庭广众之下，每个妓女都深谙此道。虽然有各种禁令限制，但她们还是可以挑选出最华贵的衣料，做出袒胸的服装。

意大利名妓的广告以手法细腻著称，她们靠着精神品质来吸引男人，常常和文学之神缪斯联手。威尼斯名妓维罗妮卡·弗朗克就是一个例子，有男人对她爱得死去活来的时候，她就会写信给他，告诉他若想实现愿望，可以换一个更好的方法：“有人曾经征服我的心，您很清楚，在他们之中我最珍视的是有志于科学和自由艺术的人。我真心热爱科学和自由艺术，虽然我是个不学无术的女人。有些人知道，只要有机会我就会终身学习，只要条件允许我就会和有学问的人一起消磨时间，我最乐意和这些了解我的人聊天。”

这位威尼斯美女并不是唯一会与缪斯套近乎的妓女，还有一位叫作英佩利亚的妓女，是当时风月场中的名人，她曾经向别名为斯特拉西罗的尼可洛·康帕尼奥学习写作意大利诗歌，还阅读拉丁作家的原文作品。阿雷蒂诺曾经介绍过一个外号叫作“Madrenna non vuole”的名妓：“我看她像西塞罗，把彼特拉克和薄伽丘的全部作品都读得烂熟于胸，她还能背诵维吉尔、贺拉斯、奥维德以及其他诗人的无数好诗。”

还有一个名妓叫作鲁克列琪雅·似科瓦奇奥，人们说她能够对意大利语言的纯洁性等高深的问题发表见解。这些标榜自己和缪斯女神相爱的意大利名妓，让研究文艺复兴时代的历史专家提出了荒谬的结论，认为她们是文艺复兴运动中最勇敢和最值得尊敬的代表。专家们到处颂扬名妓，认为一个新的名妓时代出现了。这些善良而又天真的人，将装腔作势当作深刻和严肃，只要稍微思考一下就可以发现她们为了事业才这样“装腔作势”而已。

艺术中的娼妓

那个时代的名妓被当作是最珍贵的奢侈品，也是最可心的享乐工具。她们为了抬高身价而不得不卖弄那些东西，首先是艺术和科学。每个名妓都了解公众的爱情心理，知道他们希望爱情光辉灿烂，于是便扮演了时代对她们要求的角色，虽然她们的举止都是假模假式。这些名妓无法保持古希腊的面目，因为婚姻内容早已改变，有产阶级和资产阶级的合法妻子不再是古希腊单纯生育继承人的工具，她们也成了奢侈品。这个变化出现之后，名妓只能是代用品。这两个现象密切相关，代用品的本质也一贯都是假模假式。

我们还要列举一个有力的证据，用来说明名妓在文艺复兴时代社会生活之中所起到的特殊作用。艺术是可以论证我们论点的一个丰富的证据，名妓也是各类艺术都着力表现的题材。从小型私生活版画、招贴画以及木版画、书籍插图和大型油画中，我们都可以看到这种题材的存在，不管是一流还是二流的大师，都对这个题材有浓厚的兴趣。

维米尔的《老鸨》。老鸨除了给姑娘介绍生意，也会亲自上阵

德国绘画史上第一帧名妓画像出自伟大的荷尔拜因之手，西班牙画家牟藜洛所绘制的加列

加斯夫人也是高级妓女。在意大利画家中，卡尔巴乔、提香和其他的优秀画家都有妓女画像作品。尼德兰所有的巨匠都画过妓女，譬如马苏斯、路加·赖登、维米尔、哈尔斯、伦勃朗等人。这些艺术品就是当时历史的主要记载者，我们所涉及的一切细节都在艺术之中得到反映，而且保证了绝对的细节。还有很多妓女画像描绘她们的生活和活动，任何一种细节都没有被忽略，作为确凿的证据证明了当时名妓对于生活所起到的巨大作用。

娼妓条例

文艺复兴时代，政府对于卖淫的态度是宽容的。随着情势的发展，政府也不得不制定一些法令，这些法令有些是为了调整细节，有些是为了防止和解决冲突。在这个领域之中，发生破坏社会秩序的事情是非常普遍的。

任何国家的这类措施，在最开始的时候都只是限制爱情市场的范畴。被唤作“城市姑娘”、“美人”、“漂亮妞儿”、“快乐女人”等名字的妓女，只能在固定的街道居住和做生意，教会常常提出要求：不许妓女住在教堂附近的街道。1483年的汉堡法令说：“妓女不能住在教堂附近，也不能住在通往教堂的街道上。”因为他们觉得教堂附近开设了“腐化的市场”是对虔诚教徒的嘲弄。有很多房东非常支持这些要求，因为妓女的喧闹生活会将正人君子吓跑，以至于无人租房。但是也有很多房东反对这些措施，因为作为房客的妓女通常很慷慨，她们不受法律保护，也就成了最不挑剔的房客。

政府会将一定的区域和街道划分出来，作为爱情女祭司的居住区。这些地区通常远离城市生活中心，在护城河或者城墙的死巷子。很多城市的女人街都在城墙附近，1471年斯特拉斯堡的一项法令便明确提出：“城内的老鸨和妓女都要迁往城外的街巷，或者指定的区域。”1477年的法兰克福法令也有类似的内容。

德国宫廷画家老卢卡斯·克拉纳赫的作品《妓女》

这些爱情的女祭司不仅被挤出了市民的风化圈，还要戴上特殊的标志。男人喜欢接受妓女的服务，也不会拒绝妓女带来的快乐，但是他们只是将妓女作为享乐工具，所以希望可以一眼就从人堆之中发现她们。在良家妇女和妓女之间划出一道界限，让正经的市民阶层妇女不至于受到污蔑。

这个残酷的公开印记在各地都有惯例，一般都是采取规定服装的办法。得到官方认可的妓女，都必须在自己的服装上做出醒目的标志，1313年苏黎世的一项法令就规定："每个妓女和老鸨在街上必须戴着风帽式样的红帽子，如果她们在教堂里脱帽，就要将它搭在肩膀上。违反这项规定者必须向市政会缴纳罚金五元，市政会差役必须宣誓收集罚金。无力交付罚金的妓女不能在城内居住，等付清之后才能搬回来。"

1400年的梅拉诺市政会也做出了规定："妓女不能穿各种质料的大衣，不能和市民的妻子以及其他良家妇女跳舞，她们的鞋子上必须系上黄色的花结，以便于分辨，不允许佩戴银首饰。"

1440年，奥格斯堡的长老们对妓院老板提出要求，严令他对秘密的女儿和女人进行管束，不能让她们穿着绸缎、戴着珊瑚念珠，而且她们的面纱上必须要有两指宽的绿条，还不能带着女仆上街。

14世纪中叶，法国的一些城市也出台了相关的法令，规定妓女在公开场合必须要在肩膀处戴上别针。1486年，柏林市政会决定："为了将良家妇女和坏女人区分开来，一切过着罪恶生活的女人必须要用斗篷遮住自己的头，或者穿上短披肩。"

这五项决定是不同年份出台的，而此类的法令还有很多。从这些文献之中就可以发现，公开给妓女打印记的做法并非个别现象，而是一种模式。这个做法或多或少反映出普遍的观点，这些丑化妓女的做法是有意识的。不过，这些法令对于名妓来说都形同虚设。

关于妓女服装的规定还有很多，而这些规定都是为了搞臭她们。她们在佩戴特殊标志的同时，还被禁止穿一定质料的衣服和佩戴某种首饰，因为这些都是良家妇女和淑媛的特权。这些条例都是基于一种信念：凡是妓女触及的都是不洁的，妓女选择的时装、首饰，都是不干净的。这个观点根深蒂固，在反奢华条例之中鲜明地表现出来了。在反奢华条例之中，良家妇女不能穿戴贵重的衣料和面纱、首饰，但是妓女却被排除在外，她们有时候甚至必须穿戴这些东西。

1448年，苏黎世颁布了反奢华条例，列举了禁止使用的物品之后又强调：“但是，住在女人街和护城河边的妓女有权穿戴上列物品。”

这个巧妙的做法可以让反奢华条例更加深入人心，市政会宣布了某些妓女专用的衣料、首饰，让良家妇女对这些东西都开始鄙弃，因为她们要是穿戴了这些东西，就会有被误认为妓女的危险。弗勒戈尔·埃贝林认为这个办法获得了胜利，他在谈到禁止小丑时装的时候说：“莱比锡市政会对这些时装很不满，于是想出一个好法子来对付它。市政会决定所有登记的妓女都必须穿这些时装，于是这些时装也就销声匿迹了，因为没有一个身家清白的女人愿意被人误认为是人尽可夫的爱情女祭司。”

16世纪妓院老鸨的服装

这个办法在此处获得了成功，但在很多地方也遭遇了失败。因为很多清白的妇女愿意冒着这个风险去尝试一些服装，尤其是那些开胸过低以至于袒胸的衣服。

在限定了妓女居住区域之后，在相同的原因督促之下，市政会又规定了色情交易所的营业办法。“妓院条例”在很早之前就出现了，最古老而真实的妓院条例可以上溯到12世纪，这些条例非常详尽，是最重要的娼妓史史料。其中还有珍贵的关于卖淫性质的信息，除了一些数据之外，也透露某些城市的特殊需要、收费数额、营业时间和人们反对或想要设法消除的种种不便。

《乌列姆妓院章程》是流传下来最有趣最详细的妓院条例之一，但这份文献非常详细，此处无法照录，只能列举几条。第二条非常有趣，妓院老板要在市长和市政会面前宣誓，保证遵守：“第二条，妓院老板要宣誓保证妓院管理良好，配备适宜、整洁、健康的女子，人数不得少于十四人。因病或其他原因出现空缺，要在一个月之内找到有经验、整洁、健康的女子，补足十四人的定额。”这一条款反映出社会对娼妓的需求非常大，人数不能低于十四个人。此外她们还必须整洁、健康，可见乌列姆的市民花钱真是物有所值。

对情欲是否适宜这个话题是经常被提及的要求，首先要在年龄上适宜。很多类似的条例中对太年轻的少女直接禁止，不过没有明确地规定年龄，而只是考虑“她是否已经能够爱”，考虑个人身体的发育状况。这类规定之所以引人关注，是因为纪实作家也常会写到妓院之中的小姑娘。从这个事实可以得出结论，不是成年妓女数量不足，而是要满足各种嫖客的需求，包括最无耻的荒淫色狼。

1444年，福尔茨堡市政会给妓院老板的租赁合同书里，对“适宜”的标准做了详细的列举：“妓院老板不能接受怀孕的妇女，如果妓院里有太小的姑娘，应该用树枝抽打着她驱逐出城，还要警告她：未到必要的年龄就卖淫，将处以死刑！”

看，这个不幸的受害者还要遭受一顿暴打！

妓院的老板不仅不能接受太年轻的女孩，还不能接受已婚妇女。这种禁令在英国、法国、德国都是如此，不过也常有报道提及禁令未被遵守的情况，很多有夫之妇偷偷到妓院之中应局，尤其是帝国大会期间，或者是有大量军队进驻城内的时候。因为这种时候被人揭穿的风险很小，导致后来又规定了妓院只能接受外地女子的条款。小城市会奉行这条法令，因为小城市之中家庭亲戚关系复杂，这个规定非常有必要，可以避免在妓院遇到自己的亲戚。

关于未成年人逛妓院的资料相对较少，妓院老板的条例之中也有禁止男孩进入妓院的规定，可见这样的事情是存在的，而且还不在少数。

对于营业的时间，妓院章程也有明确规定。法国规定从日出到日落为营业时间，而日落之后妓院就要关门，不能进出。荷兰和英国规定星期日妓院不能营业，英国的一篇纪实作品中就谈到了这些五花八门的条款：“妓院之中不得有已婚的女子，不得有身患重病的妇女。必须遵守荷兰虔诚的卡尔文教徒至今保持的风俗，星期日不能营业。不能挂招牌，只能写在墙上；店名之上要画一顶红衣主教的帽子。”

除了这些来自于政府的规定，娼妓业本身也有行会组织规定，其中设定了一些规矩来保护自己的权利。这个组织在章程之中具有社会性的条款有明显表现，涉及看护病人和限制老板的权利等等。譬如，妓女有权在一定时间内拒接客人，期间不得强行将妓女关押在妓院。另外，妓女还要接受某种保护，以避免妓院老板对其剥削过度。

这些社会措施在乌列姆章程之中也有表现，也许是靠着妓女行会组织的努力，它才能如此完备、详细。因为这是最了解妓女需求的人，正是因为她们进行了集体的庄严抗议，才获得了这些功绩。

妓女之间的争斗

“诚实的妓女”还通过行会组织进行另一种斗争，那就是对不道德情欲市场的不正当竞争。“诚实的妓女”要对抗暗娼，避免她们压低价格拉走嫖客，损害她们的利益。在她们看来，男人只能找“诚实的妓女”，只能到妓院中去嫖娼，所以她们向市政会告发暗娼，要求市政会“为了主和仁慈”惩罚那些抢生意的暗娼。汉斯·罗森普柳特曾经在一出谢肉节戏剧里说到“诚实的妓女”的怨恨：“她们埋怨牧场过小，暗娼和侍女夺走了她们的饲料。她们还埋怨修女，因为修女有寻欢作乐的本事，当修女沐浴的时候，一定会请小贵族康拉德到场。”

这些斗争不止是埋怨，有时候甚至发展到武斗，打得头破血流。纽伦堡人亨利希·戴克斯勒在笔记之中记述了一次妓女的大事件，那是历史真实存在的事实：“1500年11月26日新闻：妓院之中走出八名妓女，找到市长马克哈特·孟德尔，告诉他城里某些地方聚集了暗娼。老鸨将单身汉带到一个房间，将已婚的人带到另一个房间，让他们不分昼夜干淫乱的事。她们诉说完毕，请求市长赶走暗娼，捣毁窝点。市长答应了这个请求，于是她们就去攻打那个房子，砸烂了门，推倒了炉子，打碎了玻璃，抢走了东西，鸡飞狗跳之余还将做老鸨的老太婆揍了一顿。”

这种事不止发生过一次，五年之后妓女又一次出动，这些同仇敌忾的“诚实的妓女”与暗娼和“自由妓女”进行了大清算，而这样的行动不仅发生在纽伦堡，在其他城市也常会发生。

禁　娼

文艺复兴时代虽然对卖淫行为持如此宽容的态度，但其依旧遭受到了猛烈的抨击。

道学家从未停止对卖淫的谴责，他们将卖淫渲染为万恶之源，认为其是最可怕的地域。虽然理论和实践在主流上殊途同归，但它们之间的矛盾依旧很大。这种矛盾并不是无法解决的，它的产生是因为大规模的经济革命在小资产阶级社会制度的框架内进行，从而导致对立的力量经常发生冲突，这样必然会导致理论和实践之间剧烈的矛盾。

道学家反对卖淫的依据，来自于小资产阶级的世界观，他们主要的理由都是认为妓女感兴趣的只有嫖客的钱包。这个观点引出了人们对卖淫的很多谚语，“谁找妓女，钱包倒霉”，“妓女加酒，家当溜走”，“妓女爱的不是你，而是你的钱”等等，凡此种种谚语，都是想让男人对妓女生出厌恶之心的表现。

这种思想构成了对妓女否定的基础，在造型艺术之中获得了明显表现。劝善画的主题就是宣扬妓女贪图情人的钱包。但应该注意到，人们视为可耻的不是女人为了金钱出卖自己，而是她将自己的隐秘行为和肮脏的买卖联系起来。讽刺画也都是针对妓女侵犯男人财产权而作，因为财产权的损失最可怕，所以这也成为最大的犯罪。在艺术家的不同表现方式之下，这些思想全部被传达了出来。

一个妓女将自己丰盈的胸乳袒露，似乎在召唤着男人：这属于您，只要您付钱。她接过自己出卖色相获得的钱，快乐的客人一把搂住这个女人。此时已经无处可退，狡猾的妓女预付了很多。女皮条客会在这个时候出现，搞定剩下的事情，获得自己的一份酬劳。有时候，妓女还会欲擒故纵，因为她们知道这种时候男人最愿意花钱。一个水手在经历了几个月的海上航行之后，欲火如炽，会干脆地将自己的钱包全部交给妓女。

这一切，不过是这出好戏的序幕，似乎没有特别的理由引起愤恨。根据道学家的意见，最可恶的是后面三幕。那不仅仅是嫖客钱包的安危，而是妓女的猖狂行为。就算是最大方的嫖客，都无法满足妓女对钱的欲望，她就像小偷一样将手伸进嫖客口袋。每个妓女都是小偷，当她用亲吻、手势、色相和爱情的艺术让嫖客神魂颠倒的时候，她就会悄悄掏走并不属于自己的钱，这仅仅是故事的第一幕。

妓女所要的不止是更多的钱，准确地说是全部的钱。第二幕几个小时后开始，酒和情欲都发挥了作用，让疲惫的嫖客沉沉睡去。他的口袋已经被掏空，贪心的妓女什么都不放过。这一幕的结局千篇一律，一文不名的嫖客在众人的嘲弄之下被踢出门外，妓女在只有换来利润的时候才会献出自己的柔情。

这些观点有其正确之处，但卫道士和讽刺家只看到了这些，他们认为妓女觊觎嫖客的钱这是永恒悲喜剧中最可怕的事情，也是最不可原谅的。这只能证明这种道德是小资产阶级的精神产物。

除了愤怒地反对卖淫，还要叫嚣着难得实现的惩罚。在很久之前，试图限制卖淫的措施就出台了，因为人们不了解这个现象的根本原因，认为女人变成妓女是出于自甘下贱、懒惰和淫荡，所以他们觉得只要妓女悔罪就可以。为了这个目的还创建了多个悔罪者修道院，在法国叫作自新修道院，这种修道院遍布欧洲。

一部施佩耶尔纪实文学这样描述1302年自新社团的成立："我们所说的悔罪者，是那些曾经沉溺于肉欲，而后来感到悔悟的未婚女子和有夫之妇。在帝国的城市为她们盖建了专门的房屋，让她们忏悔自己曾经不道德的生活，保护自己不要犯罪，同时看护僧俗病人，让她们自食其力。在施佩耶尔，自修会于1302年就创立了，或许还要更早。创办者是一个富有的市民，他建造房屋，和悔罪者一起居住，提供维持她们生活必需的钱，要求她们穿白色粗麻布衣服。"

《忏悔的妓女》

欸乃阿·希尔维奥介绍过1450年维也纳的风土人情，他也谈到了这类机构："圣耶罗尼姆修道院是专门接纳放弃罪恶生活皈依天主的妇女，她们日夜唱着德语的赞美诗，如果其中有人重操旧业，就要被扔进多瑙河。"

虽然巴黎的自新者没有留下太多资料介绍，但通过自新修道院的章程，我们还是可以发现一些蛛丝马迹："任何人不得强制入院，这里只接纳那些有过不道德生活史的女人。为了避免欺骗，修女必须在场，让专职的稳婆检查。稳婆要宣誓不撒谎，为了避免年轻女子故意去过罪恶的生活以求接纳，凡是被拒绝一次的人，以后则永不接纳。此外，申请入院的人必须要向忏悔师宣誓，说明她们若是为了入院才去过罪恶生活，那就甘愿领受任何苦难，甘愿被驱逐，就算已经剃度受戒。为了避免让妓女以为自己随时可以入院，以至于迟迟不来悔罪，这里不接纳三十岁以上的女人。"

为了限制卖淫，社会采取了很多措施，也为妓女提供了悔罪的机会。一旦被打上了娼妓的烙印，一生都无法去除，也就无法回到正常社会。不管怎么样洗刷往事，都不能和可敬的规矩人结婚。有一份1483年的汉堡的文献可以看到："妓女无权佩戴首饰，从良之后也不能和良家妇女来往。这样的女人只能戴着包发帽，不能佩戴其他的头饰。"

这也就难怪悔罪的试验未能取得预期效果，施佩耶尔纪事表示，"一致认为这些悔罪的女人是很坏的皮条客"，一切企图改善风化的努力都失败了，人们的义愤也只是徒劳。

我们很清楚对娼妓的需求如此巨大的第一个原因，第二个原因也不难理解。为什么娼妓越来越多，为什么不断有人加入这支队伍，为什么供过于求，到处都有男女皮条客，因为这都是资本主义发展引起的转变，这个转变在每个国家都造成了几十万人脱离本身的阶级，制造了大规模的无产阶级。阶级变动让军队获得了甘愿卖命的士兵，也为妓院提供了甘愿出卖色相和爱情的女人。

梅 毒

无数的妓女是雇佣军的女性补充，15和16世纪的雇佣军多为德国人，因此在世界各国的妓院之中也以德国女人居多，尤其是施瓦本女人。这一切都注定了维护风化的作家们必定徒劳无功。但是到16世纪下半叶，社会的风化状况开始明显好转起来。有人认为这是宗教改革的道德影响造成的结果，有人认为这可以归功于弘扬道德的努力。但这些看法都是错误的，这两个因素之所以可以产生作用，也是因为它们得到了两个盟友，而这两个盟友的辩证法在历史上向来都是最有力的。

第一个盟友是我们曾经提及的，我们认为它是限制奢华服装和取缔腐化时尚的决定性原因，这个现象在16世纪下半叶发生也颇为奇怪——它就是经济衰退。当时的资本主义已经开始大规模启动，经济衰退阻碍了它进一步的发展。有产阶级的利润下降时，很多产业都在经济危机的影响下垮台，市民和无产者濒临贫困线，出于不得已的原因，一切的享乐形式都受到了限制，性领域之中的享乐自然首当其冲。除了高强度劳动，贫困和悲苦是抑制性冲动唯一有效的猛药，这些也是可以导致禁欲的结果。

在16世纪下半叶之后的经济史，对很多国家来说都是一部独特的衰退史。早在半个世纪之前，西班牙就已经破产，德国也处于破产边缘，意大利、法国、荷兰都在经受激烈的动荡。这是近代历史上第一次，也是最大一次的世界性危机。资本主义第一次向全世界展示了自己的另外一面——狰狞的面孔。

让风化好转的第二个盟友就是梅毒，它扼杀乐趣，就算这些乐趣在没有遭到贫苦的破坏之前，它也都威力无穷。

15世纪末是梅毒第一次出现的时间，也是当时的人类最可怕的灾难。人们生活中最大的欢乐忽然被打上了让人毛骨悚然的烙印。哥伦布带领着资本主义征服新大陆，而新大陆给欧洲送来了这份礼物，这是世界历史性悲喜剧的顶点——新大陆的土著报复了摧残他们、掠夺他们黄金的欧洲人。这些欧洲人只想榨取钱财，但土著人却将烈火注入他们的血脉，直到400年后的今天，这份痛楚还让千百万人感到噬心。

当人类发现自己血液之中有了这个病菌，感到非常惊骇，他们当然知道传染源在哪里，自然明白这个病是从妓院之中蔓延开来的。于是，想象之中的法宝被祭出，在梅毒流行期间所有的妓院都被关闭。16世纪的前二三十年里，是梅毒发动的第一轮攻击，关闭妓院的事常有发生。嫖客减少的同时，妓女的人数也在锐减，过去有十多个妓女的妓院，现在只有三四个人了。

将这些因素用意识形态的语言来表达，就是道德的胜利，人类风化的改善。对于这种不恰当的界定，我们持拒绝态度，所以也就要接受这个解释：市民的美德和端正的品行到文艺复兴时代末期作用较大，因为美德和品行有两个先锋战士，它们也是两个坏蛋——梅毒和贫困。

这一切究其因，无外如是。

第六章 公共娱乐

考察文艺复兴时代的风化史，可以从公共娱乐活动之中获取不少有趣的材料。缺少了爱情的生活是没有乐趣的，在这方面文艺复兴时代比当代表现得更为突出。介绍文艺复兴时代的公共娱乐活动并非本书的主旨，因此，我们只对服务于性的场合与手段进行探讨。如果这些手段首先是游戏和舞蹈，那么对维纳斯进行膜拜的主要场合除了节庆之外，还有两个重要的公共娱乐场所：纺纱房和浴池。

纺纱房

此处所讲的纺纱房，是当时各国的城乡公共娱乐的主要形式。不管是乡村还是城市，共同纺纱只是借口，大家只是为了让男女一起表达对爱神的崇拜而已。

在这里，我们当然不会去讨论私人纺纱房，而是针对那些带有公共性质的纺纱房。全村人或者多个青年人聚集在一起，冬天的时候每个星期会有一两次一起纺纱的活动，这样的聚会有不同的名字。当妇女带着纺锤和纱车来到纺纱房，漫漫冬夜里，小伙子也会来到这里，于是这里就成为一个公共娱乐场所。

这个聚会也是有规矩的：年轻人只能坐在姑娘的身后，而姑娘出于颜面的要求必须要有一个追求者，让小伙子做他该做的事——弹掉姑娘膝头的麻纱灰。由此可以发现，这种活儿可以让小伙子与姑娘不断露骨地调情，不管是男是女，他们都不会放过这样的机会。

如果根据当时道学家的批判，就会发现越是大胆的小伙子越能得到姑娘的赏识，而姑娘也会被同伴妒忌。这种事情屡屡被见证，也正是我们的判断：在公共纺纱房中，崇拜爱神只是一个借口。很多农家姑娘来到纺纱房，只是为了在这样的夜晚有一个调情的对象而已。

这些地方昏暗的灯光在谚语中均有表现，因为这种光线更有利于调情，老年人对此则视而不见。纺纱房中用松明子照明，门外的风或者其他原因都会让火被吹熄，这种事每天都会发生，小伙子们也会利用这些机会，姑娘们也不会拒绝亲热。有时候，纺纱房简直要变成集体狂欢的场所，根据参与者的心意，他们会努力促成这种机会，以至于松明子每晚都要熄灭好几次。德国有一个谚语可以形容这种混乱的场面："不是纺麻，而是乱麻麻！"参与这种活动的除了姑娘还有有夫之妇，有人来打听女儿是否受欢迎，也有人是为了和年轻人寻开心。有夫之妇常常只是为了寻欢，因此总会遭到丈夫的抱怨，纺纱房的作用由此可见端倪。在谢肉节戏剧《农民的乐子》里，有一个农夫这样埋怨他的妻子："她常去纺锤那里，一直待到关门。我问她为什么不早点回来，问她到底去哪儿了，她就回答我：别烦我。她恶狠狠与我吵架，让我最好闭嘴，让她想干啥就去干啥。"

纺纱房姑娘

这样的聚会常常会有欢快的舞蹈，某些地方的年轻人还会请乐师。男女双方利用舞蹈来调情，动作露骨。谢肉节戏剧《美好的谢肉节狂欢夜》中，有一个小伙子吹嘘自己在舞蹈时的收获。

这种风俗在文学作品之中有所反映，在美术作品中也很常见，贝哈姆就曾经有素描作品《纺纱房》以及相关的无数漫画。

除了这些作品，各地城乡当局所颁发的各类法令是对这种聚会泛滥发展的最有力证据。当局之所以颁布法令，是因为有时候在熄灯之后有些人行为过分，尤其是散会回家的时候，小伙子轻易就会摆布姑娘。那些吹嘘自己的成就的小伙子，常会以自己给姑娘造成的后果为证据。而且由于争风吃醋，斗殴致死的事情常有发生，因此，纺纱房的聚会也被叫作"斗殴之夜"。这类事情频繁发生，让当局无法置之不理，便会常常颁布警告和法令。1572年，纽伦堡颁布一项决定称，"在这类聚会中，频频出现少女被诱拐或者被迫嫁给年岁不相当的男人，有时候还被强奸，蒙受耻辱"，"年轻人时常争执，以至于出现伤亡"。

当各种处罚都无效的时候，纺纱房的公共娱乐还会引发重大灾祸，有时候会因为漫不经心造成火灾，于是很多地方将纺纱房取缔，而这个措施也收效甚微，只是暂时有效。纺纱房常常重新开张，消遣娱乐活动也照旧上演，这些从不断颁布的认为纺纱房是不良风气的法令之中就可以看出。

浴池中的生活

公共浴池是更为高级一些的公共娱乐场所，人们去纺纱房的借口是劳动，而去浴池的借口则是为了清洁和健康。在这件事上，我们看到的是另一种形式的对爱神的膜拜活动，除了试婚制和公共纺纱房，时代又通过公共浴池给人们创造了一个露骨的调情机会，它们的区别只是浴池更具有个人特质，而纺纱房则更有群众性特质。

正如同名妓所发挥的特殊作用一样，浴池的风俗让文艺复兴时代有了特殊的印记。德国人酷爱沐浴，这个喜好可以追溯到古代的日耳曼人，在当时盛行一时的说法是沐浴是为了保持元气或恢复元气。男女共浴也是一件源自古代的事情，全裸的沐浴风俗也有卫生的考虑。人们用卫生作为裸身沐浴的风俗，长时间待在浴池里，以至于很多人皮肤发炎，患一种浴池斑疹，衣服的摩擦会引起强烈疼痛。但人们却又将这种斑疹当作是有益健康不可避免的过程，以至于它又变成了人们不穿衣服的好借口。

在沐浴方面，男女几乎同样认真。男人走出浴池的时候仅着一片兜布或者拿浴帚遮羞。而女人穿得更少，只是一个小围裙来勉强遮身，她们比男人还愿意暴露。她们在保持赤裸的同时又带给别人一种“脱”的感觉，这个目的要用发型和首饰来完成，几乎人人都是媚态十足的脱衣女郎。人们为了大家的乐趣，将最初的需要变成了一种游玩行为。

十三四世纪之前，就已经有了男女共同沐浴的风气。在此之后，各地出现了禁止男女共浴的条例，要求男女要在不同的时间和地点洗浴。最初的目的只是为了清洁，而后来沐浴却变成了对爱神的崇拜形式，这又助长了这一风俗的发展。人们通常认为要常常去浴池且要长时间浸泡，并且享受搓洗熏蒸，这样才能真正起到治疗的作用。人们一般每个星期要去浴池两次，而在疗养之地则天天必去。所以为了消磨时间，就要聊天、寻

16世纪漫画《浴池中的男人》

开心，浴池逐渐成了一个公共娱乐的中心场所。沐浴期间人们会唱歌、奏乐、开玩笑，在洗澡的几个小时里还要吃喝等。

自然而然的，两性之间天生具有献殷勤特质的关系被发挥出来了，女人在男人身边洗澡，便是一个殷勤结交的好机会。男人怎么会错过这样的机会呢？在雨幕的场所，不管浴池还是浴棚，空间都很狭小，男女之间仅用低低的隔板隔开，彼此可以观望，而且有些地方可以伸手触摸到。而在浴棚之中，男女还会混在一起洗澡，很多的油画、素描等绘画作品中对这一点均有表现。

总而言之，沐浴是发挥各种风流途径最有利的机会。所以人们常常会谈论这个话题，在言辞、手势和动作之中都反映出对于放荡的维纳斯的崇拜。不管是吃饭还是唱歌，都维持着一种色情的味道。每种现象都有它自身的逻辑，沐浴从保健措施变成露骨的调情行为，人们在洗澡之时追求男女寻欢作乐，将目的变成了手段。

这种情况普遍存在着，最好的证据就是形态各异的特殊事件，我们从中可以发现，沐浴只是一个娱乐节目而已。以所谓的婚浴为例，人们在结婚之前、过节的洗澡可以理解，但这种婚浴却不是一般的清洁，而是“维持数天的婚礼的一部分”，甚至是整个庆典的高潮。婚浴往往是在婚礼仪式之后，是婚宴的压轴戏。新人和宾客的种种行为都可以从中得到解释，在乐师和宾客的簇拥下，新人会去浴室洗澡。他们当然不是为了清洁，主要是为了唱歌、喝酒并且在欢乐中结束婚礼。当时的说法是：婚浴是为了开猥亵玩笑和做游戏。

即使在男女分开洗浴之后，人们依旧可以在浴后找到机会来弥补这一损失，因此这样的风俗又应运而生：在分开洗浴之后，男女会在一起开怀畅饮，唱歌跳舞。人们很早就知道，穿得越少越自如，因此男女都不愿意多穿衣服来游戏。这不过是为了给调情制造机会，而人们也会很好地利用这些机会。瓦茨拉夫·霍拉尔有一幅版画作品，描绘的正是一次小规模婚浴。

婚礼的宾客共同沐浴狂欢，这种风俗有确凿的历史证据。关于这个风俗，有很多的官方法令和警务条例，在某些城市，陪同新人走进浴室的宾客数目都有规定。14世纪，慕尼黑市政当局规定：双方可以有6名女客参与婚浴，共计12名。14世纪雷根斯堡法令，允许男方有24名男客参与婚浴。新郎和新娘各有8名女客参与。这两项法令清楚地证明了我们的说法，新郎也可以选择女客陪同他进入浴室。

这类法令颁布的目的是为了制止不规矩的非礼行为，说明在婚浴的过程中会有十分猥亵的放荡行为。一个男人会握住旁边女客的乳房，并且不会被人当作是色狼，认为他只是淘气而已。但是男客若是裸身舞蹈，则会被当作是非礼，很多法令之中均明文禁止。15世纪格利茨市曾颁布法令称：“因为年轻人不久之前浴后舞蹈败坏风俗，只戴着浴帽，不穿衣服，所以市政会决定：从即日起，任何男子不得只戴浴帽跳舞，还应该遵照通例，穿上裤子和上衣。”

婚浴之中出现的性放荡行为并不是特殊现象，那只是公共浴池和浴棚之中的常规形态集中出现在婚浴中而已。人们的性好奇得到了如此强烈的刺激，获得如此好条件的满足，羞涩地闭起眼睛反倒是奇怪了。这样的怪事当然不会出现，至少纪实作家不会承认有这种事。在一部描绘16世纪众生相的作品中，谈及应纳盆地哈雷市浴棚浴池中的生活，说道：“羞耻心是保持童贞的关键，它可以约束姑娘不去做有碍风化的事，就算她们内心想要去尝试。浴池生活的风俗让她们的羞耻心逐渐消泯，习惯了在男人面前赤身裸体。浴池中大概没有男女专用的更衣室和洗澡间，故意让男女彼此窥视，收起了羞耻心。我常常看到，十到十八岁的姑娘也一丝不挂，或者用短短的床单、浴衣来遮掩，或者用小小的围裙来遮掩，她们就这样走上大街，从家里跑到浴池。十到十六岁的男孩也赤条条地跟在她们后面跑，一直随着姑娘们跑到浴池。”

流传下来的很多美术作品描绘了这一画面，两个人在浴盆之中相对而坐，谈笑风生，而且往往是一男一女。男人自然不会错过这样的机会，会明确地向自己可爱的女伴表达喜爱。浴池之中这样的行为则更加放纵，阿尔德格雷费尔根据维吉尔·索里斯的油画创作了一幅版画，是描绘浴池生活的经典作品。这幅画在各种名录之中被误读，命名为《再浸礼派教徒之浴》。

浴池生活的各种细节都被法令所证实，格利茨市关于浴后裸体舞蹈的禁令，不只针对婚浴，也说了当时的一般情形。整个15和16世纪，有很多城市浴池之中的淫秽行为均有规定，被要求男女分浴，禁止共浴。但这些规定往往被忽视，小伙子们总是置若罔闻，他们不愿意放弃和姑娘调情的好机会，而姑娘们也对这样的戏谑表示欢迎，从纪实作品和诙谐故事里常常可以看出来。弗雷编辑的诙谐故事集《花园里的人群》，有一个故事叫作《一个农民的儿子让两个自新的修女怀孕了》，这个故事证实了当时的道学家极力抨击的一个事实：就连僧侣和修女，也是公共浴池之中的常客。

就算到后来男女不再共浴，浴池之中的情况依旧很有特点，可以让我们对当时的风化做出判断。譬如，很多地方仍然允许妇女使用男性浴工，而他们往往只穿着一个小小的围裙，这些妇女则是裸体。这些事实有很多文字和图画可以证明，丢勒和奈丽等人的素描就是实证。而且我们能够发现，男浴工并不是呆板地干活儿，他们会对自己喜欢的女人靠近，行为相当露骨。有一篇作品中曾写道：男浴工虽然围着围裙，但常常仿佛会无意中掉下来。女浴室并不是封闭的，丢勒曾经在那里画出了不止一幅出色的人体素描。由此可以发现：窥视女子出浴在当时简直成了一种模式。

伦勃朗的《浴池》

在文艺复兴时代，不仅城市里有浴池，乡村之中也极为普遍，这一点不容忽视。在较大的村子里会出现两家浴池，较大的城市则会多达十多家，有如下的数字可以列举并证实这一现象。

从文献资料中可以发现，1426至1515年间，乌尔姆城郊的五个村子里，每个村子都有一家浴池。15世纪莱普海姆的居民曾经申请开第二家浴池。瑞士标劳市附近的布豪村有35户人家，也开了一家浴池。根据格瓦里诺尼乌斯所说，奥地利不管多小的乡村都有自己的浴池，苏黎世有5家，施佩耶尔有9家，乌尔姆有10家，巴塞尔有11家，莱茵河畔的法兰克福有

15家，维也纳有20家。在浴池里，人们通过语言、眼神、手势和动作来取悦爱神，很难想象有比这更方便愉快的机会了，而这些也促使人们不断去利用这个机会。所以，浴池和妓院很早就合为一体，这个融合与结合的过程说明了为什么整个文艺复兴时代的人们将浴池老板和妓院老板、戏班子老板都当作是下贱的行业的原因。

浴池和妓院融合首先体现在女浴工身上，服务浴客的女浴工常常伺候男浴客，她们不仅要搓澡，而且在浴客休息的时候还要铺床。于是女浴工自然地成了浴客的陪伴，要迎合他们的一切需求，包括他们最粗野的行为。而她们的服装也是为了让他更方便这么做。

女浴工的服装只有一袭汗衫，各地均是如此。当时的文献和艺术可以证明，这些汗衫常常是透明的，从绘画中可以看出，女浴工有时候还会一丝不挂。浴池老板最好的广告就是女浴工，他们常常雇用漂亮、健壮并且不怕在男人面前裸体的女人，来勾引浴客的情欲。女浴工同时也是妓女的事实已经无需证明，因为这两个词是同义词。将一个女人叫作女浴工是极大的侮辱，“她的行为就像是女浴工一样下流”，这种话出现在克拉拉·海茨列林的诗歌中，这些也可以证明女浴工和妓女的关系。

为了了解得更为全面，我们还应该明确：公共浴池同时也是维纳斯的神殿，女浴工首先便是爱情的女祭司，所以僧侣是被严禁入内的，他们被规定只能获得男浴工的服务。僧侣往往会自带男浴工，但有时候大胆的人们朝僧侣的洗澡间望去，会发现男浴工的脑后有一条长长的辫子。安布拉兹的诗歌中有一首有趣的作品，叫作《一个黑衣僧侣和他的情妇，他们在浴池里大汗淋漓》，其中正描写了这样的内容。

另外还要补充农村的情况，在乡村，妓女们往往以女浴工的名义卖淫，除了女浴工之外，很多的女浴客甚至都是这“快乐的女人”中的一员。“快乐的女人”是法国人对妓女的称呼，德国的某些地方将妓女叫作“穿鞋的鹌鹑”或“夜莺”。男女共浴的时候裸体相对，也让漂亮的妓女有机会推销自己，而且很多浴池都准备了包间以供人们偷情之用。

有很多男人专门为找妓女寻欢才去浴池，因此很多城市的浴池可以说都是扩大了的妓院。在纪实作品中，描绘了很多妓女专用的浴池，关于乌尔姆的浴池就有这样的记载。我们将这种浴池当作是妓院的一种，绝非谬误。此外还有一个有力的证据：妓院章程常常和浴池章程出现交叉，很多关于浴池的法令也都有详细规定，允许浴池的老板雇用妓女。有一些浴池的章程完全就是妓院章程，最古老的可以追溯到12世纪的英国浴池章程。“浴池老板不得让修女或者有夫之妇进入”以及“浴池老板不得雇用患有恶疾的女人”，“不能强迫或诱骗客人进入浴池”等等，这类规定已经可以证明浴池等同于妓院的事实。

除了公共浴池之外，还有富绅家中的私人浴池也值得一提。那里的风气和公共浴池一样，私人浴池也是娱乐和谈情说爱的场所。当时人们都有这样的说法：想要快活，就在家里修个浴池。僧侣们在这里行风流之事再方便不过了，因为私人浴池里人人裸身相见，这种风俗保持了多久，可以从快乐的汉斯·冯·施为尼亨的自传中看出来。1561年，他九岁的时候发生了这样一件事，在他的自传中描述道：“我到宫里没几天，老公爵夫人就要洗澡，我是侍童，要伺候她。过了没一会儿，一个叫作卡德琳的少女来了，一丝不挂地让我把冷水给她。我觉得很奇怪，因为此前我从未见过裸体的女人，一下子慌神，将一盆冷水倒在她身上。她大叫起来，告诉公爵夫人我的无礼行为。公爵夫人笑着说：‘这个小兔崽子会有出息的。’从此我知道了裸体女人的样子，但不知道她们为什么要赤条条。”

这个风俗对于风化史很重要，因为首先：私人浴池不仅供家庭成员专用，客人也会被邀请，主人则在一旁相伴，让最漂亮的侍女来伺候客人，有时候主人还会和朋友们在这里吃喝玩乐，做游戏、开玩笑。而另一个原因则是根据当时记载丑闻的作品，这种家庭浴池是通奸的主要舞台，尤其是妻子常常会在这里表演。美丽的年轻主妇很喜欢被情人贸然撞见，朋友会找丈夫不在家的时候上门，而女主人则倾心服侍，请他入浴，自己在一旁陪伴。这种家庭乐趣很合登徒浪子的口味，他们的情人也乐意奉献。

家庭浴池往往只是一间即兴安排的房间，房内摆放一个浴盆即可。富裕的市民和富绅，以及贵人、高级神职人员的府邸中，浴室则会很豪华，他们用大理石的地板、贵重的浴盆，还有绘画、长椅、柔软的羽绒垫子等等装潢，让人在浴后忍不住想要躺下来。典型的例子就是奥格斯堡福哥王室宫中那富丽堂皇的浴室，梵蒂冈比比耶拿红衣主教的浴室也很出名，他用拉斐尔的壁画来装饰。这种条件下，难怪人们喜欢浴室，也难怪比比耶拿红衣主教等都是淫乱之徒，他们以浴室为狂欢之地，供他们的情妇和美丽的高级妓女在教皇宫中寻欢淫乐。

家庭浴室的历史比公共浴池要早，骑士的城堡里已经有家庭浴室，唱游歌手的诗歌常会对之进行描写，说明当时它已经成为维也纳的标志。从

男女混浴的公共浴池

种种情形可以发现，家庭浴室在12世纪以前较少，很多王公都去公共浴池洗澡。15和16世纪，新兴资产阶级财富出现增长，社会越来越倾向于严格的阶级隔离，家庭浴室也开始出现。公共浴池成为中下阶级常去的地方，家庭浴池的数量如雨后春笋，1483年仅乌尔姆一个地方，除了公共浴池之外，就有168个家庭浴室。

疗养之地

富绅和有产阶级放弃公共浴池这种变相的妓院，还有另外一个原因。并不是因为他们比过去更加注意品行和风化，而是他们有了其他的娱乐场所。他们是不会因为失去了公共浴池而放弃乐趣的，在很多疗养地，有加倍的乐趣可以找补回来。从13世纪开始，疗养地就兴旺起来，成为时髦而又奢华的幽会地点，一直到当代这样的情形也依然如此。为了更加彻底地享受生活的乐趣，人们会不断去进行洗澡的旅行。起初，大家是去一些形形色色的矿泉，这些矿泉本是为了健康和治疗而开发的，来这里的多是专程治病的人。随着时间的推移，这种治疗者越来越少了，而专程洗澡旅游的人却越来越多了。这说明矿泉已经成了娱乐社交的中心，除了宫廷和港口城市之外，这里是最热闹的地方了。

矿泉可以聚集这么一大批游手好闲的人，这算是开天辟地第一次，大量的人群在长时间内都聚集着，无所事事地度过自己的生活，这个地方自然而然就成了娱乐区，为了满足游客的需求而形成了各种娱乐方式。这种地方对健康人的吸引力远超过病人，在任何时代也都有专供有产阶级的奢华疗养地。文艺复兴时代的洗澡活动几乎是所有娱乐中极致的形式，疗养地也就自然地成为社交生活的中心。讽刺作家们曾经嘲笑说：洗澡旅游，只对富人有疗效。慕纳在他的《傻瓜园》中曾经调侃说：“我们去五月疗养地，钱可要带得充足，那里是矿泉，疗效很特别，谁要是带了女人去却忘记了带钱，那可行不通。在这种情况下，矿泉的疗效只是让你失去你曾经拥有的一切。”

洗澡旅游便是爱神维纳斯的王国之游，疗养地的生活也主要是爱情的节日，这也是现象本身的本质所决定的。时代的肉欲取向在这里有最好的条件可以让其充分流露，一切都集中在色欲享受之中，越是著名的疗养地，人们的生活越是放纵。

要想知道文艺复兴时代疗养地的风化情况，可以阅览旅行者和纪实作家的记载，不管是诙谐故事，还是谚语，都可以详细地告知我们，丰富的材料可以让我们形成一个清晰的概念。

在疗养地的日常生活中，勾引别人或者被别人勾引是最常见的主题，人们使用的手段越大胆越冒险就越受欢迎，以至于五花八门的手段层出不穷。一切都是为了一个目的，生活都是围绕这一主题，女人的表演只是为了让男人欣赏春色，男人则不断刺激女人这么做，他们不仅言辞献媚，而且用露骨的手势和大胆的举动不断翻新着花样。女人让男人欣赏自己，绝非偷偷摸摸，她们不会让一个男人独享，而是选择公开的演出，就算在一个人面前表演，她也是心系“芸芸众生”，这样的演出自然可以吸引所有人的关注。

在矿泉，女浴客固然不能像在家庭浴池一样裸露，但她们会尽力渲染自己。她们的发式、首饰以及浴袍都是用来吸引别人的手段，浴袍虽然对于她们的目的帮助不大，但我们从克拉纳赫的油画作品和约斯特·安曼的素描作品《土耳其女人的浴衣》中，可以大概看到这个时代的仕女在疗养地出现在男人面前的面目。

沐浴这一行为本身便是一种公开的演出，大多数人虽然都在参演，但公众还是有机会观赏，在沐浴地周围修建的围廊，就是为了方便看客观察水中的动静而设的。莱克和巴登这些疗养地都是如此，不洗澡的观众将水中的一举一动都看作是刺激感官的春色。

希腊的浴池

很多纪实作品和报道都说明疗养地的风气在几百年中都没有变化，只需要看看波乔介绍亚豪的巴登疗养地的著名篇章以及亨利·希·冯朗根施坦介绍14世纪80年代威斯巴登疗养地节日的文章，就可以发现。但令人遗憾的是，这两篇文章和此类的经典之作都结构庞大，在这里无法引录。不过我们可以用两份法令来替代它们，这些说明在疗养地的风气历久不变的同时，还可以证明这种风气到17世纪还在很多地方存在着。1549年颁布的符腾堡波尔疗养地章程中说："不能说下流话，不能唱淫秽歌曲，违者罚半盾金币。也不能对良家妇女和少女做出猥亵的手势，违者每次罚一盾金币，这项罚款不能豁免。"1619年，还有一项法令提及："第四，常常有妇女申诉男人对她们放肆且下流，为了制止这种有碍风化的行为，特决定：疗养地的老板必须密切关注，实行男女分浴，贵人及其亲属除外。"

在疗养地，云集于此处的人形形色色，有些疗养地甚至具有国际化特色。每年都有很多贵人来到这里，游客中的皮条客和平民混在一起，其中还有很多美貌的妓女。这样快活的地方向来少不了教会的仆人，僧侣、神父和修女也是疗养地客人的主要成员，不少报道都会描写神父和修女在疗养地的玩乐举动。

1566年，普费费尔在他的卢塞恩州城市史中写道："有些僧侣向市政会申请，想要偕同情妇一起去巴登洗澡旅游，市政会拒绝了这项申请，以免有人效尤。”

妓女纷纷来到疗养地，这并不足为奇，因为她们可以在这里获得更为丰厚的回报。高级妓女是这里的主角，节庆期间她们最活跃，疗养地是否有妓女在做生意成了一项必备的条件，也正是因为她们的存在，才吸引男人们来到这里。

暂时告别家庭束缚，逃离夫妇的枯燥生活，这个愿望让很多男人来到疗养地。而良家妇女也同样为此而来，格劳贝尔说：“很多妇女愿意去矿泉洗澡，因为她们的丈夫太老也太冷淡了。”1610年，格瓦里诺尼乌斯写道：“妇女去哈雷的原因，是因为她们可以更容易地偷人。”还有另外一个人说：“在洗浴的小房间，很多良家妇女和年轻男子寻欢，她们在家中惧怕流言，本来不会这么做。可是到了这里，她们比女浴工还起劲。”

这种情况下，不孕症成为矿泉最容易治愈的妇科病。波乔刻薄地讽刺说：“朋友，你问我此地的矿泉疗效如何，我要告诉你千差万别。在某些方面，有神奇的疗效，全世界都找不到比这里更能治愈妇女不孕症的矿泉

16世纪欧洲最著名的温泉疗养胜地和度假天堂——德国巴登

了。不孕的妇女来到这里，会感受到矿泉的神奇疗效，只要她热心地采用科学给她们的‘指点’。”

在古代的谚语中，这个事实也简明扼要地显露出来了：“女人不生崽，最好去矿泉。矿泉办不到，游客可以帮你办到。”有时候，疗效会超出原来的预期，有一条谚语说：“疗养地的疗效好得过了头，怀孕的不只是母亲和女儿，还有侍女和母狗。”

艺术之中有不少描绘浴池和疗养地淫秽风气的作品，有一种说法一度被人提起，声称造型艺术根本不是反映时代的本质，没有比这更荒谬的了。艺术表现当然要鲜明，但并不是单纯地强调裸体和淫秽。弗洛特纳、索尼斯、丢勒、贝哈姆等人的油画和素描一定可以传达时代的基调，这一点不能否认。时代所具有的普遍形式，就是美赋予时代基调的色彩。如果有人认为大多数描绘疗养地和浴池的绘画只为了表现人体美，那这就不是一种美的虚构，而是反映一个简单的事实，年老色衰的老女人和丑女人只有在特定的情况下才会去浴池，而且穿着规整的衣服。丑陋历来都是美德最尽心尽责的守护者。

公共浴池消失和妓院的萧条的原因是一样的，都是社会的凋敝和梅毒造成的。这一点我们在作为导论的第一章之中已经谈及，在这里不做详细论证。

在普遍社会凋敝状况中，还要注意木柴的价格飞涨的原因让浴池老板承受了巨大的压力。对于使用木柴烧火的浴池来说，木头越贵，洗澡的费用也就越贵，最后居然将洗澡这一行为变成了无人问津的奢侈品。

洗浴的女子

游戏和舞蹈

古往今来，很多成人游戏都有色情的因素，至少也带有色情色彩。成年人喜欢的游戏大多是男女的调情，或者是互相赢得的过程。在中世纪和文艺复兴时代，游戏的色情内容更加露骨。男女都希望可以轻松享受嬉戏的乐趣，这个愿望在两性都参加的游戏中才可以实现。典型游戏例子就是“绊倒在地”、“抢吻”、“新城牧羊人”等，这些游戏都曾经风靡一时。

“绊倒在地”是一种滑稽的男女角斗游戏，双方要用脚将对方绊倒，女士骑在被绊倒的男人背上，而和她角斗的男人则要站着。当时的女人不穿衬裙，所以角斗的时候女人会将腿和胯裸露在观众眼前。男人获胜的时候，女士会跌倒，裸露也会达到极致。“抢吻”游戏与此类似，在很多游戏之中都起到主要作用的吻，在“抢吻”游戏中表现得非常粗野。做游戏的双方都要骑在异性的肩上，男人扛着女人，但扛人者和被扛者频频跌倒，在地板或草坪上滚做一团，动作不雅，但这正是游戏者所追求的主要乐趣。

15世纪意大利的舞蹈

慕纳的作品中介绍过“新城牧羊人”游戏，这个游戏的中心是作为奖赏的吻。做游戏的时候，女子要和男人一样有劲，因为她要将男人举起来。只有“能在小伙子跳跃的时候将他抓住并举起来旋转”的女人，才有资格参加这个游戏。男人也会报复女人，将她举得更高，旋转得更快。关于这个游戏，慕纳

15世纪法国《游乐花园》舞蹈

说："这个游戏不成体统，小伙子举起姑娘的时候让她什么都暴露了。"游戏的最后，大概就是众人接吻了。

我们很明确，在当时各个阶级都玩这个游戏，而且大家都十分喜欢。由此可以看出：就算是在富裕的市民和贵族之中，女士也可以在众人面前暴露色相，男女在公开场合彼此欣赏也并不是不成体统的事。

农民之中有很多更下流的游戏，其中有一种虽然没有详细的记载，但从尼哈特·冯·雷音塔尔的一首诗中，我们也可以窥得一二，了解到它所表现的粗野而且肆无忌惮的色欲，可是在当时青年男女却都很喜欢这个游戏。

《美德的宝藏》这首诗还告诉了我们很多游戏，从名字就可以看出色情成分在这些游戏中起主要的作用，例如"两人想跌倒在花丛"、"双双风流"、"男想女"、"两人互相绊腿"、"真心用宝宝"、"亲吻"等。

不过，这些游戏和玩笑的流行程度和色情内容，都不能和成年人历来最喜欢的娱乐——舞蹈相提并论。

和时装一样，舞蹈也是一个色情的问题，它的这个基本本质不应该被忽视，我们不能只关注它的外部形式。只有明白了它的基本特点，我们才能了解舞蹈的真正奥秘，才能理解为什么每个时代都在创造自己的舞蹈。

舞蹈一直都被翻译成模拟节奏语言的色欲，它表现为求爱、拒绝、答应和兑现等动作，一切舞蹈的主题都是象征色情的要素，很多民族舞和流行舞的主要特征就是露骨地表现性行为。仅以意大利的塔兰泰拉舞、波兰的卡楚楚舞、匈牙利的查尔达士舞和时下最为流行的国际标准舞为例，就可充分说明这一点。

舞蹈的本质说明了很多问题，它浸透了肉欲，只是翻译成模拟动作的性行为节奏。因此，舞蹈历来都是最危险的诱惑者，淫欲在舞蹈之中大有

"用武之地"。

在中世纪末和文艺复兴时代的舞蹈中，这个特点十分明显。舞蹈在当时最集中地表现了上述游戏的意向，如果舞蹈不能收到预期的效果，就会借助很多古怪的动作来达到目的。文艺复兴时代的大多数舞蹈，包括人们酷爱的那些，都有剧烈的跳跃和疯狂的旋转动作，女舞伴的裙子旋转得越高越好，这样的舞蹈至今在山区依旧流行。

有一首宫廷情歌曾经吟唱："她平地跳起好几丈！"一个男子如果可以大胆地旋转女舞伴，就可以享受到舞蹈家的美誉，因为他让女人畅饮了甜蜜的疯狂。所以很多姑娘都让男舞伴尽可能大胆，有人写道："如果小伙子不会，或者不好好地旋转姑娘，姑娘们就不想跳舞，说他是手脚笨拙的蠢货。"

不管是姑娘，还是妇人和寡妇，大家都热衷于跳舞。她们最大的荣幸就是每支舞都有人邀请，而且男舞伴可以将她举得比谁都高。姑娘一旦感染到舞蹈的疯狂，就会大方地将男人的贪求恩赐给他们。腼腆的姑娘会悄悄解开胸褡上的扣子，大胆的姑娘会明目张胆地这么做，甚至解开不止一个扣子。

彼得·保罗·鲁本斯《农民的舞蹈》

亨利希·冯·米腾维勒曾写过一首诗："姑娘们麻利地跳起来，跳得那么高，膝盖都看得见。吉尔达的衣衫迸裂，整个胸都露出来了。热得将前襟解开，所有的男人都能够欣赏到她的美。"

当时的舞蹈要点在于所谓的饵子，1580年出版的《舞蹈之魔鬼》一书中描写了这个招式：男人将女伴举起来旋转，让她跌倒在地，自己也跟着摔倒，其他舞伴也都被相继绊倒，到最后地上躺了一大堆人。"谁爱放荡，谁就会喜欢这样的旋转、摔倒和衣衫不整。他笑嘻嘻，因为他看到了一场异国风情的美景。"

最开心的是看客，很多男人去看舞蹈，只是为了饱览春色。俗话说：

“看客比跳舞的人更坏。”舞蹈的时候女人衣不蔽体，有伤风化，男人也是如此，他们不穿外裤或者穿很短的上衣。1555年颁布的一部警务条例，其中有一章是针对淫秽舞蹈的，它提议最好是将所有的舞蹈都禁绝，因为“跳舞的男人几乎赤身裸体，行为极其下流。”

当局也对跳舞的人进行监督，阿罗爱宙斯·奥列林在1555年写道：“例如，禁绝了一度让各阶级男女都一直喜欢的舞蹈，只允许人们在婚礼上跳舞，而且规定必须在太阳落山前结束。舞跳得越少，大家越迷恋。强壮的青年人在跳舞时总是弄倒别人，姑娘和同伴们屡屡跌倒，引起哄堂大笑。虽然绊人是禁止的，但人们开心时往往忘记这个规定。如果有人绊倒了，别人就会效仿，被绊倒的人也会寻找机会报复，为了阻止纠纷，当局还特别派遣了纠察员。纠察员是市政会的差役，他们穿着象征本市色彩的制服，奉命维持秩序。一旦有人绊倒了别人，纠察员就会叫停伴奏，让大家都快活不成。”

跳舞也是一个依红偎翠的好机会，最主要的是接吻的机会。吻女人不仅要吻嘴唇和脸部，他们更乐意吻胸部。这个方式被认为是倾慕行为，少女和妇人这样都不会败坏名节。但是手比嘴唇更灵活，男人会明目张胆地将手伸进姑娘的胸衣，而大多数姑娘都芳心窃喜。如果欢乐达到了顶峰，双方的亲热行为就会更大胆。女人不仅甘愿迎合男人最放肆的玩笑和动作，而且还会主动挑逗，这从很多谢肉节戏剧之中都可以看到。

在所谓的轮舞之中，语言刺激也非常重要。轮舞时由合唱取代了个人谈话和音乐，某些地方还会男女交替合唱，参与者手挽手跳舞，每个男人都被两个女人夹在中间。大家跟着歌声起舞，而这些歌曲一般都是情色的，并且内容越猥琐越受欢迎。下层阶级和农民也许只会唱这些淫秽的歌曲，在今天，乡间舞蹈伴奏的歌曲也都以香艳轻佻为主。

鹿特丹人伊拉斯谟曾经这样评论这些伴舞歌曲：“在那里可以听到猥亵下流、只有婊子和仆人才会唱的歌曲。”凯撒斯堡的海勒也表达了类似的观点：“我差点忘了说起那种叫轮舞的舞蹈，这也是很不成体统的，唱的歌非常无耻下流，完全是挑逗女性做一些不顾廉耻有伤风化的事。”

既然双方都在迎合，那就难怪女人贞操的地位岌岌可危。因此俗话说：“贞操去跳舞的时候，穿的是破鞋。”还有“去跳舞的姑娘，很少有完璧回来的”。跳舞者所觊觎的东西，可以通过眉眼和握手得到，而在回家的路上心醉神迷，就可以得到全部。《舞蹈的魔鬼》这本书中有一章

《人们跳罢轻佻的舞蹈归来》，对此做了详尽的描述。

虔诚的教徒看不惯这些行为，因为“每次舞蹈都有魔鬼参加”，他们要求禁止一切舞蹈。而市民阶层只反对夜间舞蹈，他们认为夜间舞蹈是伤风败俗的根源。他们不同意禁止“规规矩矩的市民舞蹈”，这是因为舞蹈是他们最爱的娱乐方式之一，而且还因为不管是过去还是现在，舞会都是母亲推销自己女儿的好去处。吉利亚克·施帕根堡在他的布道词中这样描述一个待字闺中的姑娘：“我们的祖先举办公共舞会，是为了将自己的女儿介绍给邻人，嫁出去。在梅森，每年到了特定的日子，各村都会按照当局的命令举办所谓的赞美舞会。”

舞会可以让拉皮条的活动达到预期目的，这个事实揭穿了市民舞蹈“规矩”的假象。但是皮条客都有一些隐秘的手段，一个女人可以施展的最可靠手段，就是给男人预付一些甜头，不管是舞会还是沙龙。这种甜头对于单身汉来说是最大的诱饵，因此，不管是农村还是城镇，姑娘们都熟知一句俗语：“女人的爱情就像是她的舞蹈。”所以聪明的姑娘也都会按照这句俗语去做。

《农民的舞蹈》 彼得·勃鲁盖尔〔荷兰〕

根据文艺复兴史专家的说法，只有在农村的舞蹈才是不文明的，即使在城市中也只有平民是这样。这个说法显然是错误的，百姓之中的舞蹈只是比较淳朴而已，而富人家中舞会的风气和在草地上、小酒馆里、纺纱房中的舞蹈是一样的。

根据时代一般观念做出的结论和当时的绘画、小说以及纪实作品，都可以证明富裕家庭的女人会对本阶级的男人做出让步，农村中大胆的小伙子对春情荡漾的姑娘做出骇人听闻的事，获得了农家姑娘的喜爱，也获得了富贵小姐的喜爱。意大利人考那查诺的小说《他不是他》，描述的正是显贵市民阶级的风气，他详细描写了皮亚琴茨市的仕女们追逐一个跳舞高手，因为那个人在舞蹈的时候可以用大胆的方式满足女人的色情好奇心。

在当时，各国的宫廷之中也流行正式舞蹈，类似现在的波罗乃兹舞。男女在音乐伴奏下在舞厅移动，跳舞的人文静而古板。当时这种舞蹈只是喜庆活动的前奏，例如著名的“火炬舞”，就是脱胎于陪送新婚夫妇到婚床的仪式。这样的舞蹈在本质上和色情舞蹈是相同的，即便是这样古板的礼仪性舞蹈，其姿势、节奏、动作和舞蹈者的鞠躬，也都是由性感的特征决定的。这也是男女之间爱情的象征性表现，是互相求爱的模拟形式。

节日庆典

因为舞蹈是表露肉欲和满足肉欲的最佳环境，所以在各种娱乐之中，它一贯占据首位，欢乐的日子都要用舞蹈来庆祝。

如果人们想作乐，就会请个乐师来为舞蹈伴奏。在主要的节日（每年一度的本教堂建堂节），大家不仅要大吃大喝，还要无休止地跳舞。吃饭的时候，乐师已经开始奏乐；饭后小伙子就会立刻搂住姑娘，一对一对地在草地上疯狂旋转。谁都不会疲倦，男人用力跺脚，女人的裙子旋转得五彩斑斓，大家都醉醺醺地恣意胡为。谁都不管旁边人的眼光，男人放开手脚，女人被小伙子们紧紧搂住，也都心花怒放。

随着情绪越来越激烈，大家的动作也越来越疯狂，跳舞带来的快感也越来越多。不断有男女悄悄溜走，在薄暮之中偷偷满足对爱情的渴望。古板的市民阶级妇女对于献殷勤的男人，贵妇人对于优雅的贵族，高大的农家女工对色眯眯的雇工，都是一样的态度。

夜幕降临时，听到的不光是呢喃，还有浪荡的叫喊。这个阶段已经无须拒绝，舞蹈已经变成了淫乱行为，大家如痴如醉地亢奋着，嘴和手都不会闲着，在丰满的肉体上游走着。小伙子们不用将姑娘们拉走，而是直接推倒在地，发泄着狂风暴雨一样的淫欲。

17世纪德国节日庆典中的舞蹈

在鲁本斯的描绘中，乡间的节庆活动就是这样，这幅画还没有描绘出全部情形，但它对文艺复兴时代的肉欲狂欢却是一种最真实的象征。也正因为如此，节庆活动大胆地揭露了跳舞时人们血管之中火热的情欲，发掘出情欲最深刻的秘密。

除了建堂节，文艺复兴时代还有一个重要的民众节日，那就是谢肉节。

此处强调的是民众节日，因为现在的人们已经对这种节日没有概念了，今天只有许多人聚在一起喝酒吆喝，弄出一些是非，而这样的聚会并不是民众节日。民众节日的实质是民众在一定的节庆活动中，感受到自己就像在一个大家庭里。从这个定义出发，就可以明白今天不可能有民众节日。因为要让民众感到自己在一个大家庭里，至少社会表面是均质的，不会因为阶级斗争而表现得四分五裂。也就是说，现有的阶级矛盾还没有形成阶级自觉的形式，这个过程已经完成的地方，也不再有大家庭一样的民族团结。有一些节日不可能是全民节日，现在任何一个文明国家的社会都不是均质的社会，所以共同节日只存在于各个阶级的框架之中。

但是在文艺复兴时代，还有民众节日的存在。

谢肉节的游戏

阶级斗争在当时已经非常明显，但对立阶级的利益还没有凸显于阶级意识之中。同时，还有一个联系环节，那就是宗教和教会。教会在国家和社区之中处于统治地位，这也是说明建堂节为什么会成为主要民众节日的原因之一。在教会起着联系作用的地方，建堂节始终都是主要节日。除了建堂节之外，就要数谢肉节了。

谢肉节的参与者是成年人，色情的表现形式也就更明显了，可以说处处都浸透了色情。在人们鼓吹的色情主题中，谢肉节的前身大概是古代的农神节，这个节日就是为了让人家有个机会可以发泄肉欲的喜悦，所以很多地方在庆祝的时候都会以巨大的阳具作为节日的象征，活动的时候会将巨大的阳具抬在巡游队伍的前面。戴着假面具，穿着奇装异服的风俗，让这样的崇拜方式大行其道，因为每个人都可以不露真面目。

男人在意中人耳边表达自己的爱情和愿望，热烈的言辞让她脸红，就算戴着面具都看得出来。女人也说出了平时不敢启齿的话，大胆的男人肆意妄为，都是在遵守乱说乱动的原则。他们最大胆的行为都会得到宽恕，等待奇遇的女人还会鼓励那些胆小鬼。人们随便说干就干，因为互相不认识，她不会知道他曾那么厚颜无耻，他也不会知道他的无耻赢得了她的欢心，更不知道她曾经试图满足他所有的愿望。

女人们化装之后可以做出很多不轨行径，人们只要稍微机灵点儿，就不怕被揭穿。人们可以为淑媛和妓女演奏小夜曲，也可以羞辱拒绝过你的女人，可以报复她而不被认出来。还可以大咧咧地冲到妓院，做出昏天暗地的事情，在街上吓唬少女和妇人，拿她们的惊恐来寻开心。

威尼斯的面具舞会

这种情况的出现很大程度上是因为反对派将假面集会用于政治目的，很早之前各地就已经发布禁令，要求禁止谢肉节的化装活动，或者只将权利给予一些集团和行会。在1400年，威尼斯就颁布了一个规定，说："任何人都无权在嘉年华会上蒙住脸。"一位奥格斯堡的市民在自己的日记里也记述道："1561年2月23日夜，我和朋友们戴着面具去参加嘉年华会，化装出现在户外是禁止的，所以我们带着乐师去了妓院，那里很欢迎我们。我们唱跳个不停，就像小牛犊一样欢快，因为那里的美女我们都很喜欢。"

由此可见，在室内的活动仍然保持了过去的疯狂，对节日仍然尊崇。我们必须强调的是，这种嘉年华会的风俗不仅在下层民众中通行，富绅、贵族和朝臣在化装舞会期间也同样热衷。1389年，法国宫廷举办了一次节庆活动，目击者是这样描述的："夜里，所有的人都戴上面具，干一些和他显贵身份不相称的事。这种将白昼和黑夜颠倒，以及不加节制饮食的坏习惯，让人们在御前也显得放肆，甚至在国王出征期间驻跸的宫禁亦是如此。人们都拼命满足自己的情欲，很多丈夫的权利因为妻子的轻佻而遭到践踏，很多未婚的女子都忘记了羞耻，这种情况之下，说什么都不过分。"

在谢肉节上，还有很多其他色情性质的习俗，此处我们只提及"犁耙耕地"。文献记载："男青年将一年来参加过舞会的姑娘集合起来，让她们代替耕马套上犁。犁上有一个乐师，将她们赶到河里或者池塘中。"这一段描写并没有揭示这个风俗的内在含义，而说明了这种风俗是一种幽默的手段，对姑娘们进行嘲笑，因为小伙子们知道她们想嫁人却没有人求婚。在一出谢肉节戏剧中，对这件事说得很清楚："所有没有找到丈夫的姑娘，都要被套到犁上，让她拉着它走。"

只要说清楚这个游戏所使用的象征，就能揭示这个风俗的色情含义。在中世纪和文艺复兴时代，"犁"和"耙"都是男性力量的象征，耕作土壤则象征着妇女生育的能力。通过这个风俗，人们想表达姑娘求人耕作她们的爱情田地，但却劳而无功，只能被众人嘲笑的事实。将女人们赶到水中，是因为水是没有办法耕作的。在英国，显圣节后的星期一也会安排这个风俗。而我们所提及的另一个风俗，含义则与它是一样的。

艺术家直观地说明了嘉年华会的色情性质，只需要以彼得·布雷格尔优秀的素描作品《谢肉节》游戏为例便可以见得。在画中，一个男子持弓箭欲射，弓箭装饰着羽毛；而女子则举起一个环，作为靶子，好让箭从环中穿过。这一切都是性的形象化象征，但这一性质最好的证据还是谢肉节戏剧，它们更能说明嘉年华会无非是基督教的农神节的事实。上文提到的古罗马的农神节，唱主角的是色情，而且居然可以猥亵到抬出阳具的程度。

大多数谢肉节戏剧完全是色情戏，色情的各方面都得到了充分的再现。本书中已经举出了很多例子，此处不再赘述。这种文学题材的重大价值在于披着嘲讽的外衣，将文艺复兴时代的私人和社会习俗各个方面最重要的信息告知我们。虽然这些作品大胆露骨至极，以至于此处无法列举，如果选出典型的戏剧看一看，惊骇的就不光是凡夫俗子了。

宗教神秘剧和剧院

谈及谢肉节戏剧，就要谈一谈当时的剧坛。谢肉节戏剧虽然不是当时剧坛的主流，但也是重要的组成部分，这种戏一贯都是逗乐的风格，属于喜剧和闹剧。严肃和悲剧的因素多表现在宗教剧，而宗教剧不仅可以得到教会的奖掖，还能够组织演出。这类戏里色情也起了很大作用，譬如对于童贞受孕的解释就非常露骨。在法国的宗教剧里，这一点表现得则更明显。有一出法国宗教剧，讲的是圣母玛利亚帮助一个与神父私通的女修道院大嬷嬷，让她在受孕之后绝处逢生。一个大胆的妇女要验明她是否身为处女，结果被圣母玛利亚罚她失去一只手。在这种情况之下，也就难怪戏剧之中色情的大量存在了。就像比比耶拿红衣主教的《卡兰德罗》，和马基雅维利的《曼陀罗花》，都不是意外之作，而是时代面貌的真实反映。这两部戏都是描写丈夫主动为不顺从的妻子和情人拉皮条，劝说妻子委身情人。当然，这些戏剧走红的原因不仅是那些露骨可笑的内容，更多的原因在于艺术价值和文化史价值。

随着君主专制主义的发展，戏剧日益出现浓厚的世俗性质，成为主要的公共娱乐手段，性质也越来越淫秽。戏剧的目的不是反对淫秽，而是宣扬，并将淫秽作为自己的主要内容和目的。在意大利、法国和英国都是如此，各地的剧坛都变成了放肆的淫乱舞台，成为放纵无耻和尊崇无耻的正式场所。

英国画家威廉·霍加斯的《来到乞丐的歌剧现场》

在一些学者之中，有一种看法非常流行，他们认为文艺复兴时代是一个喜庆不断的时代，欢乐的日子似乎接连不断。对于某些城市来说，生活确实非常喜庆，民众节日期间还有骑士比武、巡游和王公到访、狩猎等。但这种现象只存在于意大利，而且就算是意大利也仅限于威尼斯、佛罗伦萨、罗马等几个城市。而要将这个现象推而广之，则是错误的。这样的喜庆只在这些城市出现，是因为这里集聚了巨大的财富，统治阶级只是在炫耀这种财富而已。就像纽伦堡、奥格斯堡、乌尔姆、巴塞尔、斯塔拉斯堡等，这里所列举的几个德国城市，在文艺复兴时代也起到了很大的作用，可是喜庆的日子对这些城市来说却是稀缺的。

对于那些偏离世界贸易要道的城市和乡村，就更不用说了。那里只有走江湖的艺人带着大象、狗熊和狮子来展览，而能够看到有人来表演的模式就是非常盛大的事情了。

结婚喜庆和婚礼仪式

正由于这个原因，富裕市民家庭的喜庆活动就会变成大家的节日，譬如洗礼和婚礼，熟人和朋友都会蜂拥而至，一切的节日内容都是在吃喝，农村的婚礼更是要从早吃到晚。男女之事在这些节日里也非常多，因为据我们所知，妓女是这些节日的常客。

从另一个方面来看，当吃喝过头的时候，对爱神维纳斯的崇拜也会过头。精神娱乐和聊天都是无边的猥亵行为，笑话和动作越下流，人们就越喜欢，不论身份，都是如此。婚礼上的色情俏皮话大行其道，婚礼本身就是一个说下流话的理由，新婚夫妇自然成了众人的靶子，就连那些祝贺新婚的精神娱乐、游戏和表演中，都充满了最露骨的色情因素。

"婚礼汤"是一种专门为祝贺新婚夫妇而编写的格言和歌曲，通过当场说唱的形式来表演，语言无一例外地露骨。在这些格言和歌曲里，明确地说出来新郎对新娘的什么身体部位感兴趣，详细地将双方身体的优点描述了一番。文霍尔德在论述德国妇女的时候，谈到了婚礼期间的戏剧演出："我所看到的一切，以及婚礼歌曲，都是一个强调，只是为了肆无忌惮地将最露骨的东西唱给新娘听。但这种猥琐下流的现象在当时很常见。"

每个婚礼都要邀请会说俏皮话的人，让他用下流的玩笑逗宾客开心。有位纪实作家写道："宴会难得不请那些满嘴粗话的滑稽演员，或者是专门说俏皮话的人。"这里的"满嘴粗话"并不是贬低，而是事实的描述。在婚礼上向众人撒花生的风俗，只是为了转移大家的注意力，免得宾客因为自己的淫秽语言和举动而难堪。另一位纪实作家记载："为什么按照老规矩都要撒花生呢？是为了不让人们站在桌子旁，免得他们听到婚宴散席时宾客说出什么不成体统的粗话。"

很多国家的婚礼都有纯色情的风俗，偷吊袜带便是其中之一。婚宴上，朋友会钻到桌子底下，将新娘的吊袜带取走却不让新郎发现。新娘不但不阻止，还会极力配合，将吊袜带绑得很松，这个风俗为大胆的人提供了方便，让他们可以对新娘动手动脚，而新娘对这样的行为也表示默许。新郎的耻辱是他"在最后一刻让别人尝到了新娘的甜头"。

还有一个风俗是抢新娘，跳舞的时候客人会故意将新娘悄悄带走，如果他成功了，就会和朋友去酒馆吃喝，让新郎付账。为了赎回新娘，新郎必须付账，此外还得让所有的参与者亲吻新娘。

《农民的婚礼》 彼得·保罗·鲁本斯

这种色情游戏还出现在青年告别宴会、少女告别宴会上，这些宴会是结婚前夕新娘和新郎与自己的伙伴举办的酒会，这样的酒会本身就是露骨调情的好机会，而这样的风俗可以整理出一大本书。

前文曾提及跳舞的时候脱掉上衣、解开胸衣，以及将女人放倒在地上的情况，这样的做法在婚礼中也很流行，曾有人说："婚礼上常常脱掉衣服再跳舞，用最无耻的手段将女人故意弄倒在地。"

婚礼的高潮部分就是婚浴，前文中曾经详细讲述，我们可以发现这些风俗和婚礼的基调并不矛盾，二者往往会合乎逻辑地结束。

私人娱乐

婚礼为男人讲下流话和做下流事提供了机会，但那个时代对于其他行为的机会也不会放过。15世纪，乘雪橇兜风盛行一时，要想讨得女人的欢心，就要请她上雪橇。这样的讨好方式不过是用手段来讨取她们的"好处"而已。因为兜风会变成粗鲁的调情，野心勃勃的男士会想方设法地使用雪橇提供的机会，一旦碰到雪堆而翻倒，这种事故就会变成娱乐的高潮。在夜间兜风的时候，不文明的行为就更多了，以至于很多城市都禁止夜间兜风。1476年，赫利茨市颁布的市政条例中明确提出："二十四点以后，男人、少女和妇人不得乘雪橇兜风。"

这种禁令无人理睬，半个世纪之后还有谚语说：女人乘着雪橇兜风时，喜欢和男人调情；允许男人和女人一起乘雪橇兜风，和答应让他们参加假面舞会一样危险。女人兜风归来时，都会被男人"动"过，不过这也符合她们自己的愿望。所以，这几条民间谚语很有几分道理："让妻子参加节庆，让马喝水洼里的水，那么你的马很快会变成驽马，你的妻子很快会变成婊子。"

第七章 性病态

对于欧洲文明来说，文艺复兴就像是一个年轻的神祇，它给人类的生活带来了巨变。但当这位年轻的神如日中天的时候，却浮现了两团阴影，让所有堕入这阴影的人遭遇灭顶之灾——那就是梅毒和对女巫的迫害。这年轻的神祇变成了一个疯狂的魔鬼，它带给世界的英雄表演瞬时成了一场闹剧。

年轻的神，它疯了！

迷信女巫的历史原因

在人类历史上，女巫始终都是最骇人听闻的一章。这出悲剧的出现是时代框架之内无法解释的。如果要将它和时代联系起来，那么迫害女巫也会显得合乎逻辑，因为它的发生是不可避免的。

在15世纪末，人们开始相信女巫会作怪，同时开始迫害女巫。这种情况的出现并非偶然，1484年，教皇英诺森三世颁布训谕，对巫术发出禁止令。1487年，亨利希·应斯蒂托利斯和雅阁·施普伦格编著了恶毒的著作《女巫之锤》。从此开始，对于女巫的迫害从疯狂行径变成了常规行为，在1490年到1650年间相信女巫作怪和迫害女巫的行为也就不难理解了。

这个时代之前和之后，虽然也有迫害女巫的事情发生，但这种疯狂行径的炽盛则在1490年到1650年之间。在此前的几百年间，就有女巫被烧死，美丽的女人被架在火堆上活活炙烤等现象，这真是教会的荣耀！这把火到18世纪才完全地熄灭。所以这两个日期是我们破解问题的关键所在。

在这件事情上，我们所考量的并不是这一现象的性与色情因素，因为这件事使我们明白，人类历史上最叫人作呕的一段为什么和欧洲文化史上最值得骄傲的一章重合出现。我们也会理解这种疯狂为什么成为当时社会发展的必然走向，而不仅仅是世界的一个拙劣玩笑。因为若它仅是一个玩笑，则可能还会有其他的表现形式。

女巫

对于魔鬼的相信已经

由来已久，这个世界上有太多超自然的现象。每一个概念都会有它的对立面，这是为了获取具体的内容而迫不得已。热概念要求有冷概念相辅，善原则要求有恶原则相衬，可见神的概念和魔鬼的概念也有密切的联系。不过相较于善恶的区别，这种创造性的幻想会有更多的形式。人们将自己的敌人毫无理由地视为怨毒和恶，便是一个实例。这个世界的每个人眼中都有无法破解的谜题，也许会带来痛苦和灾难，所以在这个世界的任何一个角落都有魔鬼存在着。算起来，也许有4 333 556个大大小小的魔鬼，传说在女修道院的大嬷嬷临死的时候，这些魔鬼就会在她的床前集合。

相信魔鬼，也就自然相信它的对立面善的存在，这是一切宗教的必备因素。在古希腊和埃及亦是如此，基督教也是这样。在这件事上，新教也不例外，有一个例子可以证明：1906年，有一位新教的牧师为《女巫之锤》撰写了德文版本的书评，在开篇时他说道："这是来自地狱的圣经，我们讨论的这本书确实可以这样称呼，其中对于魔鬼的罪行有清晰描述，对于女巫骇人听闻的谴责不遗余力，到处都在揭露上帝的敌人。"

从这几句话中，可以发现他们的思维因素。《女巫之锤》之所以能够问世，也是因为有这个基础，迫害女巫的种种恶劣行径也是在这个基础上产生的。

相信女巫会作怪，这是一切宗教必备的组成部分，但只在那个时代才形成了普遍的疯狂现象。这与当时的历史条件有关，我们可以证明，当时的历史条件确实会煽动迫害女巫的疯狂行为。

首先，我们要考虑天主教会对于魔鬼的看法。前文曾论及，天主教一贯以务实的当家人自居，他们眼中的一切都是为自己的利益服务的。魔鬼也可以服务于他们的统治，这一点他们早就明白，因为这样做是有利可图的。魔鬼可以成为吓唬成年人的稻草人，以恐怖的形象和观念将一切有利于教会的概念灌输给民众。在教会的统治被动摇的时候，这种手法用得最多。我们知道，教会的统治在15和17世纪之间非常动摇，这一时期也就诞生了很多与魔鬼有关的书籍。

其次，我们要回答这个问题：什么样的情况之下，教会可以将魔鬼变成一个稻草人？对于魔鬼的起源进行探求，可以解答这个问题。

不管是天堂还是地狱，不管是神祇还是魔鬼，都是现实的反映，体现着尘世的欢乐、幸福与恐惧、苦难。这是一个假面舞会，魔鬼用来表现生活的艰苦。在每一个时代，人们生活的艰苦程度都是大体相同的，所以处于一个时代的人们对于魔鬼的理解也是相似的。换言之，魔鬼的起源便是每个时代对于它的概念理解有所不同的原因。其次，正因为这样，生活才会越来越复杂，人们也会越来越痛苦，对于魔鬼的概念也就会更加复杂，魔鬼也就更加残酷野蛮。

在资本主义兴起的时代，人们的生活变得复杂，新的经济制度带来新的时代，大众也处于贫困的悲惨之中。所以，在文艺复兴时代的魔鬼是地狱的主宰，它不再是中世纪自然经济时代那种快乐的丑角形象。现在，地狱是可怕的苦难的同义词，魔鬼在人们的眼中则成为最残酷的刽子手。

生活在文艺复兴时代不仅仅变得复杂，而且还发展到灾难即将爆发的状态。13、14世纪勃发的伟大抱负，在15世纪就开始全面破灭。资本主义在最初所提出的目标，在那个时代无法实现。“事物的逻辑被不成熟的现实粉碎了。”这个科学公式适用于历史上不断重复的进程，不管对于众多杰出的个人生活，还是很多民族机体的发展，它都是唯一真正悲剧性的根本。

关于这一点，可以简单地说明。随着资本主义的来临，它的种种影响出现在人类的面前，首先便是对于自然科学的学习，人们学习掌握事物的内在本质。为了实现目标，这是必须要做的。想要走遍天下就要学习天文；想要研究人体就要分解、认识人体，就必须学习解剖学；为了分解物质的组成，就必须要学习化学。

个人的意志不足以解决这些重大的任务，这个准备工作需要几个世纪，才能实现这一目的。但是一切都注定要半途而废，无法贯彻到底。人类的精神误入歧途，天文学、解剖学和化学变成了占星术、巫术和炼金术。这些都说明了当初抱负的破灭，它所带来的影响也显而易见。这种影响主要表现在人们无法抗拒灾难，从15世纪开始，阶级斗争开始日渐激烈，资本由于原始积累而逐渐丧尽天良，民众处于灾难之中，但却又无能为力。

从此，一切都有了社会现象、普遍现象的特点。人们逐渐意识到破灭的事物之后，原来的无能为力变成一种恐慌。虽然他们一直不明白破灭的原因和内在联系，但那个世纪成了地狱的前奏，无数的魔鬼朝着这些牺牲品伸出魔掌，从他们的恐惧中掳获快乐，善良仁慈的上帝似乎离开了大家。

时代的不成熟导致了迷信现象的出现，普遍的绝望更是将迷信推向一个高峰，人们投靠魔鬼、相信恶魔，以祈求魔鬼对自己手下留情，避免成为牺牲品的命运。

这就是15世纪末开始出现的具有普遍现象特点的魔鬼崇拜和女巫迷信流行病的历史前提，因为发展的缓慢，人们慢慢走出迷宫，女巫迷信在长达150年的时间里在整个欧洲蔓延，《女巫之锤》中的胡言乱语成了最高的法律，永不熄灭的火刑架成了最高的智慧。

最后我们必须要补充一些细节。这方面常常会有一些问题：为什么疯狂的魔鬼迷信主要针对女性，而又为什么有女巫而没有男巫？以德国为例，最重要的原因是古代日耳曼妇女在宗教之中的地位。当时的妇女可以成为通神的祭司，在一定程度上，日耳曼女祭司便是女巫的前身。

还有另一个因素，在各个国家都可以适用，那便是原罪说造成的蔑视妇女的态度。“罪恶通过女人来到人间”、“女人是罪恶的化身”、“女人是罪恶之源”，所有这些基督教论点，都是按照自己的禁欲主义对世界观做出的五花八门的解释。由此可以推论出：女人的本性就是地狱之门。这也导致女巫迷信和《女巫之锤》的中心思想。他们相信妇女和魔鬼私通，地狱辖制着人类的灵魂。

在《女巫之锤》中，最长的一章便是论证这个思想。这一章的文字让所有人毛骨悚然，字里行间都在嘲弄女性。上述的格言在这一章中均可看到，它们用来回答一个问题：“为什么女人做这些事比男人多？”但是，对于为什么投靠魔鬼的女人很多这个问题，作者声称最重要的原因就是女人不知满足的淫欲在作祟。

“我们这样总结：这一切都是来自于她们不知餍足的肉欲……所以她们和魔鬼勾结，魔鬼可以满足她们的需求。”

这种状况之下，每一个贪恋男人的女人都会被怀疑是一个女巫。为了满足自己的性欲，女人需

女巫被活活烧死

要一个强大的帮手，而这个帮手便可能是魔鬼。这一条也可以反向演绎：贪淫是魔鬼的特色所在。

罪恶化身为女人，和另一个概念是相连的。女人对男人有巨大的影响，不仅因为罪恶，也是一个谜。这种影响将她变成了男人想象世界中的恶魔，不断被女人激发的欲望和被她引发的恐惧融合起来，将女人变成了一个不由自主的女巫。

迫害女巫的情色背景

如果探究一下一个人相信女巫存在的倾向，以及对女巫残酷迫害的根据，就可以发现引发女巫现象的性因素。

有一个事实非常重要，那就是很多女人相信她们与魔鬼之间有勾搭。在大量的女巫审讯记录中，详细记录了女巫和魔鬼的私通现象，这虽然骇人听闻，但却毫无价值。因为这些材料都来自于严刑拷打，但是我们却有其他可靠的资料，虽然只是愚蠢的男人和女人的幻想，却可以说明女巫迷信的普遍情况。

我们要指出，这些荒诞的幻想在文艺复兴衰落的时代已经成为一个普遍的现象。在当时的历史情况中可以发现原因，上文提及的灾难，最终导致了文艺复兴的覆灭，而那个时代很大程度上正是因为这个灾难，才严重缺少男人。其他章节曾经论述过，在那个时代得不到性满足的女人和寡妇空前得多，有几十万妇女不顾他人死活尽情享受自己的愿望，本书的第一章中对此便有揭示。这个事实在很大程度上也是因为那些灾难造成的。

很多妇女渴望满足自己的本能，但却一无所获。这样的女人到处都有，尤其是小资产阶级之中，因为经济条件的限制，这个阶级的婚姻变得艰难。激烈争夺男人的斗争让女人采取强力的手段，只是为了争取爱情，她们不惜一切要达到自己的目的。恶魔和迷信在此时正好可以帮忙，邻家老太婆或者流浪妇女，都知道一些诀窍，她们也有一些神秘的东西，可以配制春药或者传授控制男人的手段，让男人辗转反侧，非要得到这个女人才罢休。

这满足了很多妇女的内心渴望，在社会需要的推动下，她们的愿望成为一种驱动力，无数妇女年复一年地试验着这种方法和秘方。有时候，邻居家的女人知道得很多，她们了解万无一失的方法和药剂，可以让魔鬼为她服务。她们暗中交流着和魔鬼打交道需要的药膏，涂上它才能参与女巫们秘密聚会的晚会。这些女人并没有撒谎，虽然她们不会骑着扫帚从烟囱飞出去，但是在幻想之中得到了她们在现实中无法得到的东西。

女巫的药膏创造了奇迹，它解除了内心的苦闷。我们现在可以明白药膏为什么可以创造奇迹，虽然这些药膏都是用乱七八糟的奇怪东西来配制，有时候是老鼠的脑子，有时候是捣成糨糊的蛤蟆等等，但也常常出现很多不平和的东西，例如毒芹汁以及罂粟等。所以，这些药膏和药水无非是一些兴奋剂，可以制造出销魂的幻境而已。

女人得不到满足的情欲让她们变成了花痴，这是一种病态，而且是当时的科学无法解释的。迷信的产生便是一个证明，说明这样的女人已经魔鬼附体了。

这种病还会有不同程度的癔症发生。很多史料之中都记载了城中著名女巫的劣迹，从这些材料中可以发现，这些女人不过是一些癔症患者。在瑞士有一句俗语，借助一个花痴少女之口说：“妈妈，给我一个丈夫！不然我就烧掉房子！”这句话清楚地证明了她的性欲得不到满足之后所萌发的癔症。

由此可见，癔症可以为那些告密者提供丰富的把柄，这些女人若

女巫

惩治女巫的情景

早被人怀疑，便更加危险。被舆论相信的东西，会连那个被怀疑的女人自己也深信不疑，性疯狂之所以普遍出现，还有第三个重要的原因。

第三个原因就是当时流行的自我鞭身的宗教习俗，经验可以证明：就算是一个性方面正常的人，都可以在自我鞭身的过程中得到性快感，所以这也被认为是性倒错。当时的自我鞭身是教会手中的王牌之一，教会本身助长了它斥责的罪孽，这也许是对那个时代精神迷途的最大讽刺。

在女巫的活动中，重头戏都和性生活有关系，可见女巫现象的主要内容是性因素。女人和魔鬼私通之后变成女巫，她们通过这个途径获得权力。在《女巫之锤》中这样描述："第五，这样加入魔鬼王国的女人，得到一个专门与她谈情说爱的魔鬼。这魔鬼与她举行婚礼，别的魔鬼也来寻欢作乐。第六，这个魔鬼常来探望她，与她行房，同时命令她和别人一起作恶。"

地狱的主宰者，或者他的副手，经常和女巫做爱，这是她投靠魔鬼得到的报酬。女巫通过熬药来让男人或女人无法抑制地与人上床，或者嫌弃某个人。她们可以无限地提高男人的性能力，或者将他彻底毁掉；她们可以让丈夫或者妻子失去夫妇之道，甚至可以将丈夫的性器官去掉，而让妻子受孕。这都是女巫的把戏，《女巫之锤》中有很大篇幅都在谈论这些事。

当男人投靠魔鬼，性因素往往起到主导作用，保证任何一个女人都会向这个人屈服，这是投靠魔鬼的契约之中最主要的条款之一。

魔鬼附体者的性放纵

据我们所知，很多修道院之中的流行病，无非是大规模爆发的性疯狂。在上述原因的促使之下，修道院中的修女们变得疯狂，她们甚至会咬人，而自己却以为自己是魔鬼附体了。这一切不过是祈求雄性的症状，是性的空虚，也是违反自然规律的结果，这些疯狂行为都围绕着男人这个中心。疯狂的性饥渴，在修女心中如同发疯的魔鬼一样。

有很多流行病舞蹈，它们存在的基础也是这个原因，就像圣维特群舞。在这种流行病里，舞蹈不过是在表现一系列姿态，用极度的情欲来引发这种不知羞耻的行径。舞蹈者兴奋起来时，会互相撕扯衣服，男女之间会互相纠缠，用这样无耻的景象来获得真正的性疯狂。

上百个全裸或者半裸的男人和女人，在心醉神迷的慵懒之中等待主的救援。在舞蹈的疯狂高潮中，进行骇人听闻的放纵，祈求主来普度众生。参与这种舞蹈流行病的妇女，回家之后大多会发现自己怀孕了，但是只有少数人知道孩子的父亲，因为在大放纵中他们乱成了一团。

这种现象还包括鞭身流行病，那些鞭身的教徒所举办的赛会巡游，最后也会演变成半公开的大放纵。

肉欲便是一种致命的病！它曾经带来过巨大的创造力，曾经是生命的最高体现，但现在它只是痛苦的痉挛！

神，已经死去！

对女巫施以火刑